Graded Spanish Reader

Graded Spanish Reader THIRD EDITION

Primera Etapa

Manuel Durán
YALE UNIVERSITY

Nelly Cortés-Rivas

Carlos Castillo

Colley F. Sparkman

D. C. HEATH AND COMPANY
Lexington, Massachusetts   Toronto

Preface

The *Graded Spanish Reader* offers to present-day students a solid, yet enjoyable method for learning the Spanish language. Of the short stories and tales included some are modern, while others are traditional or belong to the greatest period of Spanish literature, the Golden Age. Most important, the Spanish sentences used throughout the book are clear and simple. In the first section, the Spanish is unusually simple, but still it is genuine Spanish, the kind used every day throughout the Spanish-speaking world. The addition of several sets of exercises is an important feature of this new edition.

The students can thus build their confidence and their vocabulary step by step. We have restricted the number of new words to the page to a minimum and have numbered footnotes at the bottom of the page, giving the English equivalent of every new word and of many Spanish idioms when they first appear in the text. These words and sentences are repeated in the text, usually four or five times, so that the reader gets to know them with a minimum of effort. Obvious cognates are starred when they first appear. Our aim has been to create a text in which the most common words in Spanish are introduced not by chance, but rather in a deliberate and pedagogical manner. Repetition reinforces this vocabulary. We have tried to write in simple but idiomatic Spanish and to produce as interesting a text as possible within the framework imposed by our limited vocabulary.

The authors wish to acknowledge their indebtedness to Professors Colley Sparkman, Otto Bond, and the late Professor Carlos Castillo who prepared and edited the previous editions of *Graded Spanish Reader*.

M.D.
N.C.-R.

Contents

Study Aids

Students should learn to disregard slight variations from English spelling and recognize that the starred words in the text are so nearly like their English equivalents as to occasion no difficulty. Thus **familia** = *family* and **nece - sario** = *necessary*. In addition to common sense, a few guiding principles will help in discovering word kinships: (1) Spanish letters are rarely ever doubled: **café** = *coffee*; **ocupar** = *occupy*; (2) words ending in **-dad** in Spanish usually end in *-ty* in English: **necesidad** = *necessity*; **utilidad** = *utility*; (3) adverbs ending in **-mente** usually end in *-ly* in English: **correctamente** = *correctly*; **inmediatamente** = *immediately*.

The variable endings of Spanish adjectives do not alter their meaning, and there is more strict agreement of endings in Spanish than there is in English. Articles and adjectives agree in gender and number with their noun, and this accounts for as many as four forms of one word: **el, los, la, las** = *the;* **bueno, buenos, buena, buenas** = *good*. Also to be noted is the fact that gender is on a different basis in Spanish; there are no nouns of neuter gender: **casa,** *house,* is feminine, and **cuarto,** *room,* is masculine.

Some endings, however, do alter meaning. These endings and their significance will be learned gradually. It is sufficient in the first part of the book for the students to know that the infinitive form of Spanish verbs always ends in **-r,** that the third person singular ends in **-a or -e,** and that the third person plural adds -n to the singular: **hablar** = *to talk;* **habla** = *he* (or *she*) *talks;* **hablan** = *they talk.*

As students progress to Part 2, their attention should be directed to the following: (1) A Spanish word may differ from its English equivalent in one or two letters only: **respeto,** *respect,* **entusiasmo,** *enthusiasm;* (2) The suffix **-ísimo** means *very* or *exceedingly:* **muchísimo,** *very much,* **altísimo,** **exceedingly high;** (3) The past descriptive tense describes situations, while the past absolute tells what happened.

In reading Part 3, students should be able to keep in mind word endings such as **-ito, -ita,** used with nouns, adjectives, or even adverbs to express smallness, or diminution in size or distance: **cerca,** *near,* **cerquita,** *fairly near.* Another word ending of this kind is **-illo, -illa,** found in English words of Spanish origin, such as *flotilla, armadillo, chincilla, mantilla.* This ending suggests smallness and is indicative of the speaker's feeling of pity or affection: **hombrecillo** means *insignificant little man;* **vocecita** (from **voz**) is a *soft little voice.*

Other important word relationships are signaled by certain prefixes and suffixes which should be remembered: **des-, in-, im-,** as in **desconocido,** *unknown,* **infeliz,** *unhappy,* **imposible,** *impossible;* **-ería,** as in **cafetería, zapatería,** *shoe store.*

If the above advice is followed, students should find that Parts 4 and 5 make enjoyable, almost effortless, reading.

Graded Spanish Reader

1 De todo un poco

DE TODO UN POCO

The following procedures are suggested to students:
1. *Look at the heading in order to find out what the paragraph deals with.*
2. *Glance over the whole paragraph, line by line, and get as accurate an idea as possible of its contents.*
3. *Scrutinize each sentence in turn and make a sensible guess as to what it means before you verify your conclusion by means of the footnotes.*
4. *Close your book and recall the main ideas of the paragraph.*
5. *Read the whole paragraph aloud in Spanish.*

CASA[1]

La casa es grande.[2] La casa es roja.[3] La casa es buena.[4] La casa no es negra.[5] La casa no es blanca.[6] La casa no es rica.[7] Es una casa grande. Es una casa roja. Es una casa buena. No es una casa negra. No es una casa blanca. No es una
5 casa rica. Es una casa grande, roja y buena. No es una casa negra, blanca y rica. Es grande. Es roja. Es buena. Es grande, roja y buena. No es negra. No es blanca. No es rica.

HOMBRE[8]

Manuel es hombre. Es un hombre bueno. Es un hombre
10 culto.[9] Es un hombre rico. Es un hombre grande, culto, bueno y rico. Manuel es el hombre de la casa. ¿Es Manuel el hombre de la casa? Sí, el hombre de la casa es Manuel. El hombre de la casa roja es Manuel. La casa grande es de

---

[1] **casa** house. [2] **grande** large, tall. [3] **rojo, -a** red. [4] **bueno, -a** good.
[5] **negro, -a** black. [6] **blanco, -a** white. [7] **rico, -a** rich, sumptuous.
[8] **hombre** man. [9] **culto, -a** educated.

2

Manuel.[10] La casa amarilla[11] no es de Manuel. Manuel no
es el hombre de la casa amarilla.

MUJER[12]

La mujer de la casa es Conchita. Conchita es la mujer de
Manuel. Conchita no es grande. Es una mujer buena. Es
5 una mujer culta. ¿Es Conchita la mujer de la casa roja? Sí,
Conchita es la mujer de la casa roja. La casa roja es de Con-
chita y Manuel. Manuel y Conchita son hombre y mujer.
Son buenos. Son cultos. Él es grande. Ella no es grande.
Ellos son buenos. Ellos son cultos.

NIÑO[13]—NIÑA[14]

10 Los niños[15] son tres. Los niños de la casa roja son tres. Los
niños de Manuel y Conchita son tres. No son grandes. Son
pequeños. Dos de ellos son niños. Uno de ellos es una
niña. Los niños son Pedro y Pablo. La niña es Luisa.
Pedro es siempre bueno. Pablo no es siempre bueno.
15 Luisa es siempre buena. Los tres son los niños de Conchita
y Manuel. Conchita es la mamá.* Manuel es el papá.*

FAMILIA

La familia* no es grande. La familia es pequeña.[16] Los
hombres de la familia son tres. Manuel, Pedro y Pablo son
los hombres de la familia. Las mujeres de la familia son dos.
20 Conchita y Luisa son las mujeres de la familia. La familia es
rica. Conchita es la mujer de Manuel. Luisa es mujer.
Luisa es la niña de Manuel y Conchita. Pedro y Pablo son

---

[10] **de Manuel** Manuel's.   [11] **amarillo, -a** yellow.   [12] **mujer** woman, wife.
[13] **niño** boy.   [14] **niña** girl.   [15] **niños** children, boys, boy(s) and girl(s).
[16] **pequeño, -a** small, little.

los niños. Luisa es la niña. Los niños de la casa roja son
tres. Los tres no son siempre buenos.

HERMANO[17]—HERMANA[18]

Pedro, Pablo y Luisa son hermanos.[19]   Los tres son hermanos. Conchita y Manuel no son hermanos. Luisa es la
5   hermana de Pedro y Pablo. Pedro y Pablo son hermanos.
Pablo es el hermano de Luisa y Pedro. Pedro y Luisa son
hermanos. Los dos niños son hermanos de la niña. El papá
de los tres hermanos es Manuel. La mamá de los tres hermanos es Conchita. El papá, la mamá y los tres hermanos
10 son la familia de la casa roja.

AMIGO—AMIGA[20]

José es el amigo de Pedro y Pablo. Lolita es la amiga de
Luisa. José y Lolita son hermanos. Son los niños de la casa
amarilla. La casa amarilla es pequeña. José y Lolita no son
ricos. Son pobres.[21]   El papá y la mamá de los niños son
15 pobres. Son amigos de Manuel y Conchita. Las dos familias son amigas. Una familia es rica, y la otra es pobre.
Una casa es grande, y la otra es pequeña. Una casa es roja, y
la otra es amarilla. Los niños de la casa amarilla son dos: Lolita y José.

HIJO[22]—HIJA[23]

20 José es hijo de Alberto y Lucía. Lolita es hija de Alberto y
Lucía. José y Lolita son hijos[24] de Alberto y Lucía. Los
hijos de Alberto y Lucía son amigos de los hijos de Manuel y
Conchita. José no es hermano de Pablo. Él es amigo de

---

[17] **hermano** brother. [18] **hermana** sister. [19] **hermanos** brothers, brother(s)
and sister(s). [20] **amigo, -a** friend. [21] **pobre** poor. [22] **hijo** son. [23] **hija**
daughter. [24] **hijos** sons, son(s) and daughter(s).

Pablo y Pedro. Pedro y José no son hermanos. José y Luisa no son hermanos. Son amigos. Él es pobre, y ella es rica. El papá de José es pobre, y el papá de Luisa es rico.

HABLAR[25] (HABLA—HABLAN)

José habla español. Lolita habla también el español. Las
5 dos familias hablan español. Todos hablan español siempre. Luisa es española,[26] y Lolita también. Todos son españoles. Todos son buenos amigos. Las dos niñas siempre hablan mucho. Es natural. Los niños no siempre hablan mucho. Hablan poco.

ESTAR[27] (ESTÁ—ESTÁN)

10 José está con su amiga. Su amiga es Luisa, la niña rica.[28] No está con Lolita, la niña pobre. Lolita es su hermana. Lolita está con Pedro y Pablo. Ellos son sus amigos. Están en la casa roja. José está en la casa amarilla con su amiga Luisa. Alberto y Lucía están también en la casa amarilla. Alberto
15 no está siempre con sus hijos. Siempre está ocupado.[29] Lucía está siempre con ellos. Habla mucho. Ellos hablan también mucho. No están ocupados.

TENER[30] (TIENE—TIENEN)

Manuel tiene dos hijos y una hija. Alberto tiene sólo un hijo y una hija. Los dos familias tienen muchos amigos. Manuel
20 tiene mucho dinero.[31] Es rico. Alberto tiene poco dinero. Es pobre. Manuel tiene mucho tiempo[32] y mucho dinero. Alberto tiene poco tiempo y poco dinero. Manuel y Con-

---

[25] **hablar** to speak, talk. [26] **español, -a** Spanish. [27] **estar** to be (when expressing condition or location). [28] **la niña rica** the rich girl. [29] **ocupado** busy. [30] **tener** to have (possess). [31] **dinero** money. [32] **tiempo** time.

chita tienen muchas casas. Alberto y Lucía tienen sólo una
casa pobre.

SER[33] (ES—SON)
ESTAR (ESTÁ—ESTÁN)

Conchita es buena.[34] Lucía también es buena. Conchita no
está siempre bien.[35] No tiene buena salud.[36] Lucía está
5 siempre bien. Tiene siempre buena salud. Los niños están
siempre en buena salud. Todos tienen buena salud. No
están enfermos.[37] Todos están bien ahora. Ahora están
todos en buena salud. Pablo no está ahora en la casa roja.
Alberto está ahora en casa con sus hijos. No están ocupados
10 ahora.

IR[38] (VA—VAN)

Los tres hijos de Manuel van a la escuela.[39] No todos van a la
misma[40] escuela. Luisa va a la escuela de niñas. Pablo y
Pedro van a la escuela de niños. Las dos escuelas son
buenas. Los dos hijos de Alberto también van a la escuela.
15 José va a la misma escuela que Pedro y Pablo. Lolita va a la
misma escuela que Luisa. Muchos otros[41] niños y niñas van
a las dos escuelas.

TENER QUE[42]
(TIENE QUE—TIENEN QUE)

Los niños inteligentes* tienen que estudiar poco.[43] Las
niñas inteligentes también tienen que estudiar poco. Los
20 niños tontos[44] tienen que estudiar mucho. Las niñas tontas

---

[33] **ser** to be (*when expressing a lasting quality*).   [34] **es buena** is good.
[35] **no está . . . bien** is not well.   [36] **salud** health.   [37] **enfermo** sick, ill.
[38] **ir** to go; **va** goes.   [39] **escuela** school.   [40] **mismo** same.   [41] **muchos otros**
many other.   [42] **tener que** to have to.   [43] **estudiar poco** to study little.
[44] **tonto** dull, stupid.

también tienen que estudiar mucho. Pablo no tiene que estudiar mucho porque es inteligente. Pedro estudia poco. ¿Es inteligente? Luisa es tonta y tiene que estudiar mucho, pero es una niña bonita.[45] No todas las niñas bonitas son
5 tontas.

AÑOS—EDAD[46]

Pablo tiene catorce (14) años.[47] Pedro tiene sólo trece (13) años. Luisa tiene quince (15) años. José tiene los mismos años (la misma edad) que Pablo. Lolita tiene la misma edad que Luisa. Lolita no es tonta y es bonita. Es inteligente y
10 bonita al mismo tiempo. ¡Cosa rara![48] No tiene que estudiar mucho en la escuela. Pablo tiene que estudiar más que ella. Es inteligente, pero Lolita es más inteligente que él.

HAY[49]

Hay tres maestros[50] en la escuela de niños. Hay también tres maestras en la escuela de niñas. Hay muchos niños que van
15 a la escuela. Hay muchas niñas también que van a la escuela, pero no a la misma escuela. Los niños enfermos no van a la escuela. Las niñas enfermas tampoco[51] van a la escuela. Hay pocos enfermos. Los enfermos están en casa. En la escuela todos estudian. Unos[52] estudian mucho, otros
20 poco. Hay pocos tontos en las dos escuelas. Hay muchos inteligentes que estudian poco. Hay también niñas bonitas que no son tontas.

HAY QUE[53]

Hay que ir a la escuela todos los días.[54] En la escuela no hay que hablar mucho delante del[55] maestro. Hay que hablar

---

[45] **bonito** pretty. [46] **edad** age. [47] **tiene catorce años** is fourteen years old (*has fourteen years*). [48] **¡cosa rara!** strange thing! [49] **hay** there is, there are. [50] **maestro** teacher. [51] **tampoco** neither. [52] **unos** some, a few. [53] **hay que** it is necessary, one must. [54] **todos los días** every day. [55] **delante de** in front of.

poco delante del maestro o la maestra. Sólo hay que hablar
de la lección.[56] No hay que hablar de otras cosas. Hay que
estudiar. Hay que ser bueno. Hay que estar ocupado con la
lección. No hay que ser tonto. Hay que ser inteligente si es
5 posible.*

SABER[57] (SABE—SABEN)

Pedro y Pablo saben su lección. Saben su lección todos los
días. No tienen que estudiar mucho en casa, pero estudian
delante de su maestro. Luisa también sabe su lección. Estudia mucho en casa y también delante de su maestra. Sabe
10 que es tonta. Tiene que estudiar más que los otros.
Siempre sabe su lección. Lolita también sabe su lección
todos los días. Lolita sabe también que ella es más inteligente y bonita que Luisa.

LLAMARSE (SE LLAMA)[58]

¿Sabe usted cómo se llama[59] el maestro de la escuela? Sí,
15 señor, uno de los maestros de la escuela se llama don Atanasio Blasco y Silva. Y ¿sabe usted cómo se llama una de las
maestras? Sí, señor, una de las maestras se llama doña
Eulalia García de Blasco. Una mujer española conserva[60]
siempre el nombre[61] de su familia. García es el nombre de
20 su familia; Blasco es el nombre de su marido.[62] Don Atanasio Blasco y Silva es su marido. Las otras dos maestras
no tienen marido.

MAYOR[63]—MENOR[64]

El hijo mayor de Manuel se llama Pablo. El hijo menor se
llama Pedro. El nombre completo* de Manuel es Manuel

---

[56] **lección** lesson. [57] **saber** to know. [58] **se llama** is called. [59] **¿cómo se
llama?** what is the name of. [60] **conservar** to keep, retain. [61] **nombre**
name. [62] **marido** husband. [63] **mayor** older, elder. [64] **menor** younger.

Pardo y Revilla. El nombre completo de su mujer es Conchita Rivas de Pardo. El nombre de la familia de Conchita es Rivas. Su hija se llama Luisa Pardo y Rivas. Su hijo menor se llama Pedro Pardo y Rivas. Su hijo mayor se llama
5 Pablo Pardo y Rivas. El mayor de los dos hijos de Alberto es José. Se llama José Morales y Santos, porque su padre (papá) es Alberto Morales y Arce, y su madre (mamá) es Lucía Santos de Morales.

ENTENDER[65]
(ENTIENDE—ENTIENDEN)

Uno de los maestros entiende el inglés.[66] Los otros dos no
10 entienden el inglés. Sólo entienden el español. José no sabe el inglés, pero su padre sí.[67] Alberto es un hombre inteligente. Es el más inteligente de todos. Entiende y habla el inglés y el español. Su mujer entiende un poco el inglés. Lolita entiende también un poco el inglés. En la casa de
15 Manuel nadie[68] entiende el inglés. ¿Entiende usted el inglés?

CERCA[69]—LEJOS[70]

La casa roja donde vive[71] Manuel con su familia está cerca de la casa amarilla donde vive Alberto con su mujer y sus dos hijos. Las dos casas están cerca de las dos escuelas. Las es-
20 cuelas están cerca la una de la otra. Luisa y Lolita viven cerca una de la otra. Nadie vive lejos de las dos escuelas. Pedro tiene un amigo, menor que él, quien vive lejos de las dos escuelas. ¿Dónde vive usted? ¿Vive usted lejos de su escuela?

---

[65] **entender** to understand. [66] **inglés** English. [67] **su padre sí** his father does. [68] **nadie** no one. [69] **cerca (de)** near. [70] **lejos (de)** far, far from. [71] **vivir** to live.

LA HORA[72]

¿A qué hora van los niños a la escuela? Los niños van a la escuela a las nueve[73] de la mañana.[74] ¿Sabe usted a qué hora van las niñas a la escuela? Sí, señor, las niñas también van a su escuela a las nueve de la mañana. Tienen que estar en la
5   clase* a las nueve de la mañana todos los días. El maestro también tiene que estar en su clase un poco antes de las nueve de la mañana. La maestra tiene que estar en su clase a la misma hora que el maestro, un poco antes de las nueve de la mañana.

ENTRAR[75] (ENTRA—ENTRAN) ⅄

10 Don Atanasio llega[76] a la escuela antes de las nueve de la mañana. Doña Eulalia también entra a la misma hora. Son las nueve[77] de la mañana. El maestro está sentado.[78] La maestra también está sentada. Pablo entra en la clase y dice[79] a su maestro:—Buenos días,[80] don Atanasio, ¿cómo está
15 usted?—Lolita entra en su clase y dice a su maestra:—Buenos días, doña Eulalia, ¿cómo está usted?—Los otros niños entran poco a poco y dicen a su maestro:—Buenos días, señor, ¿cómo está usted?—Las niñas entran también poco a poco y dicen a su maestra:—Buenos días, señora,
20 ¿cómo está usted?

SENTADO—DE PIE[81]

El maestro está sentado. También la maestra está sentada delante de su clase. Los niños también están sentados delante del maestro. Todos están muy ocupados. Todos estudian. Pero hay un niño que está de pie. Está de pie para hablar al maestro. Solamente[82] él está ahora de pie. Pablo

---

[72] **la hora** time of day (*hour*).   [73] **a las nueve** at nine o'clock.   [74] **mañana** morning.   [75] **entrar** to enter.   [76] **llega** arrives.   [77] **son las nueve** it is nine o'clock.   [78] **sentado** seated, sitting down.   [79] **dice** says.   [80] **buenos días** good morning.   [81] **de pie** standing.   [82] **solamente** only.

no está de pie. El está sentado lejos de Pedro. Está sentado
cerca de una niña muy bonita. La niña se llama Tula. Pedro
es mayor que ella. Tula sólo tiene doce (12) años.

SALIR[83] (SALE—SALEN)

Los niños salen de la escuela al mediodía.[84]   Las niñas
5 también salen de la escuela al mediodía. Todos salen poco a
poco. No salen todos al mismo tiempo. Los maestros y las
maestras salen un poco después del mediodía. Al mediodía
todos van a casa. Van a su casa a pie[85] porque la escuela no
está lejos. ¿Va usted a su casa al mediodía? ¿Sale usted de
10 la escuela al mediodia? ¿Va usted a casa a pie?

HAMBRE (TENER HAMBRE)[86]

Es mediodía. Pablo sabe que es mediodía porque tiene
hambre. Dice a uno de sus amigos:—Tengo mucha
hambre.—El amigo contesta:[87]—Tengo más hambre que
nadie.[88]—Bueno, bueno—dice don Atanasio.—El que[89] tiene
15 hambre tiene buena salud. Es natural tener hambre. El
que no tiene hambre al mediodía está enfermo. Es bueno
tener hambre. El que no tiene hambre está en mala[90] salud.

COMIDA[91]

La comida en casa de la familia de Manuel Pardo y Revilla es
muy buena. La comida en casa de la familia de Alberto
20 Morales y Arce es mala. Pero los hijos de Alberto comen[92]
más que los hijos de Manuel. Siempre tienen más hambre.
Su padre dice:—Con hambre, todas las comidas son buenas.

---

[83] **salir (de)** to leave. [84] **mediodía** noon. [85] **a pie** afoot, on foot. [86] **hambre**
hunger, appetite; **tener hambre** to be hungry. [87] **contestar** to reply,
answer. [88] **que nadie** than anybody. [89] **el que** he who. [90] **malo** bad,
poor (*not good*). [91] **comida** food, meal. [92] **comer** to eat.

El que come con hambre está en buena salud.—Pero Luisa, la hija del rico, come siempre sin hambre. Lolita, la hija del pobre, come siempre con hambre. Para ella todas las comidas son buenas.

CALOR (TENER CALOR)[93]

5 A las dos de la tarde[94] tienen que estar los niños en la escuela. Los maestros y las maestras tienen que estar en su clase un poco antes de las dos de la tarde. Es una tarde de mucho calor. Todos hablan del calor. José tiene mucho calor. Lolita tiene más calor que José. Pablo dice que él
10 tiene más calor que nadie. Está de pie. Juanito, otro de sus amigos, está también de pie.—¿Qué tienen ustedes?[95] ¿Por qué no están todos sentados?—dice don Atanasio.—Porque tengo mucho calor—dice Juanito.—¡Uf! ¡Qué calor!—dicen los otros.

QUERER[96] (QUIERE—QUIEREN) ✗

15 Uno de los niños está de pie delante del maestro. El niño se llama Federico. Quiere salir al[97] patio porque allí hay menos calor. También José, Pablo y Juanito quieren salir al patio. Después todos quieren salir al patio. El maestro y todos van al patio. Estudian allí hasta las cuatro de la tarde.
20 A las cuatro de la tarde es hora de salir de la escuela.— Adiós,[98] don Atanasio—dicen antes de salir.—Hasta mañana[99]—dice el maestro.

LLEGAR[100] (LLEGA—LLEGAN)

Son las cuatro y media[101] de la tarde. Es la hora en que llegan a casa los niños. Pablo llega a su casa primero. Luisa

---

[93] **calor** heat; **tener calor** to be warm (*referring to a person*). [94] **tarde** afternoon. [95] **¿qué tienen ustedes?** what is the matter with you? [96] **querer** to want. [97] **salir a (+ el = al)** to go out to (the). [98] **adiós** good-bye. [99] **hasta mañana** until tomorrow. [100] **llegar** to arrive. [101] **medio** half; **y media** half past.

y Pedro llegan un poco después.   Casi todos los días llegan
un poco más tarde[102] que Pablo.   Son casi las cinco de la
tarde cuando Pedro y Luisa llegan a casa.—Buenas tardes,[103]
mamá—dicen a Conchita.—Buenas tardes, hijos—contesta
5   ella.—¿Dónde está mi padre?—dice Pedro.—Quiero hablar
con él, si no está muy ocupado.—En este momento llega
Manuel.—Buenas tardes, Conchita; buenas tardes, hijos.

LECCIONES PARTICULARES[104]

A las cinco en punto[105] llega a la casa roja el profesor* de
piano.   Se llama don Teófilo del Valle.   Don Teófilo da[106]
10   lecciones particulares.   No da lecciones en la escuela como
don Atanasio y como doña Eulalia.   Va de casa en casa y da
lecciones particulares de media hora a cada niño o niña.   Da
lecciones el mismo día a Luisa y a su hermano Pablo.
Además de ser[107] un buen profesor de piano, don Teófilo es
15   un buen amigo de la familia.

MEJOR[108]—PEOR[109]

Luisa toca[110] el piano muy bien.   Es tonta en la escuela, pero
es muy inteligente para la música.*   Toca el piano mejor que
Pablo.   El profesor de piano dice que Luisa toca mejor que
nadie.   Pedro toca el piano muy mal.   No es inteligente para
20   la música.   José toca el piano peor que Pedro.   Lolita toca el
piano peor que nadie.   No es tonta en la escuela, pero para la
música sí es[111] muy tonta.   Como es pobre, no toma lecciones particulares.   Luisa toca mejor que muchos pro-
fesores de piano.

---

[102] **más tarde** later.   [103] **buenas tardes** good afternoon.   [104] **particular**
private.   [105] **en punto** sharp, on the dot.   [106] **da** gives.   [107] **además de ser**
besides being.   [108] **mejor** better.   [109] **peor** worse.   [110] **tocar** to play.   [111] **sí es**
she is indeed.

CANSADO[112]   λ

A las seis de la tarde, acaba[113] la lección de piano. Pablo y
Luisa están cansados de tocar el piano. También el pobre
don Teófilo está cansado, pero tiene que ir a otra casa para
dar otra lección particular. Como el pobre señor no está muy
5 bien de salud, siempre está cansado a esta hora. Además ya
tiene muchos años de edad. Sale de su casa a las nueve de la
mañana, da lecciones particulares hasta el mediodía, va a su
casa para comer, y a las dos de la tarde sale otra vez para dar
más lecciones.

CENA—CENAR[114]

10 Los niños están cansados y además tienen mucha hambre.
Son ya las ocho de la noche.[115] Es hora de cenar. En esta
casa la cena está siempre en la mesa[116] a las ocho en punto.
Todos los días cenan a la misma hora. Conchita va al patio
donde están sentados sus hijos y les dice:—La cena está en la
15 mesa, hijos. Son ya las ocho de la noche. Vamos, vamos
todos a cenar.[117]—Conchita no tiene que decir[118] la misma
cosa dos veces porque los niños tienen mucha hambre.

COMEDOR[119]

En el comedor hay siete personas.* Cuatro de ellas son per-
sonas mayores[120]: el padre, la madre y dos amigos de la fa-
20 milia Pardo. Las personas menores son Luisa, Pablo y
Pedro. Los amigos son la señora doña Josefina Lara de
Palma, y el señor don Edmundo Palma y Mora, su marido.
La señora de Palma está sentada al lado[121] del señor Pardo.

---

[112] cansado tired. [113] acabar to finish, end. [114] cena supper; cenar to eat
supper. [115] noche night; de la noche in the evening. [116] mesa table.
[117] vamos todos a cenar let's all go and have supper. [118] decir to say.
[119] comedor dining room. [120] personas mayores adults, grown people.
[121] lado side; al lado de beside.

La cena acaba a las nueve y media. Ya es muy tarde para los
niños. Están muy cansados. Salen del comedor.

ACOSTARSE[122]
(SE ACUESTA—SE ACUESTAN)

Los niños se acuestan todos los días a las nueve y media de la
noche. Hoy[123] se acuestan un poco más tarde. Otras veces
5 se acuestan más temprano[124] que hoy. Pablo y Pedro se
acuestan en el mismo cuarto.[125] Las personas mayores se
acuestan mucho más tarde. Hoy se acuestan después de la
medianoche,[126] cuando la señora de Palma y su marido se van
a su casa. El señor y la señora de Palma llegan a su casa a la
10 una de la mañana.

DORMIR[127] (DUERME—DUERMEN)

Los niños duermen diez horas y media, desde las nueve y
media de la noche hasta las ocho de la mañana. Siempre
duermen muy bien porque están en buena salud. Manuel y
Conchita duermen sólo siete horas. Manuel duerme mal
15 porque cena mucho. Conchita duerme mejor que su marido.
Duerme casi siempre desde la medianoche hasta las siete y
media de la mañana. Además todas las tardes duerme la
siesta. Su marido también duerme la siesta de una hora,
pero no duerme tan bien como su mujer.

LEVANTARSE[128]
(SE LEVANTA—SE LEVANTAN)

20 Pedro se levanta muy aprisa[129] y sale al patio. Pablo duerme
casi siempre unos minutos* más que su hermano. No se le-

---

[122] **acostarse** to go to bed; **se acuesta** goes to bed. [123] **hoy** today.
[124] **temprano** early. [125] **cuarto** room. [126] **medianoche** midnight. [127] **dormir**
to sleep; **duerme** sleeps. [128] **levantarse** to get up; **se levanta** gets up.
[129] **aprisa** quickly, fast.

vanta tan aprisa como él.   Luisa no se levanta tampoco muy
aprisa.   Su madre tiene que ir dos o tres veces a su cuarto
para decirle que ya es muy tarde.   Ya son las ocho y trece
minutos (8:13).   Pedro ya está en el comedor.   Él es el pri-
5 mero en llegar al comedor.   Pablo es el segundo en llegar al
comedor.   Luisa es siempre la última[130] en llegar al comedor.

EL DESAYUNO—DESAYUNARSE[131]
(SE DESAYUNA)

Son las nueve menos[132] veinticinco (25) minutos.   Ya está el
desayuno en la mesa.   Pedro se desayuna con mucha
hambre.   Es el primero en llegar al comedor.   Desayuna
10 chocolate con leche[133] y pan.[134]   Todos los niños desayunan
chocolate con leche y pan.   Se desayunan muy aprisa, porque
tienen muy poco tiempo.   Las personas mayores desayunan
café* y pan.   No se desayunan aprisa como los niños, porque
no tienen que salir de casa tan temprano como ellos.
15 Manuel desayuna café con leche y pan.   Su mujer desayuna
café solo[135] y un poco de leche.   Manuel y su mujer se desayunan a la misma hora.

CORRER[136] (CORRE—CORREN)

Después del desayuno, los niños corren a la escuela.   Pedro
acaba su desayuno primero, y no tiene que correr como los
20 otros.   Son ya las nueve menos siete minutos.   Hay que
correr muy aprisa para llegar a tiempo[137] a la escuela.   Luisa
es siempre la última en acabar su desayuno, y tiene que
correr más aprisa que los otros.   Cuando Pablo llega a la escuela, son las nueve menos dos minutos.   Cuando Luisa
25 llega a la escuela, son las nueve y cinco minutos.   Cuando

---

[130] **último** last.   [131] **el desayuno** breakfast; **desayunarse** to eat breakfast.
[132] **menos** less; **menos veinticinco** 25 minutes to.   [133] **desayuna chocolate
con leche** has hot chocolate with milk for breakfast.   [134] **pan** bread.
[135] **café solo** black coffee.   [136] **correr** to run.   [137] **a tiempo** on time.

entra en la clase, la maestra le dice:—Luisa, ya son las nueve
y cinco; ésta no es la hora de llegar a la escuela.

EXERCISES

A. *Answer true or false:*

1. Manuel es el hombre de la casa amarilla.
2. Conchita es la mujer de Manuel.
3. Conchita y Manuel tienen cuatro hijos.
4. Pedro y Luisa son hermanos.
5. José y Pablo son amigos.
6. Lolita y José son hijos de Alberto y Lucía.
7. Pedro y José no son hermanos.
8. Lolita y Luisa son españolas.
9. Manuel y Conchita tienen sólo una casa.
10. Conchita tiene buena salud.

B. *Answer the following questions:*

1. ¿Es Luisa inteligente?
2. ¿Hay tres maestras en la escuela de Luisa?
3. ¿Hay cuatro maestros en la escuela de Pedro?
4. ¿Cómo se llama el hijo mayor de Manuel?

C. *Complete the sentences using the words given below:*

español	piano
casa	calor
mediodía	particulares
días	primero
inglés	tarde

1. Lolita y Luisa hablan ——.
2. Los maestros entienden el ——.
3. La escuela está cerca de la ——.
4. Luisa, Pedro y Pablo van a la escuela todos los ——.
5. Los niños salen de la escuela al ——.
6. En la escuela hace mucho ——.
7. Todos salen de la escuela a las cuatro de la ——.
8. Pablo llega a su casa ——.

9. Lolita no toma lecciones _____.
10. Luisa toca muy bien el _____.

D. *Answer the following questions:*

1. ¿A qué hora cenan los niños de Conchita?
2. ¿Cuántas personas hay en el comedor?
3. ¿Cuántas personas mayores?
4. ¿Cuántas menores?
5. ¿A qué hora terminan ellos de cenar?
6. ¿A qué hora se desayuna usted?
7. ¿Qué desayuna usted todos los días?
8. ¿Qué desayuna Pedro?
9. ¿Con quién se desayuna Manuel?
10. ¿A qué hora se desayunan ellos?

LECTURA[1]—ESCRITURA[2]

La maestra escribe[3] algo en la pizarra.[4] Las niñas copian* lo que ella escribe. Es la lección de escritura. La maestra tiene muy buena letra.[5] Luisa tiene muy mala letra. En la clase de los niños, José es quien tiene la mejor letra. Tiene
5 una letra muy bonita. La lección de lectura es después de la lección de escritura. Luisa sabe muy bien su lección de lectura.

LEER[6] (LEE—LEEN)

Luisa sabe[7] leer muy bien, casi tan bien como doña Eulalia, su maestra; pero siempre lee en voz baja.[8] Doña Eulalia
10 tiene que decirle varias* veces:—Levanta[9] la voz, Luisa; ¿tienes miedo?[10] ¿Por qué no quieres leer en voz alta?[11]—

---

[1] **lectura** reading. [2] **escritura** writing. [3] **escribir** to write. [4] **pizarra** blackboard. [5] **letra** handwriting; **tiene buena letra** has good handwriting.
[6] **leer** to read. [7] **saber** to know, know how. [8] **voz** voice; **voz baja** undertone. [9] **levantar** to raise. [10] **¿tienes miedo?** are you afraid? [11] **en voz alta** out loud.

Al contrario,* en la clase de don Atanasio, José, quien lee
mejor que nadie, lee en voz tan alta que su maestro le dice
varias veces:—Baja[12] un poco la voz, José; no estamos tan
lejos uno de otro.—Sí, señor;—contesta José, y baja un poco
5 la voz durante uno o dos minutos.

VOLVER[13] (VUELVE—VUELVEN)

Los muchachos[14] salen de la escuela, como ayer,[15] al mediodía. Las muchachas también salen de su escuela, como
ayer, al mediodía. Unos corren por la calle,[16] otros no.
Entre los muchachos que corren van José y Lolita. Pronto
10 llegan a la casa amarilla donde ya sabemos que viven.
Llegan muy a tiempo para la comida, un poco antes que su
padre. Alberto, su padre, vuelve también a esta hora. Su
buena mujer le pregunta si está cansado. Él contesta que no,
pero que tiene mucha hambre.—Vamos al comedor—le dice
15 Lucía;—ya está la comida en la mesa.

LE GUSTA—LES GUSTA[17]

La comida no es muy variada,* pero es abundante*: mucho
pan, poca carne,[18] algo de vino,[19] y después mucha fruta.* A
Lolita le gusta el pan con vino. A su madre no le gusta
mucho el vino. A José y a su padre les gusta todo: pan,
20 carne, vino y fruta. No comen más porque no hay más.
Tienen un apetito* formidable.* Después de la comida,
Alberto y Lucía toman[20] café. A los muchachos no les gusta
el café solo. Salen del comedor para ir al patio mientras[21] su
padre y su madre toman café.

---

[12] **bajar** to lower. [13] **volver** to return; **vuelve** returns. [14] **muchacho** =
niño. [15] **ayer** yesterday. [16] **calle** street. [17] **le gusta** he likes; **les gusta**
they like. [18] **carne** meat. [19] **algo de vino** a little wine. [20] **tomar** to take,
drink. [21] **mientras** while.

VENIR²² (VIENE—VIENEN)

Alguien llama a la puerta.²³—¿Quién es?—pregunta
Lucía.—Soy yo²⁴—contesta una voz conocida.²⁵—Somos
nosotros—contesta otra voz también conocida. La primera
es una voz baja de hombre. La segunda es una voz alta de
5 mujer. Lucía corre a la puerta. Allí están de pie dos amigos
de la familia. Son la señora María Ramos de Vargas y su
marido, el señor Vargas y Durán. Vienen de Córdoba donde
viven la mayor parte* del año. Sólo vienen a Sevilla dos o
tres veces al año. Algunas veces viene solo el señor Vargas;
10 otras veces viene sola la señora de Vargas. Siempre que²⁶
vienen, visitan* a la familia Morales.

PASAR²⁷ (PASE USTED—
PASEN USTEDES)

—¿Cómo está usted, María? ¿Y usted, don Julián, cómo
está? ¡Qué gusto²⁸ es siempre para mí el verlos! Pase usted,
don Julián. Pase usted, María. Ya saben ustedes que ésta es
15 su casa.²⁹—Todo esto lo dice Lucía sin dar tiempo de contestar a sus amigos. Por fin³⁰ contestan:—Nosotros estamos
muy bien, muchas gracias³¹; ¿y ustedes? ¿Y los niños, cómo
están de salud?—Perfectamente*—contesta Lucía.—Pase
usted, don Julián. Pase usted al patio, María.—Después de
20 ustedes—dice don Julián, antes de pasar adelante³²—
Primero pasa la señora de Vargas. Después de ella pasa su
marido.

SENTARSE³³ (SE SIENTA—SE SIENTAN)

Todos se sientan en el patio. Hoy no es un día de tanto calor
como ayer. Alberto viene al patio para saludar³⁴ a sus

---

²² **venir** to come. ²³ **llama a la puerta** is knocking at the door. ²⁴ **soy yo** it
is I; **somos nosotros** it is we. ²⁵ **conocido** known, familiar. ²⁶ **siempre
que** whenever. ²⁷ **pasar** to come in. ²⁸ **gusto** pleasure. ²⁹ **ésta es su casa**
we welcome you to our home (*this is your house*). ³⁰ **por fin** finally.
³¹ **gracias** thanks. ³² **adelante** forward, ahead. ³³ **sentarse** to sit down.
³⁴ **saludar** to greet, speak to.

amigos. Les dice:—¡Cuánto gusto tengo de verlos a
ustedes!—El gusto es mío—contesta don Julián. Doña
María contesta lo mismo que su marido:—El gusto es mío,
Alberto. ¿Cómo está usted?—Alberto se sienta unos mo-
5 mentos al lado de Julián. María se sienta al lado de Lucía.
Al poco tiempo, Alberto se levanta para ir a su trabajo.[35]—
Vuelvo muy pronto, amigos míos. Hoy trabajo[36] sólo dos
horas más.

HACE CALOR[37]

Estamos ya en la primavera.[38] Es la estación[39] más bonita de
10 todo el año en Sevilla. Estamos en el mes de mayo.* Hace
calor en el patio pero no tanto como ayer. Hoy es un día
claro,* de mucho sol.[40] Así[41] son todos los días de primavera
en esta parte de España. En mayo casi siempre hace algo de
calor al mediodía y por la tarde hasta que baja el sol,[42] pero
15 don Julián dice que hace más calor en Córdoba que en Sevilla. Su mujer también dice:—A esta hora de la tarde, el
calor de Córdoba es peor que el de[43] aquí. Por eso me gusta
venir a Sevilla en la primavera.—A mí me gusta el calor—
dice José.—¡Qué tonto eres tú!—exclama* Lolita, su
20 hermana.—Cuando hace tanto calor, ni duermo ni como
bien—dice su madre.

ESTÁ(N) HABLANDO

Están hablando todavía del calor cuando entran en el patio
los tres hijos de Manuel. Entran corriendo.[44] Lo primero
que dicen es:—¡Qué fresco[45] está este patio! En nuestra es-
25 cuela hace más calor que aquí.—Luego[46] van a saludar a don
Julián y a doña María dándoles la mano.[47] —¡Ay, qué alto está

---

[35] **su trabajo** his work. [36] **trabajar** to work. [37] **hace calor** it (*the weather*)
is hot. [38] **primavera** springtime. [39] **estación** season. [40] **sol** sun; **de
mucho sol** very sunny. [41] **así** thus, like this. [42] **baja el sol** the sun goes
down. [43] **el de** that of. [44] **entran corriendo** they come running in.
[45] **fresco** cool. [46] **luego** then, immediately. [47] **dándoles la mano** shaking
hands with them.

Pedro![48] Ya casi está tan alto como su padre.—Lucía, quien
en este momento está hablando con María, le dice:—Mi José
no es tan alto como Pedro, pero es más fuerte,[49] y sobre todo
tiene mejor salud que él.—¿De quién están ustedes ha-
5 blando ahora?—pregunta Luisa.—Estamos hablando de que
José es más fuerte que Pedro.—Eso es natural—dice
Luisa—porque mi hermano sólo tiene trece años mientras
que José tiene ya catorce.

JUGAR[50] (JUEGA—JUEGAN)

El día siguiente[51] es sábado.[52] Es un bello[53] día de prima-
10 vera. No hace ni calor ni frío.[54] Los sábados no hay clases ni
trabajo para los muchachos. Juegan todo el día. Unas veces
juegan todos en el patio de la casa amarilla, otras veces en el
de la casa roja. Hoy vienen los hijos de Alberto a la casa roja
para jugar con los de Manuel. Les gusta jugar aquí porque el
15 patio es más grande y más bonito que el de ellos. El patio
de ellos es muy pequeño. Casi siempre juegan al toro.[55] José
es el mejor toro de todos porque corre muy rápido.[56] A Lolita y a Luisa no les gusta jugar al toro. No es un juego[57] para
señoritas. Juegan una media hora con los muchachos, y
20 luego les dicen que están cansadas, y se sientan. Están cansadas de tanto correr. Los muchachos juegan hasta el mediodía cuando Conchita viene a llamarlos para comer.

PODER[58] (PUEDE—PUEDEN)

Por la tarde las dos familias van juntas[59] al campo.[60] Todos
pueden ir menos Alberto, quien tiene que trabajar casi todos
25 los sábados. Como es pobre, no puede hacer todo lo que

---

[48] ¡qué alto está Pedro! how tall Pedro looks! [49] fuerte strong, robust.
[50] jugar to play. [51] siguiente next. [52] sábado Saturday; los sábados
on Saturdays. [53] bello beautiful, fine. [54] frío cold. [55] toro bull; al toro
bullfight. [56] rápido = aprisa. [57] juego game. [58] poder to be able; puede
can. [59] juntos together. [60] campo country.

quiere como Manuel. Van al campo en auto, pero todos no
pueden ir en el mismo auto. Son dos los autos. Uno de los
autos es de Manuel, el otro es de un amigo suyo. Ambos[61]
son autos de seis asientos.[62] Apenas[63] hay sitio[64] para todos.
5 Manuel dice:—Los cinco muchachos pueden ir conmigo en
mi auto. Lucía, Conchita, la señora de Vargas y su marido
pueden ir en el otro.—Con mucho gusto—contestan todos.

SUBIR[65] (SUBE—SUBEN)

Pedro es el primero en subir al automóvil.* Después sube
Luisa, luego Lolita; después suben Pablo y José; y por úl-
10 timo sube Manuel. Ya están todos sentados. Los seis
asientos están ocupados.* Apenas hay sitio para ellos, pero
José llama a su perro,[66] y éste también sube y se sienta sobre
dos de los niños. Es un perro grande y amarillo que ocupa
tanto lugar[67] en el automóvil como un muchacho. Está muy
15 contento* de ir también en el automóvil. Le gusta mucho
salir de casa con los muchachos. El perro se llama Choto.
No se está quieto* un solo instante.* Pasa de un asiento
a otro. Quiere subir y bajar[68] del automóvil muchas veces.

LLEVAR (LLEVA—LLEVAN)

El auto de Manuel va delante, el otro viene detrás.[69] El
20 segundo auto lleva algunas provisiones*: pan, fruta, leche,
café. Cada cual lleva algo útil.[70] Unos llevan algo de comer
o beber[71], otros llevan libros[72], otros llevan periódicos[73] para
leer o para sentarse sobre ellos. Manuel lleva un libro y
papel[74] para escribir. Los niños no llevan nada útil. Sólo
25 llevan a su perro para jugar con él en el campo. ¡Qué bello

---

[61] **ambos = los dos.** [62] **asiento** seat. [63] **apenas** barely. [64] **sitio** room,
place. [65] **subir** to get in, climb in, [66] **perro** dog. [67] **lugar** space, room.
[68] **bajar** to get out, go down. [69] **detrás** behind. [70] **útil** useful. [71] **beber** to
drink. [72] **libro** book. [73] **periódico** newspaper. [74] **papel** paper; **papel para
escribir** writing paper.

día de primavera para pasarlo en el campo! La temperatura* es ideal hoy. No hace ni frío ni calor.

BAJAR (BAJA—BAJAN) *

A la hora y media de viaje[75] llegan a un campo muy verde.[76] Allí bajan todos. Primero baja el perro. Eso es natural.
5 Luego bajan los muchachos tan rápido como pueden, y por último baja Manuel con su libro y sus papeles. Las personas mayores que van en el segundo auto bajan poco a poco con las provisiones y las cosas útiles que llevan en la mano. Se sientan en un sitio donde no hay sol, y los muchachos co-
10 mienzan a jugar al toro con su perro amarillo.

HACER[77] (HACE—HACEN)

Cada cual hace algo diferente.* Los muchachos juegan al toro. Lolita y Luisa dan de comer a[78] Choto. Lucía, Conchita y la señora de Vargas hablan sin cesar.[79] No hacen nada útil. El señor Vargas no hace más que leer un
15 periódico de Madrid. Manuel tiene el libro entre las manos y escribe algo en él. Cuando el señor Vargas se cansa[80] de leer, se acuesta sobre la hierba.[81] Quiere dormir la siesta, pero los muchachos hacen mucho ruido.[82] El pobre no puede dormir. No es posible dormir con tanto ruido—dice,
20 y se levanta para ver lo que hacen las muchachas que están cerca de él. En este momento* Lolita y Luisa dan de beber a[83] Choto. El perro amarillo bebe toda el agua[84] que le dan las muchachas y luego corre a donde están jugando los muchachos.

---

[75] **viaje** trip, traveling. [76] **verde** green. [77] **hacer** to do, make. [78] **dar de comer a** to feed; **dar de beber a** give water to. [79] **sin cesar** incessantly. [80] **cansarse** to get tired. [81] **hierba** grass. [82] **ruido** noise. [83] **dar de beber a** to give water to. [84] **agua** water.

SACAR[85] (SACA—SACAN)

El sol ya está sobre el horizonte.* Baja poco a poco y todos vuelven la cabeza[86] para verlo.—¿Qué hora es?—pregunta Lucía. Manuel saca su reloj[87] para ver la hora. El señor Vargas también saca su reloj. Ambos sacan su reloj al mismo
5 tiempo. Ya es tarde—dice Manuel.—Sí, ya son las seis y media—dice el señor Vargas.—¡Ay, qué pronto pasa el tiempo!—dice Conchita, sacando también su reloj.— ¡Vámonos.[88] No hay más tiempo que perder.[89] No me gusta viajar de noche en automóvil.—Yo también tengo miedo
10 cuando viajo de noche—contesta la señora de Vargas. Hay tantos choques[90] de automóviles por la noche.—No hay razón[91] para tener miedo—les dice Manuel.—Todavía hay bastante luz.[92] ¿Qué puede pasar[93] en hora y media de viaje?

ANDAR[94] (ANDA—ANDAN)

—Tengo sed[95]—dice Pablo.—Yo también tengo mucha
15 sed—dice Pedro. Antes de subir al auto, los muchachos quieren beber agua, pero Lucía les hace beber[96] leche y tomar pan. Después beben agua. Las señoras comen fruta. Los señores toman café con leche. El perro anda de un lugar a otro comiendo lo que le dan. Por fin los muchachos
20 suben al auto, llaman a Choto, y éste ocupa su sitio entre ellos como antes. Todos los asientos están ocupados. Todavía hay bastante luz cuando los dos autos comienzan a andar en dirección* a Sevilla.—, Qué hora es?—pregunta Manuel.—Mi reloj no anda.—José saca su reloj y contesta:
25 —El mío anda perfectamente. Son las siete y cuarto.[97]— El reloj del auto anda también mal—dice Lolita.—Sí— dice Pedro—todos los relojes de auto andan siempre mal.

---

[85] **sacar** to take out. [86] **cabeza** head. [87] **reloj** watch. [88] **vámonos** let's go.
[89] **perder** to lose. [90] **choque** collision. [91] **razón** reason. [92] **luz** light.
[93] **pasar** happen. [94] **andar** to run, move, go. [95] **tengo sed** I am thirsty; **sed** thirst. [96] **les hace beber** has them drink. [97] **y cuarto** a quarter past.

PARARSE[98] (SE PARA—SE PARAN)

Otra vez el auto de Manuel va delante, el otro viene detrás
Cuando se para el primero, también se para el segundo
detrás de él. Van muy cerca uno de otro. Hay que pararse
en ciertos[99] lugares antes de pasar adelante. Es necesario,*
5 por ejemplo,[100] pararse en algunas intersecciones.* Es de
noche[101] y apenas pueden verse unos a otros,[102] porque hay
poca luz. Son las ocho y media de la noche. A esta hora son
muchos los autos (hay muchos autos) que vuelven del campo.
Conchita y la señora de Vargas tienen miedo. No les gusta
10 viajar de noche en automóvil; pero no hay razón para tener
miedo de un choque, porque Manuel sabe muy bien lo que
hace, y ve perfectamente. El auto lleva[103] buenas luces. Por
fin los dos autos se paran delante de la casa, y todos se bajan.

OÍR[104] (OYE—OYEN)

Cuando los automóviles se paran delante de la puerta, Al-
15 berto no los oye, porque está en una de las habitaciones in-
teriores[105] de su casa. La puerta no está abierta,[106] y Lolita
llama. Llama una vez, dos veces, tres veces, pero nadie la
oye.—Si no llamas fuerte, no te oyen—le dice su hermano.
José entonces llama a la puerta otra vez. Llama más y más
20 fuerte, pero no le oyen. Por fin Alberto oye el ruido que
hacen y corre a abrir[107] la puerta. Buenas noches[108]—les
dice. —¿Cómo están todos? ¿Hay novedad?[109] ¿Por qué
llegan ustedes tan tarde? Ya son las nueve menos
cuarto.[110]—El ruido que hacen los cinco muchachos y el
25 perro es tanto que Manuel no oye bien todo lo que pregunta
Alberto, pero le contesta diciendo:[111]—No hay novedad, Al-

---

[98] **pararse** to stop; **se para** stops. [99] **cierto** certain. [100] **por ejemplo** for instance. [101] **es de noche** it is after dark. [102] **verse unos a otros** see one
another. [103] **lleva** has (*carries*). [104] **oír** to hear; **oye** hears. [105] **habitación
interior** inner room. [106] **abierto** open. [107] **abrir** to open. [108] **buenas
noches** good evening. [109] **¿hay novedad?** has anything happened?
[110] **menos cuarto** a quarter to; **menos** less. [111] **diciendo** saying.

berto. Lucía y todos estamos perfectamente, aunque[112] un poco cansados. Vamos a sentarnos un rato.[113]

TENER SUEÑO[114]

Todos se sientan un rato para descansar.[115] En el patio hay poca luz. Apenas pueden verse unos a otros. Es una noche
5 de primavera, algo fría. La conversación* no está muy animada.* Aun las señoras hablan poco. Todos tienen sueño menos Alberto. Los muchachos apenas hablan. No se oye el ruido de costumbre[116] en el patio. ¡Cosa rara! Todos los muchachos están sentados. El perro está acostado[117] a los
10 pies de José. El perro duerme.—¡Qué sueño tengo, papá!—dice Pablo.—Yo también tengo sueño—dice Conchita, levantándose[118] también.—Es el aire* del campo.— ¡Cómo! ¿No quieren ustedes cenar con nosotros esta noche?—Muchas gracias—repiten varias voces.—Tenemos
15 más sueño que hambre. Muchas gracias, pero nos vamos a casa sin cenar. Buenas noches.

TENER GANAS[119]

Nadie tiene ganas de cenar excepto[120] Alberto. Los muchachos y también Lucía y la señora de Vargas tienen ganas de dormir. Alberto no tiene ganas de acostarse. Después
20 de cenar, como de costumbre, con mucho apetito, entra en su habitación para leer y escribir cartas[121] hasta la medianoche. En la otra casa, la casa roja, nadie tiene ganas de cenar tampoco; pero todos cenan algo, menos Luisa, quien se acuesta inmediatamente.* Se duerme[122] en menos de diez minutos.
25 Manuel, después de la cena, lee y escribe como de costumbre. Para no tener ganas de dormir temprano, toma

---

[112] **aunque** although. [113] **un rato** a while. [114] **tener sueño** to be sleepy.
[115] **descansar** to rest. [116] **de costumbre** usual. [117] **acostado** lying down.
[118] **levantándose** getting up. [119] **tener ganas** to feel like. [120] **excepto** except. [121] **carta** letter. [122] **dormirse** to fall asleep; **se duerme** falls asleep.

mucho café. Así puede trabajar hasta las dos de la mañana.
Su mujer, al contrario, se acuesta inmediatamente después
de la cena, y se duerme sin perder tiempo.

PONERSE[123] (SE PONE—SE PONEN)

El día siguiente es domingo.[124] No hay que levantarse tem-
5 prano los domingos como los otros días de la semana.[125] El
domingo cada cual se pone lo mejor[126] que tiene. Los muchachos se ponen su mejor traje.[127] Las muchachas y las
señoras se ponen su mejor vestido.[128] Pedro y Pablo se
ponen un traje azul[129] y un sombrero[130] del mismo color. A
10 Luisa le gusta ponerse un vestido amarillo y un sombrero del
mismo color. Su madre se pone un vestido verde y un sombrero también verde. Alberto no tiene traje nuevo[131] que
ponerse los domingos. Se pone el mismo traje de toda la semana; pero Manuel, como es rico, nunca se pone el mismo
15 traje. Su mujer tampoco se pone el mismo traje todos los
días.

PASEAR(SE)[132]
(SE PASEA—SE PASEAN);
DAR UN PASEO[133]

Por la tarde Alberto, Manuel y el señor Vargas salen a dar un
paseo. Dan un paseo siempre que pueden. Les gusta
mucho andar a pie[134] los domingos para tomar el sol[135] y ver a
20 la gente[136] que va y viene por las calles. Dan un paseo largo
de tres horas. A las señoras no les gustan mucho los paseos a
pie.[137] Les gustan los paseos en auto. Sin embargo, el do-

---

[123] **ponerse** to put on; **se pone** puts on. [124] **domingo** Sunday. [125] **semana**
week. [126] **lo mejor** the best. [127] **traje** suit. [128] **vestido** dress. [129] **azul**
blue. [130] **sombrero** hat. [131] **nuevo** new. [132] **pasear(se)** to stroll.
[133] **dar un paseo** to take a walk. [134] **andar a pie** to walk. [135] **tomar el sol**
to get out into the sunshine. [136] **gente** people. [137] **paseo a pie** walk;
paseo en auto automobile ride.

mingo por la tarde dan un paseo corto[138] de una hora. Van a
la plaza para oír música. A las mujeres les gusta ver y ser
vistas.[139] Oyen unas tres o cuatro piezas tocadas[140] por una
banda* militar,* y luego vuelven a casa para descansar. Esto
5 es lo que hacen casi todos los domingos de primavera.

QUITARSE[141] (SE QUITA—SE QUITAN)

Pablo, José y Pedro vuelven a la casa roja después de haber
dado un paseo largo. Les gusta mucho pasearse[142] todos los
domingos por la tarde. Hoy han dado un paseo de tres horas.
Han andado[143] por todas las calles principales* de la ciudad[144]
10 después de haber oído la banda militar. Cuando llegan a
casa, se quitan el sombrero y el traje nuevo, y se ponen un
traje viejo. Se quitan el traje nuevo porque van a jugar en el
patio, a correr y a sentarse en el suelo.[145] José no se quita su
traje, porque no está en su casa. Además, su traje no es tan
15 nuevo ni tan bueno como el de los otros muchachos. Las
señoras también se quitan el vestido de calle y se ponen el
vestido de casa. Sólo la señora de Vargas, quien espera[146] a
su marido para salir otra vez, no se quita su vestido. Sólo se
quita el sombrero.

QUEDARSE[147] (SE QUEDA—SE QUEDAN)

20 Al poco rato[148] vuelven los señores. No tienen necesidad de
llamar a la puerta porque está abierta. Entran y se sientan a
descansar en el patio, donde los esperan las señoras. Al
poco rato la señora de Vargas dice a su marido:—Julián, ya es
hora de salir a hacer una visita* en casa de los Guevara.—
25 Bueno, María—contesta él,—vamos; ya he descansado

---

[138] **corto** short.   [139] **visto** seen.   [140] **piezas tocadas** pieces played.
[141] **quitarse** to take off; **se quita** takes off.   [142] **pasearse** to stroll around.
[143] **han andado** they have walked.   [144] **ciudad** city.   [145] **suelo** ground, floor.
[146] **esperar** to wait for.   [147] **quedarse** to remain.   [148] **al poco rato** after a
little while.

bastante.[149]—¿No quieren venir ustedes con nosotros?—
pregunta la señora de Vargas.—No, María, muchas gracias.
Yo me quedo aquí descansando—contesta Conchita.—Yo
voy con ustedes—dice Luisa.—Nosotros nos quedamos—
dicen Pablo y Pedro al mismo tiempo; también se queda José
con nosotros.—En el patio se quedan hablando Alberto,
Manuel, Lucía y Conchita. Los muchachos no se quedan
allí largo tiempo. Al poco rato salen a la calle.

UNA VISITA

Al poco rato alguien llama a la puerta. Como la puerta está
abierta, los que están sentados en el patio pueden ver muy
bien quién es, o más bien[150] quiénes son, porque son varias
personas. Son viejos amigos y vecinos[151] de la familia Pardo.
Son el señor Raúl Roldán y Versa, su esposa,[152] sus dos hijas y
su hijo. Ni el señor Roldán ni su esposa son jóvenes.[153] Ya
son bastante viejos. Él es alto, fuerte, de unos sesenta y
cinco (65) años de edad; ella es baja,[154] algo gorda,[155] mayor
que él. Sus dos hijas ya no son jóvenes. Ambas pasan de[156]
los treinta y cinco (35) años. El hijo es el menor de la familia. No ha llegado aún a los treinta años. Es alto, como su
padre, pero más gordo que él. Tiene muy buen cuerpo,[157] y
las mujeres en general le consideran* bastante guapo.[158] Él
también se considera muy guapo. Es un verdadero[159] Don
Juan, y éste es en verdad su nombre: Juan Roldán y Terry.
El padre es español; la madre es inglesa. Juan habla perfectamente el inglés y el español. También sus hermanas
hablan perfectamente los dos idiomas.[160] Su madre siempre
les ha hablado en inglés y les ha leído muchos libros en ese
idioma. Sus hermanas no son tan guapas como él. Sin embargo,[161] la menor de ellas, llamada Emilia, es aún bastante

---

[149] **bastante** enough. [150] **más bien** rather. [151] **vecino** neighbor. [152] **esposa**
wife. [153] **joven** young. [154] **bajo** low, short. [155] **algo gordo** rather stout.
[156] **pasan de** are past. [157] **cuerpo** body, figure. [158] **guapo** goodlooking.
[159] **verdadero** real, true. [160] **idioma** language. [161] **sin embargo** nevertheless.

guapa. Ambas son bajas de cuerpo; la mayor de ellas es un poco gorda como la madre. No son ni ricos ni pobres; tienen lo suficiente[162] para vivir bien. Visten[163] y comen bien; tienen un automóvil grande, un buen radio, un piano mag-
5 nífico* y buenos muebles.[164] La casa donde viven no es suya. Han vivido en ella casi treinta (30) años y la consideran como suya. La madre habla el inglés mucho mejor que el español. Hace más de treinta años que vive en[165] España, pero su pronunciación,* aunque agradable,* es ex-
10 tranjera.[166] Sin embargo, habla correctamente,* y todo el mundo[167] la entiende. Al contrario, el señor Roldán, su marido, habla el inglés bastante mal. Su pronunciación es desagradable,* y los ingleses apenas pueden entenderle. Conoció[168] a su mujer en Inglaterra donde vivió[169] un año.
15 —Pasen ustedes—les grita Conchita al verlos a la puerta. Todos se levantan para saludarlos con toda cortesía* y verdadero cariño.[170]—¡Qué sorpresa[171] tan agradable! ¡Qué gusto de verlos! Hace ya más de un mes que no vienen a visitarnos.

LA CONVERSACIÓN

20 —Siempre he tenido gran placer[172] en venir a visitarlos— dice la señora de Roldán.—Pero mis dos hijas han estado muy enfermas. Hace sólo una semana que están[173] más o menos bien de salud. Pronto vamos a hacer un viaje, y no hemos querido salir de Sevilla sin decirles adiós.
25 Cuando Pablo y Pedro oyen hablar de viajes,[174] se sientan junto a [175] las hijas de la señora de Roldán para no perder una sola palabra de su conversación.

---

[162] **suficiente** enough. [163] **vestir(se)** to dress; **visten** they dress.
[164] **muebles** furniture. [165] **hace más de . . . que vive en** she has been living in . . . for more than. [166] **extranjero** foreign. [167] **todo el mundo** everybody. [168] **conocer** to know; **conoció** met. [169] **vivir** to live; **vivió** lived. [170] **cariño** affection, fondness. [171] **sorpresa** surprise. [172] **placer** pleasure. [173] **hace sólo una semana que están** only for about a week have they been. [174] **oyen hablar de viajes** hear a trip spoken of. [175] **junto a =** **al lado de** near.

Trinidad es la mayor, y se parece[176] mucho a su madre.
Emilia es la menor, y se parece mucho a Juan. Ninguna de
ellas se parece al señor Roldán.

Las dos señoritas han vivido en Inglaterra y han viajado
5 varias veces por toda Europa. A los dos muchachos les
parece[177] esto interesante.*

—Este verano[178]—dice Trinidad—pensamos ir[179] con Juan a
los Estados Unidos. Nunca hemos estado en ese país tan interesante, y tenemos muchas ganas de quedarnos en él varios
10 meses para conocerlo bien.

—¿Ha estado usted alguna vez[180] en los Estados Unidos?—
pregunta Pablo a Juan, lleno[181] de admiración.

—Sí, sí, hombre—le contesta Juan.—He vivido en los Estados Unidos casi todo un año. Es un país muy diferente de
15 España, y aun de Inglaterra. Es el país de las sorpresas.*
Me gusta mucho.

—Pero los yankis* hablan inglés ¿no es verdad?

—Sí, hablan inglés, es verdad; pero lo hablan a su modo.[182]
La pronunciación de Nueva York es muy diferente de la de
20 Londres donde yo aprendí el inglés. La pronunciación de
Boston se parece a la de mi madre y la mía. Es fácil[183] para
mí entenderla. La pronunciación de Chicago es muy diferente de la de Boston, y también muy diferente de la de
Nueva Orleáns. Para mí ha sido difícil[184] entender ciertas
25 palabras en esta ciudad.

—Pasa lo mismo[185] aquí en España—dice la señora de
Roldán, quien ha estado oyendo[186] atentamente a su hijo.—
En Castilla se habla[187] de un modo, en Andalucía de otro y en
Galicia de otro. Cada provincia* parece tener su acento*
30 distintivo.* A mí me gusta mucho el acento de ciertas
regiones* de la América española en donde el idioma se ha
conservado[188] perfectamente, aunque con distinta en-

---

[176] **se parece** resembles. [177] **parece** seems. [178] **verano** summer.
[179] **pensamos ir** we intend to go. [180] **alguna vez** ever. [181] **lleno** full. [182] **a
su modo** in their own way. [183] **fácil** easy. [184] **difícil,** difficult. [185] **pasa lo
mismo** the same thing happens. [186] **oyendo** listening (hearing). [187] **se
habla = hablan.** [188] **se ha conservado = ha sido conservado.**

tonación.* A los americanos los entiendo mejor que a algunos gallegos y asturianos.*

—Yo quiero aprender el inglés de América.

—Y yo quiero aprender el de Inglaterra, porque es mejor—
5 dice Pedro.

—No es mejor ni peor—contesta Juan.—Es sólo diferente.

—Es verdad—dice la señora de Roldán.

—Las personas bien educadas hablan el inglés correctamente en todas partes y se entienden perfectamente unas a
10 otras. Las diferencias* en el idioma sólo se observan[189] en el
habla[190] de las personas de la clase baja. Eso mismo pasa con
el español. Un argentino* y un castellano se entienden perfectamente. En las escuelas de México, de Cuba, del Perú y
de todas las repúblicas* de la América se enseña el caste-
15 llano.[191]

—Es verdad, madre—dice Juan.—Cuando un mexicano,*
cubano* o argentino viene por primera vez a España, su
acento nos parece muy diferente del nuestro, pero después
de un año o dos de vivir en Madrid, pierde[192] el acento de su
20 región y habla casi como nosotros.

EL VIAJE

Manuel ha hablado largamente[193] con Juan Roldán. Han
hablado de su viaje a los Estados Unidos. Manuel tiene
también muchas ganas de conocer el gran país de Norte
América, pero a su mujer no le gustan los viajes largos. No le
25 gusta salir de España durante el verano. Además no le
gustan los viajes por mar.[194] Quiere ir a San Sebastián este
verano para visitar a sus padres,[195] a quienes no ha visto
desde hace[196] dos años. Manuel apenas conoce a los padres
de su mujer. Los ha visitado sólo cuatro veces en su vida.[197]

---

[189] **se observan** are observed. [190] **habla** speech. [191] **se enseña el castellano**
Spanish is taught. [192] **perder** to lose; **pierde** loses. [193] **largamente** at
great length. [194] **mar** sea. [195] **padres** parents. [196] **desde hace** for (since).
[197] **vida** life.

Le gusta vivir lejos de ellos. Conchita ha recibido[198] varias cartas durante la primavera en las que su padre le habla de la mala salud de su madre. La señora ha estado enferma toda la primavera de este año, y está cada día peor. Por esta razón
5 Conchita quiere salir de Sevilla para San Sebastián el cinco de junio. Hoy estamos a dos[199] de junio.

Juan Roldán le ha dicho[200] a Manuel que quiere llevar a los dos muchachos a los Estados Unidos. Desea salir del puerto[201] de Gibraltar el siete de junio. No hay tiempo que
10 perder.

—El inglés es un idioma indispensable—le ha dicho Roldán a Manuel,—y este viaje les será[202] de gran utilidad* a los dos muchachos para aprenderlo. Mis hermanas y yo hablaremos siempre en inglés durante el viaje.
15 —Tiene usted razón[203]—le ha contestado Manuel.—Mis dos hijos deben[204] aprender el inglés ahora que son jóvenes. Cuando uno es joven, aprende los idiomas muy fácilmente. Yo le daré a usted todo el dinero necesario para el viaje de mis dos hijos; y además, deseo tener el gusto de pagarle[205] a
20 usted por el gran favor que me hace en llevarlos. Deseo tener el gusto de pagarle a usted su viaje. No tendrá[206] usted otros gastos[207] que los personales.[208]

Manuel insiste,* y Juan Roldán tiene que aceptar cuando aquél[209] le repite varias veces: —No hay bastante dinero en
25 el mundo para pagarle a usted por su bondad.[210] Lo que le doy ahora no es nada en comparación* con el gran favor que usted nos hace.

El día cinco de junio por la noche, Manuel, Conchita y Luisa salen de Sevilla para San Sebastián; y ese mismo día,
30 casi a la misma hora, salen Juan Roldán, sus dos hermanas, Pedro y Pablo para el puerto de Gibraltar.

El señor Roldán y su señora se quedarán[211] en Sevilla hasta

---

[198] **recibido** received. [199] **hoy estamos a dos** today is the second. [200] **dicho** said, told. [201] **puerto** port. [202] **les será** will be for them. [203] **tiene usted razón** you are right. [204] **deber, deben** must, should. [205] **pagarle** pay you. [205] **no tendrá** will not have. [207] **gastos** expenses. [208] **que los personales** except personal ones. [209] **aquél** the former. [210] **bondad** kindness. [211] **se quedarán** will remain.

el dos de julio.   Ese día saldrán²¹² de Sevilla para Inglaterra.
Allí pasarán²¹³ casi todo el verano.

Alberto se quedará en Sevilla trabajando hasta el cuatro de
agosto.* Después saldrá de Sevilla con Lucía, Lolita y José
5 para el norte de España.   Pasarán dos semanas en un
pueblo²¹⁴ del norte, no muy lejos de San Sebastián, porque el
pobre Alberto sólo tiene dos semanas de vacaciones.*

EXERCISES

A. *True or false?*

  1. Luisa tiene muy mala letra.
  2. Usted tiene buena letra.
  3. Luisa sabe leer muy bien.
  4. Lolita lee en voz alta.
  5. José también lee en voz alta.
  6. Después de la comida Alberto y Lucía toman vino.
  7. María y Julián son amigos de Conchita.
  8. Los hijos de Alberto tienen un patio grande y bonito.
  9. Pedro es el primero en subir al automóvil.
  10. Choto es el hermano de José.

B. *Make up a question, using each of the following verbs:*

llevar	parar(se)
bajar	oír
hacer	dormir
sacar	poner(se)
andar	pasear(se)

C. *Choose some idioms from the list and write a simple sentence,
referring to the text if necessary. (The idioms are listed in order
of occurrence.)*

D. *Answer the following questions, using the listed idioms:*

  1. ¿Quién tiene que estudiar poco?
  2. ¿Cuántos años tiene Pablo?

---

²¹² **saldrán** will leave.   ²¹³ **pasarán** will spend.   ²¹⁴ **pueblo** town.

3. ¿Hay que ir a la escuela los sábados?
4. ¿Cómo se llama su maestro(a)?
5. ¿Tiene usted hambre?

Idioms Used in the Text

Tienen que estudiar poco.	They have to study little.
Pablo tiene catorce años.	Paul is fourteen years old.
Hay que ir a la escuela todos los días.	One has to go to school every day.
¿Cómo se llama el maestro?	What is the teacher's name?
porque tiene hambre	because he is hungry.
¿Qué tienen ustedes?	What is the matter with you?
Va de casa en casa.	He goes from house to house.
Desayuna café y pan.	He has coffee and bread for breakfast.
llegar a tiempo	to arrive on time.
Ella tiene buena letra.	She has good handwriting.
¿Tienes miedo?	Are you afraid?
al contrario	on the contrary.
algo de vino	a little wine.
A Lolita le gusta.	Lolita likes it.
Hace mucho calor.	It is very hot.
de mucho sol	very sunny.
Entran corriendo.	They come running in.
Los sábados no hay clases.	On Saturdays there are no classes.
Dan de comer a Choto.	They feed Choto.
No hace más que leer.	He does nothing but read.
Dan de beber a Choto.	They give Choto a drink of water.
¿Qué hora es?	What time is it?
¿Qué puede pasar?	What can happen?
Tengo sed.	I am thirsty.
Es de noche.	It is after dark.
por fin	finally
¿Hay novedad?	Has anything happened?
dar un paseo	to take a walk.
andar a pie los domingos	to walk on Sundays.
o más bien	or rather.

Hace más de treinta años que vive en España.	She has been living in Spain for more than thirty years.
Oyen hablar de viajes.	They hear of a trip.
¿No es verdad?	Isn't that so? Don't they?
Hoy estamos a dos de junio.	Today is the second of June.
Tiene usted razón.	You are right.

2 Seguimos leyendo

SEGUIMOS LEYENDO

The stories of Seguimos leyendo are adaptations of stories taken mainly from the works of Agustín Rojas, Antonio de Trueba, Fernán Caballero, Fernández Juncos, and García del Real. The philosophic story, the folktale, the animal fable, and the legend are all represented.

The technique followed is the same as that used in De todo: (a) a limited number of new words to the page; (b) repetition of new words and of new constructions; (c) annotation at the foot of the page of each new word at its first occurrence; (d) starring of obvious cognates at their first occurrence; (e) the use of simple but idiomatic Spanish throughout.

Words used in De todo un poco are not considered new words; and, unless they are used in a new sense, they are not ordinarily defined in the footnotes. Occasionally a word of low frequency, previously used too few times, is annotated again. All irregular verb forms are given in the end vocabulary. Starred cognates are also included in the vocabulary when there is any doubt about their meaning being inferable.

1. ¿QUÉ ES LA VIDA?

Un hombre muy rico y muy inteligente* llamado Felipe el Bueno se paseaba una noche con algunos amigos suyos. Estando ya cerca de su casa vio un hombre acostado en medio de la calle. El y sus amigos se acercaron[1] para ver si aquel
5 hombre estaba muerto.[2] Uno de ellos le tocó[3] y le habló varias* veces, pero el hombre no respondió.[4] Parecía muerto.

Felipe èl Bueno se acercó más aún al pobre, le miró[5] la

---

[1] acercarse to approach. [2] muerto dead. [3] tocar to touch. [4] responder = contestar. [5] mirar to look at; le miró la cara looked at his face.

cara, vio que tenía los ojos cerrados[6] y oyó que respiraba[7] con gran dificultad.*

—No, amigos míos; este pobre no está muerto.   Está profundamente* dormido, porque ha bebido demasiado[8] vino.   Hay que darle una buena lección a él, y al mismo tiempo nosotros vamos a aprender lo que es la vida. Ayudadme,[9] amigos míos, a levantar a este miserable.*

Dicho y hecho.[10]   Felipe el Bueno y sus amigos levantaron al que parecía muerto, le llevaron a casa de Felipe, y allí le acostaron en la cama[11] de éste.   Le quitaron su traje sucio,[12] le lavaron[13] la cara, las manos y casi todo el cuerpo, le perfumaron,* y después le pusieron una camisa limpia,[14] muy fina.*

El hombre no despertó.[15]   Estaba tan profundamente dormido que no abrió los ojos una sola vez mientras le perfumaban y le ponían la camisa limpia.

Felipe el Bueno y sus amigos se salieron de la habitación dejándole[16] dormido en aquella magnífica* cama.   A la mañana siguiente, entraron en la habitación, le despertaron y le saludaron con mucha cortesía.*

El hombre los miraba desde la cama sin saber qué pensar. Tenía los ojos muy abiertos y miraba por todas partes.*   Felipe el Bueno y sus amigos le preguntaron varias veces de qué color quería vestirse, o cuál de sus muchos trajes deseaba* ponerse; pero él no les respondió.   Parecía no oírlos.

Miraba a todos con la boca[17] abierta, lleno de admiración.[18] Miraba también a uno y otro lado de aquella magnífica cama, la tocaba por todas partes, se tocaba la camisa limpia, se tocaba su propio[19] cuerpo.   De repente[20] miró por la ventana,[21] y viendo a lo lejos su casita miserable, a su hijo Bartolito que jugaba cerca de ella, y a su mujer Toribia que estaba a la puerta trabajando, exclamó:*

---

[6] **ojos cerrados** eyes closed.   [7] **respirar** to breathe.   [8] **demasiado** too much. [9] **ayudar** to help.   [10] **dicho y hecho** no sooner said than done.   [11] **cama** bed.   [12] **sucio** soiled, dirty.   [13] **lavar** to wash.   [14] **camisa limpia** clean shirt. [15] **despertar** to awake(n).   [16] **dejar** to leave.   [17] **boca** mouth.   [18] **admiración** astonishment.   [19] **propio** own.   [20] **de repente** suddenly.   [21] **ventana** window.

—¡Ay, Dios mío![22] ¿no es aquél mi hijo? ¿no es aquélla mi
mujer? ¿no es aquélla mi casa? ¿qué hago aquí? ¿quién
soy? ¿quién me ha puesto en esta casa?

Felipe el Bueno y sus amigos le ayudaron a vestirse. Le
5 pusieron el traje más fino que pudieron encontrar, le hicieron sentarse y desayunarse con ellos. Después del desayuno, le enseñaron[23] toda aquella magnífica casa, hablándole siempre con la mayor cortesía, quitándose el sombrero
en su presencia,* y contestando a sus preguntas con el más
10 profundo* respeto.*

Cuando vino la noche, le dieron una cena excelente* y bastante vino para volverle al estado[24] en que le habían encontrado el día anterior.[25] Con el mucho vino, perdió la cabeza
y se quedó otra vez profundamente dormido.

15 Entonces[26] Felipe el Bueno y sus amigos le quitaron el
traje fino y le pusieron el sucio; le sacaron de la casa y le llevaron al mismo sitio en que le habían visto la noche anterior.
Le dejaron allí acostado en medio de la calle, profundamente dormido. Parecía muerto.

20 Al poco tiempo, Felipe el Bueno y sus amigos volvieron
para despertarle. El pobre se sentó, abrió los ojos y miró a
uno y otro lado. ¿Dónde estaba aquella habitación tan agradable?* ¿Dónde estaba aquella camisa tan fina? ¿Dónde
estaba aquella cama? Tocaba el suelo con las manos; se to-
25 caba la cabeza; se tocaba el cuerpo.

Felipe el Bueno le preguntó quién era, y el pobre le contestó:

—Señor, me han pasado tantas cosas en dos horas que no sé[27]
quién soy. Salí de mi casita hace unas dos horas, bebí un
30 poco de vino, me quedé dormido aquí, y en este tiempo he
soñado[28] que yo era un gran señor muy rico, que tenía
muchos trajes finos, que dormía en una cama magnífica, que
comía y bebía muy bien, que me paseaba por una casa
grande, que todos me hablaban con la mayor cortesía, que
35 todos contestaban a mis preguntas con el sombrero en la

---

[22] **Dios** God; **¡Ay, Dios mío!** Oh my goodness!   [23] **enseñar** to show.
[24] **estado** state.   [25] **anterior** previous.   [26] **entonces** then.   [27] **saber: no sé** I
do not know.   [28] **soñar** to dream.

mano. Sí, yo era el hombre más importante* del mundo y estaba muy contento;* pero ahora veo claramente* que todo ha sido un sueño²⁹ agradable. ¡Soy un miserable!

Entonces Felipe el Bueno dijo:

5 —Amigos míos, esto es el mundo; esto es la vida: todo es sueño. (Lo que)ha pasado a este hombre ha sido verdadero. Nosotros lo hemos visto, pero a él le parece un sueño.

Adapted from AGUSTÍN ROJAS

2. EL RICO Y EL POBRE

1

Había una vez³⁰ un caballero³¹ en Madrid, llamado Juan Lozano, quien tenía tanto dinero que no sabía qué hacer con

10 él. Sin embargo, no era feliz.³²

Don Juan Lozano vivía en la calle de Atocha en una casa magnífica. Tenía muebles finos, cuadros³³ excelentes de los mejores maestros españoles, ingleses e³⁴ italianos;* una rica biblioteca³⁵ donde se encontraban los libros más raros* y

15 curiosos* del mundo; muchos criados³⁶ y muchos amigos. Sin embargo, no era feliz.

Enfrente* de la casa de don Juan vivía un zapatero³⁷ llamado Perico, quien apenas tenía lo bastante para vivir pobremente; y sin embargo, era feliz.

20 Perico no tenía muebles finos, ni cuadros excelentes, ni biblioteca de libros raros y curiosos, ni criados, ni más de tres o cuatro amigos tan pobres como él. Tenía una mujer, aunque buena, muy fea;³⁸ y sin embargo, era muy feliz.

El zapatero estaba todo el día muy alegre³⁹ cantando⁴⁰ y

25 hablando con su mujer mientras ambos trabajaban en su

---

²⁹ **sueño** dream, sleep. ³⁰ **había una vez** once upon a time there was.
³¹ **caballero** gentleman. ³² **feliz** happy. ³³ **cuadro** picture, painting.
³⁴ **e** and. ³⁵ **biblioteca** library. ³⁶ **criado** servant. ³⁷ **zapatero** shoemaker;
zapatera shoemaker's wife. ³⁸ **feo** ugly. ³⁹ **alegre** joyful, merry; **alegría**
joy. ⁴⁰ **cantar** to sing; **canto** song.

pequeña habitación, donde no sólo hacían zapatos, sino que[41]
también comían y dormían.

La alegría de este zapatero, sus cantos y risas[42] a todas
horas del día y aun de la noche, llamaron la atención* de don
5   Juan Lozano, quien tuvo ganas de saber qué hacía Perico
para ser tan feliz.

Una tarde fue don Juan a visitar* al zapatero.   Cuando
entró en su habitación, Perico y su mujer cantaban y se reían[43]
aun más alegres que de costumbre; pero al ver al caballero,
10   ambos se levantaron para recibirle* con toda cortesía.

—Buenos días le dé Dios, señor don Juan—le dijeron ambos
a una voz.

—¿Cómo está usted?—le preguntó el zapatero, quitándose el
sombrero.

15   —Muy mal, hombre; como siempre muy mal—le contestó
don Juan.

Y al decir esto miró que Pepa, la mujer de Perico, era muy
fea, y que la habitación donde vivían era aún más fea.

—¡Qué horror!—pensó, y se volvió atrás.[44]—Hombre, ¿cómo
20   pueden vivir ustedes en esta habitación tan negra, sin buena
luz ni aire* fresco?

—¡Caramba![45]   No diga usted eso, señor don Juan.   ¿Mala
esta habitación?   Es la mejor de su clase* en todo Madrid, y
jamás[46] hemos tenido otra mejor.   Pregúnteselo usted a
25   mi Pepa, que es mujer de buen gusto.

—Perico tiene razón—contestó la zapatera.

—Esta habitación es la mejor de su clase, y estamos muy
contentos con ella.

—Pero . . . ¿y esos muebles tan feos?

30   —¡Caramba!   No diga usted eso, mi señor don Juan.   ¿Feos
estos muebles?   Son pobres, pero muy cómodos.[47]   Son los
más cómodos de su clase.   Si no,[48] mire usted esa cama.
Hágame el favor de[49] tocarla.

---

[41] sino (que) but.   [42] risa(s) laughter.   [43] reírse to laugh.   [44] atrás back; se
volvió atrás turned back.   [45] ¡caramba! gosh! Hell!   [46] jamás never.
[47] cómodo comfortable.   [48] si no if you don't believe (it).   [49] hágame el
favor de please.

—¡Ay, por Dios! ¡Qué cama! No sé cómo pueden ustedes dormir en ella.

—Es la mejor de su clase—dijo el zapatero.

—Es la verdad, señor don Juan—dijo la zapatera.

5 —Será lo que ustedes quieran,[50] pero lo que yo no puedo entender es cómo están ustedes tan alegres y con tantas ganas de reírse y cantar a todas horas.

—Cuando uno tiene buena salud, aunque no tenga dinero, está alegre, si en la familia hay cariño. Y si está uno alegre, es

10 natural que cante y se ría.

—¿Y ustedes cuánto dinero ganan[51] al día?

—Ganamos bastante, señor don Juan. Entre los dos ganamos dos pesetas brillantes* como dos soles.

—Hombre, ¡qué miseria!*

15 —¡Cómo! ¿miseria llama usted a dos buenas pesetas brillantes como dos soles? Yo le digo a usted, señor don Juan, que esas dos pesetas no sólo nos dan lo bastante para vivir, sino que además nos dan para comprar tabaco* y vino.

—A ver[52] ese tabaco y ese vino—dijo don Juan.

20 —Aquí tiene usted[53] el tabaco—contestó el zapatero.—Voy a hacerle a usted un cigarrillo.* Aquí lo tiene usted.

—¡Qué cosa más sucia!—dijo don Juan, metiéndose[54] el cigarrillo en la boca.—Esto no es tabaco.

—¡Caramba! No diga usted tal cosa. ¿Sucio este tabaco?

25 Es el mejor de su clase. No lo hay mejor en la Habana.

—A ver el vino, hombre.

—Aquí tiene usted el vino—contestó la zapatera.

—Vino como éste no lo encuentra usted en todas partes. Beba, señor don Juan.

30 —¡Qué cosa más desagradable!* Peor que agua.

—¿Peor que agua? No diga usted eso. Este vino es el mejor de su clase. A nosotros no nos gusta otro.

Don Juan Lozano se quedó un gran rato pensando, y luego habló así:

---

[50] **será lo que ustedes quieran** be that as it may. [51] **ganar** to earn. [52] **a ver** let's see. [53] **aquí tiene usted** here is. [54] **meter** to put (into).

—Amigo Perico, Dios hizo el cielo⁵⁵ para los buenos y el infierno⁵⁶ para los malos, ¿no es verdad?

—Sí, señor; eso dicen.

—Pues yo te digo que los malos no sufren⁵⁷ tanto en el infierno porque no han conocido el cielo.

Con estas palabras, no entendidas por el zapatero y la zapatera, se despidió⁵⁸ don Juan. Ellos, tan pronto como salió el caballero, comenzaron a reírse y a trabajar con la misma alegría de antes.

2

Don Juan Lozano era cada día menos feliz. Cada vez que oía cantar a Perico y su mujer, se sentía,⁵⁹ por contraste,* peor que antes. Y como las risas de Perico y Pepa se oían todos los días, y a todas horas del día y aun de la noche, don Juan perdió la paciencia.*

El día en que éste perdió la paciencia, Perico estaba más alegre que nunca.

—¡Caramba! exclamó don Juan.—Esto es ya demasiado reírse y cantar. Voy a ver si a ese zapatero le gusta el infierno después de haber estado en el cielo.—Pensando en esto bajó a la calle y se fue a casa del zapatero, poniendo la cara más alegre que pudo.

—Señora Pepa,—dijo a la zapatera—vengo⁶⁰ a visitar a ustedes con una intención* que no va a gustarle. Usted va a ponerse de mal humor.⁶¹

—¿Yo de mal humor? Eso nunca. Ya sabe usted que yo nunca me pongo de mal humor—contestó la zapatera con cara de risa.⁶²—Ni Perico ni yo conocemos el mal humor.

—Así es—dijo el zapatero, también con cara de risa.

—Mañana es domingo—continuó* el caballero.—Quiero que Perico lo pase conmigo enseñándome a ser feliz. Nadie mejor que él para darme lecciones en el arte* de vivir alegremente. Quiero aprender a reírme.

---

⁵⁵ **cielo** heaven, sky. ⁵⁶ **infierno** hell. ⁵⁷ **sufrir** to suffer. ⁵⁸ **despedirse** to take leave. ⁵⁹ **sentirse** to feel. ⁶⁰ **venir: vengo** I come. ⁶¹ **ponerse** to become; **ponerse de mal humor** to be vexed. ⁶² **cara de risa** smiling face.

—¡Caramba!—exclamó Perico.—¿Todo el día sin ver a mi mujer?

—¡Caramba!—exclamó casi al mismo tiempo Pepa.—¿Todo el día sin ver a mi marido?

5 —Es un gran favor que van ustedes a hacerme, y yo se lo pagaré lo mejor posible.* A Perico le trataré[63] como a un hermano. En mi casa comerá lo que yo coma; beberá el mismo vino que yo beba; y dormirá en una cama tan buena como la mía. Usted, señora Pepa, me hará el favor de 10 aceptar* estas veinticinco (25) pesetas.

—Gracias, muchísimas gracias, señor don Juan. ¡Cuándo me he visto yo con tanto dinero!

3

El domingo Perico se levantó muy temprano, se puso una camisa limpia y el traje sucio de costumbre, porque no tenía 15 otro. Le dio un beso[64] a su mujer y se fue a casa de don Juan Lozano. Uno de los criados le recibió con gran cortesía y le hizo subir a la habitación de don Juan Lozano. Pasó por unos salones[65] cuyos magníficos muebles y excelentes cuadros le llenaron[66] de admiración.

20 El caballero se levantó de su silla[67] para dar la mano a Perico, y le hizo sentarse junto a él.

—Amigo Perico,—le dijo, hablándole en tono* familiar—es necesario que hoy vistas,[68] comas y bebas como un caballero. ¿Tienes ganas de desayunarte?—Y sin esperar res-25 puesta[69] le llevó a una habitación muy bella donde se veía una cama y otros muebles finísimos.

—Aquí tienes tu cuarto, y en aquel otro cuarto estará tu criado particular. Él te ayudará a vestirte para el desayuno. Aquí encontrarás varios trajes.

30 Al momento* entró el criado particular, quien sin decir una sola palabra, pero con gran respeto, le lavó, le puso una camisa finísima,* le perfumó y le dio un reloj de oro.[70]

---

[63] **tratar** to treat. [64] **besar** to kiss; **beso** kiss. [65] **salón** reception room. [66] **llenar** to fill. [67] **silla** chair. [68] **vestir: vistas** you dress. [69] **respuesta** answer, reply. [70] **oro** gold.

—Estoy a las órdenes* de su Excelencia*—dijo el criado, haciendo una profunda reverencia,[71] y luego salió andando hacia atrás.

—¿Yo . . . Excelencia?—pensó el zapatero.—Esto es el
5 cielo. ¡Qué habitación más bella! ¡Qué cama tan cómoda! ¡Qué bien me siento[72] aquí!

Entró de repente don Juan, y al ver a Perico vestido de caballero tuvo ganas de reírse, pero no se rió.

—¿Ves, hombre, ves como ya eres un caballero? La di-
10 ferencia* entre un zapatero y un caballero está sólo en el traje. Ahora vamos a tomar el café.* Son las nueve de la mañana. Comeremos al mediodía, luego iremos a dar un paseo hasta la hora de cenar que será a las siete y media.

Con el café, don Juan le dio a Perico un cigarro* de la Ha-
15 bana.*

—¿Qué dices de estos cigarros, amigo Perico?—le preguntó.

—Buenos, muy buenos; es lástima[73] que no se puedan comer.

4

Don Juan y Perico volvieron de su paseo a las siete y media.
20 —¿Qué tal, Perico, hay apetito?*[74]—le preguntó don Juan, llevándole al comedor. Allí se sentaron a la mesa unas dos horas que a Perico le parecieron dos horas de cielo. ¡Qué vinos, qué café, qué cigarros! ¡Qué bellas chicas[75] le servían! Acabada la cena, don Juan le dijo:—Vamos al teatro[76]
25 para oír algo de música* y canto.

Se fueron juntos al teatro Real, y como Perico nunca había estado en el teatro, todo le pareció excelente.

Al salir, don Juan saludó a unas señoritas tan hermosas[77] que Perico se quedó con la boca abierta mirándolas.
30 —¿Te gustan esas chicas?—le preguntó el caballero.

—Muchísimo—contestó Perico.—¡Me las comería vivas![78]

---

[71] reverencia bow.   [72] sentirse to feel; me siento I feel.   [73] lástima pity.
[74] ¿Qué tal, Perico, hay apetito? What do you say, Perico, are you hungry?
[75] chica girl.   [76] teatro theater, show.   [77] hermoso beautiful.   [78] alive; me
las comería vivas I could eat them alive.

Era ya la media noche cuando salieron del teatro. Don
Juan llevó al zapatero a un excelente restaurante* donde se
encontraron otra vez con[79] aquellas hermosas señoritas a
quienes el caballero había saludado cerca del teatro.
5 Allí hubo[80] otra cena, vinos, música, baile[81] y juegos.
Perico casi se volvió loco.[82]
A las tres de la mañana volvieron a casa. El criado particular le ayudó a Perico a quitarse el traje y a acostarse en
aquella cama tan cómoda, donde se quedó profundamente
10 dormido.

5

Perico despertó muy temprano al día siguiente. Tal era su
costumbre. Se vistió él mismo sin llamar a su criado particular, pero no se puso el traje fino de caballero, sino su traje
sucio de zapatero.
15 Don Juan no había despertado aún, así es que Perico salió
de la casa sin despedirse de él. Pasó por aquellos salones
cuyos magníficos muebles y cuadros le habían llenado de
admiración el día anterior; pero los criados no le hicieron la
menor reverencia al verle vestido de zapatero. Parecían no
20 verle.
Pepa le recibió con un beso y muchas palabras de cariño;
pero ¡cosa rara! su marido no la besó como de costumbre.
Sólo recibió el beso de su mujer con indiferencia.* Ya no le
pareció su mujer tan bella, ni su casa tan agradable.
25 Su mujer le dijo que el desayuno estaba ya en la mesa.
Perico miró la mesa miserable, y contestó que no tenía ganas
de desayunarse. Pepa entonces le ofreció[83] tabaco. Perico
lo tomó y comenzó a hacer un cigarrillo. Se metió el cigarrillo en la boca, y al instante* se lo sacó muy aprisa
30 diciendo:— Pepa, ¡qué cosa tan sucia es este tabaco!
—¡Caramba!—le contestó Pepa—es el mismo que siempre
te ha gustado, el mejor de su clase. ¿Estás enfermo? ¿Te ha

---

[79] **se encontraron . . . con** they met.   [80] **haber: hubo** there was.   [81] **baile**
dance, dancing.   [82] **loco** crazy; **se volvió loco** lost his head (*went crazy*).
[83] **ofrecer** to offer.

pasado algo? Tienes muy mala cara. Bebe un poco de vino
y te sentirás mejor. Nunca te he visto así; no estás alegre.
Pepa le trajo[84] una copa de vino.[85] El zapatero se llevó la
copa de vino a la boca, pero no pudo beberlo.

5 —¡Qué vino tan malo! Peor que agua.

—¡Caramba! No digas eso. Es el mejor de su clase. Es el
que siempre hemos bebido. Tú estás enfermo, Perico mío.
Has perdido la alegría. Todo te parece malo. Voy a hacerte
la cama para que te acuestes. Sueño[86] es lo que necesitas.

10 —¡Ay, qué cama más mala!—exclamó el zapatero al
acostarse.—No podré dormir en ella.

Y se dice que por mucho tiempo don Juan Lozano no oyó
las risas y el canto del zapatero.

Adapted from Antonio de Trueba

3. EL ALBAÑIL DE GRANADA

Había hace muchos años un albañil[87] en Granada. Era pobre
15 y tenía una familia* muy numerosa.* Casi nunca tenía trabajo, y apenas ganaba lo bastante para vivir.

Una noche despertó de su primer sueño al oír unos
golpes[88] que alguien daba a su puerta.

—¿Quién es?—preguntó desde su cama.

20 —Soy yo—contestó una voz de hombre.—Favor de abrirme[89]
la puerta. Traigo un buen negocio[90] para el albañil.

—¿Pero a estas horas de la noche?

—Sí; es un negocio de gran importancia.*

El albañil abrió la puerta y vio a un viejo muy alto, de ca-
25 beza blanca, cara muy larga, ojos pequeños y brillantes.

—Buen amigo,—le dijo el viejo—me han dicho que eres
buen cristiano y muy honrado.* ¿Quieres hacerme un trabajito esta misma noche? Tengo mucha prisa.[91]

---

[84] **traer: trajo** brought.   [85] **copa de vino** glass of wine.   [86] **sueño** sleep.
[87] **había hace muchos años un albañil** many years ago there was a mason.
[88] **golpe** blow, rap.   [89] **favor de abrirme** please open.   [90] **negocio** business
proposition.   [91] **prisa** hurry; **tengo mucha prisa** I am in a great hurry.

—Sí, señor; lo haré con tal que[92] me pague usted bien.

—Serás bien pagado si haces todo lo que yo te mande.[93]

—Sí, señor; mande usted lo que quiera. Yo lo haré con todo gusto—contestó el albañil.

5 —Lo primero que debo hacer es cubrirte[94] los ojos para que no veas las calles por donde hemos de[95] pasar para ir a mi casa.

El viejo sacó un pañuelo[96] grande y le cubrió con él no sólo los ojos, sino toda la cara y parte de la cabeza. Después le 10 dijo:

—Cuando lleguemos a mi casa, te quitaré el pañuelo, te diré lo que deseo, y tú harás el trabajo sin hacerme preguntas[97] curiosas* ni hablar más de lo necesario.

—Sí, señor; haré todo lo que usted me mande.

15 El viejo tomó de la mano al albañil y le hizo andar por muchas calles. Al principio[98] el albañil sabía perfectamente que iban hacia el norte de la ciudad; pero después de dar vueltas[99] y más vueltas durante una hora, se perdió completamente. Se sentía cansado y respiraba con dificultad a causa 20 del[100] pañuelo.

Por fin el viejo se paró delante de una casa, abrió la puerta, tomó de la mano al albañil, y sin decir palabra, le hizo pasar por unos salones hasta llegar a un patio interior.

Una vez en el patio, el viejo le quitó el pañuelo al albañil, y 25 éste pudo ver con dificultad, porque apenas había luz, una fuente.[101]

El viejo le hizo sentarse a descansar un rato junto a la fuente, y salió del patio. El albañil tenía mucha sed, y bebió agua de la fuente. A los pocos minutos* volvió el viejo para 30 decirle:

—Quiero que me hagas una sepultura[102] junto a esta fuente. Aquí tienes todo lo que necesitas para trabajar.

El albañil tenía gran curiosidad,* pero no hizo ninguna

---

[92] **con tal que** provided. [93] **mandar** to order, command. [94] **cubrir** to cover (up). [95] **haber: hemos de** we must. [96] **pañuelo** handkerchief. [97] **hacer preguntas** to ask questions. [98] **al principio** at first. [99] **vuelta** turn; **dar vueltas** to walk about, turn around and around. [100] **a causa de** on account of. [101] **fuente** fountain. [102] **sepultura** grave.

pregunta al viejo, y comenzó a trabajar sin decir palabra.
Trabajó toda aquella noche sin descansar, pero no pudo
acabar la sepultura.

Un poco antes de salir el sol,[103] el viejo le dio unas
5 monedas[104] de oro, le cubrió con el pañuelo toda la cara y
parte de la cabeza, y le hizo dar muchas vueltas alrededor
del[105] patio. Por fin le sacó de allí, llevándole a su casa con
las mismas precauciones* que antes.

La noche siguiente vino el viejo otra vez a la casa del
10 albañil, le puso el pañuelo sobre los ojos, y le llevó a su casa
del mismo modo que la noche anterior.

En el patio le quitó el pañuelo, le hizo descansar un rato
cerca de la fuente y se fue. El albañil tenía mucha sed y
bebió agua de la fuente. Al poco rato volvió el viejo y le dio
15 todo lo necesario para acabar la sepultura.

El albañil trabajó como la noche anterior, acabando la sepultura a las tres y media de la mañana.

—Ahora vas a ayudarme a traer los cuerpos que deseo meter
en la sepultura—dijo el viejo.

20 Al oír estas palabras tuvo mucho miedo el albañil.
Siguió[106] al viejo a una habitación de la casa esperando ver
algún horrible espectáculo[107] de muerte[108]; pero se alegró[109]
mucho al ver unas cuatro cajas[110] que no parecían cajas de
muertos.

25 Las cajas parecían estar llenas de dinero, acaso monedas
de oro, porque el albañil y el viejo las levantaron del suelo
con mucha dificultad para meterlas en la sepultura.

Cuando quedó el trabajo acabado, el viejo sacó el pañuelo,
le cubrió la cara al albañil, le dio muchas vueltas alrededor
30 del patio y le llevó a un sitio muy lejos de la casa. Allí dio al
albañil varias monedas de oro diciéndole:

—Espera aquí hasta que oigas las campanas[111] de la Catedral.* Sólo entonces puedes quitarte el pañuelo de los ojos.
Si lo haces antes de tiempo, te sucederá[112] una cosa mala.

---

[103] **antes de salir el sol** before sunrise. [104] **moneda** coin. [105] **alrededor de**
around. [106] **seguir: siguió** followed. [107] **espectáculo** sight (*spectacle*).
[108] **muerte** death. [109] **alegrarse** to be glad, rejoice. [110] **caja** box; **caja de
muertos** coffin. [111] **campana** bell. [112] **suceder** to happen.

Habiendo dicho esto, se fue el viejo. El albañil esperó un rato muy largo. De repente oyó las campanas de la Catedral, se quitó el pañuelo, y vio que estaba cerca del río[113] Genil, desde donde se fue a su casa tan aprisa como pudo.

5 El albañil pasó todo un mes sin trabajar, viviendo muy alegre, comiendo muy bien, y comprando muchas cosas útiles para su familia con el oro que había ganado.

Una noche estaba sentado a su puerta cuando se le acercó un hombre rico muy conocido en Granada, porque era 10 dueño[114] de muchas casas.

—Me han dicho—dijo al albañil—que eres muy pobre, ¿es verdad?

—Sí, señor; lo soy.

—¿Quieres hacerme un trabajo?

15 —Sí, señor.

—¿Lo harás barato?[115]   porque no puedo pagarte mucho.

—Sí, señor; más barato que ningún albañil de Granada.

—Esto es lo que deseo. Tengo una casa muy vieja que está casi cayéndose.[116]   Quiero repararla.[117]

20 El rico llevó al albañil a una casa vieja donde nadie vivía. Él era el dueño de la casa. Pasaron por varios salones y habitaciones sin muebles, y luego entraron en un patio interior donde el albañil vio una fuente muy bonita que le trajo a la memoria* algo.

25 —¿Quién ha vivido hasta hoy en esta casa?—preguntó el albañil.

—Un viejo miserable que no pensaba más que en su dinero. Era muy rico, mucho más rico que yo. La gente dice que tenía muchas cajas llenas de oro. Acaba de[118] morir sin dejar 30 nada a nadie. Ahora nadie quiere vivir en su casa. Todos tienen miedo de ocuparla,* porque la gente dice que todas las noches se oye un ruido terrible como de monedas de oro.

—¡Caramba!—exclamó el albañil.—¿Dónde se oye el ruido?

—La gente dice que se oye la voz del viejo en el patio, y 35 además un ruido de monedas en el cuarto en que dormía.

---

[113] **río** river. [114] **dueño** owner. [115] **barato** cheap. [116] **caerse: cayéndose** falling down. [117] **reparar** to repair. [118] **acaba de** has just.

Algunos dicen que oyen la voz del viejo contando[119] su dinero.

—Yo soy buen cristiano*—dijo el albañil—y yo no tengo miedo a nadie, ni aun a los espíritus.[120] Déjeme[121] usted
5 vivir en esta casa, y algún día le pagaré cada mes lo que el viejo le pagaba. Además repararé las casa.

El dueño de la casa aceptó alegremente. El albañil trajo a su numerosa familia a vivir en ella, donde trabajó muchos meses reparándola. Nadie oyó más de noche aquel ruido
10 terrible en el cuarto del viejo, pero todos comenzaron a oír de día las risas, los cantos y la alegría de la numerosa familia del albañil. A los pocos meses todos ellos vestían muy bien, y el pobre albañil llegó a ser[122] uno de los hombres más ricos de Granada.
15 Algunos años más tarde el albañil cayó[123] enfermo. Antes de morir, llamó a su hijo mayor para revelarle[124] el secreto* de la sepultura.

Adapted from WASHINGTON IRVING

EXERCISES

1

A. *Say which of the following sentences are true and which are not:*

1. Felipe el Bueno se paseaba cerca de su casa.
2. Vio a un hombre muerto acostado en medio de la calle.
3. Felipe el Bueno respiraba con gran dificultad.
4. El pobre hombre tenía los ojos cerrados; estaba dormido.
5. Felipe el Bueno y sus amigos despertaron al pobre hombre.
6. Dejaron al pobre dormido en la cama de Felipe el Bueno.
7. A la mañana siguiente, el pobre no sabía donde estaba.
8. El hombre vio a su hijo Bartolito, quien trabajaba en su casita.

---

[119] **contar** to count. [120] **espíritus** spirits. [121] **dejar** to let. [122] **llegar a ser** to become. [123] **caer: cayó** fell. [124] **revelar** to reveal.

9. A la noche siguiente, el pobre se quedó otra vez en la magnífica cama.
10. El pobre había soñado que era un gran señor.

B. *Complete the phrases, consulting the text where necessary:*

1. algun— amigos suy—
2. un— buen— lección
3. un— camisa limp—
4. los ojo— muy abiert—
5. un— dos hora—

6. su— amigos salier—
7. un— cama magnífic—
8. todo— me habla—
9. nosotros lo he— visto
10. no s— quién soy

C. *Translate into English, paying close attention to the boldface
items:*

1. Los amigos **le** lavaron la cara.
2. El hombre **se** tocaba la camisa limpia.
3. Le ayudaron a vestir**se**.
4. Le enseñaron toda la casa, quitándo**se** el sombrero en su presencia.

D. *Answer orally:*

1. ¿Era Felipe el Bueno un hombre pobre?
2. ¿A quién encontraron como muerto?
3. ¿Cómo respiraba el hombre?
4. ¿En qué cama acostaron al borracho?
5. ¿Qué vio el hombre por la ventana de Felipe el Bueno?

2

A. *Translate the paired sentences, noting the difference between a
request and a statement:*

1a. Buenos días le **dé** Dios.
 b. Don Juan **da** a Pepe 25 pesetas.
2a. No **digas** eso, Perico.
 b. Perico **dice** que gana lo bastante para vivir.
3a. **Pregúntaselo** a mi Pepa.
 b. Don Juan **pregunta** a Perico por qué es feliz.
4a. **Mire** usted esta cama.
 b. Don Juan **mira** la cama.
5a. **Hága**me el favor de tocarla.
 b. Perico **hace** zapatos.

6a. **Beba,** señor don Juan.
 b. Don Juan **bebe** el vino.

B. *Choose the correct answer in each case:*

1. ¿Cómo se llamaba el zapatero? (Don Juan, Perico, Pepa)
2. ¿Qué hacen los zapateros? (zapatos, camas, casas)
3. ¿Quién fue a visitar a los zapateros? (Don Juan, Perico, Pepa)
4. ¿Cómo encontró la casa? (magnífica, sucia, miserable)
5. ¿Cuándo cantaban los zapateros? (de día, de noche, de día y de noche)

C. *Substitute the correct form of the present tense in place of the infinitive in parentheses; consult the text when in doubt:*

EXAMPLE: Don Juan (beber) el vino.
 Don Juan bebe el vino.

1. Esta habitación (ser) la mejor de su casa.
2. Estos muebles (ser) pobres pero muy cómodos.
3. Nosotros (estar) muy contentos.
4. ¿Cómo (estar) usted?
5. ¿Cuánto dinero (ganar) ustedes al día?
6. ¿Miseria (llamar) usted a dos pesetas?
7. Estas dos pesetas nos (dar) para comprar tabaco y vino.
8. Esto no (ser) tabaco.
9. Usted no (querer) eso.
10. Los malos no (sufrir) tanto.
11. Don Juan (despedirse) de ellos.
12. Don Juan (perder) la paciencia.
13. Pepa y Perico no (conocer) el mal humor.
14. El criado le (dar) un reloj de oro.
15. El zapatero (recibir) el beso de su mujer con indiferencia.

3

A. *Be ready to say which of the following statements are true and which are false as they are read aloud:*

1. El albañil era muy pobre.
2. Tenía una familia numerosa.
3. Vivía en una casa magnífica.
4. Un día vino a su casa un viejo.

5. Los dos fueron a una casa vieja.
6. El albañil hizo una sepultura en el patio.
7. Metieron en la sepultura unas cajas grandes.
8. Acabó la sepultura la primera noche.
9. La noche siguiente vino a su casa un hombre rico.
10. Este hombre también le cubrió los ojos.

B. *Translate the paired sentences, remembering that the past descriptive tense describes persons, things, or circumstances, while the past absolute relates past happenings. Make this distinction clear in the translation:*

1a. El pobre sabía perfectamente que **iban** hacia el norte. (*were going*)
  b. El albañil y el viejo **fueron** dos veces a aquella casa. (*went*)
2a. El albañil **tenía** una familia muy numerosa. (*had = possessed*)
  b. **Tuvo** que hacer el trabajo de noche. (*was the work done?*)
3a. El viejo **venía** siempre de noche. (*describes a custom*)
  b. Esa noche **vino** el viejo otra vez. (*narrates a fact*)
4a. Pronto se **oían** de día las risas de la familia. (*once or repeatedly?*)
  b. De repente **oyó** las campanas. (*once or more than once?*)
5a. La casa **era** vieja; el patio **era** grande; el agua **era** clara. (*descriptive or narrative?*)
  b. Cuando fue acabado el trabajo, **volvió** a su casa. (*was an act accomplished?*)

4. ¿CUÁL DE LOS TRES?

Un hombre tenía una hija muy hermosa llamada María.   Un día vinieron a su casa tres jóvenes para pedirle[1] la mano de su hija.   Los tres jóvenes eran igualmente[2] guapos y buenos, así es que el padre contestó:

5 —Ustedes tres me parecen igualmente buenos para maridos de mi hija.   Voy a preguntarle a quién prefiere.*
  Así lo hizo, y la niña le contestó:
—Padre, me gustan los tres.

---

[1] **pedir** to ask (for).   [2] **igualmente** equally.

—Hija, eso no puede ser. Debes elegir[3] a uno de ellos.

—Elijo a los tres—contestó la muchacha.

—¿Estás loca, niña? Vamos, dime[4] ¿a cuál de los tres doy el sí?[5]

5 —A los tres, padre—volvió a contestar[6] la muchacha, y no hubo modo de hacerla dar otra respuesta.

Entonces el padre fue a hablar con los tres jóvenes y les dijo claramente que su hija quería a los tres.

—Como eso no es posible—continuó,—yo voy a elegir al
10 marido. Ustedes deberán irse de aquí a buscar[7] y a traerme una cosa única[8] en su especie.[9] El que me traiga la mejor y más rara será el elegido.

Se pusieron en camino,[10] cada cual por su lado, y al cabo de mucho tiempo volvieron a reunirse[11] en un país remoto.*
15 Ninguno de ellos había encontrado todavía la cosa rara y única en su especie que buscaba.

Un día el primero, llamado Ventura, se encontró con un pobre viejo que deseaba venderle[12] un espejo[13] pequeño.

—¿Para qué quiero yo un espejo tan feo y tan pequeño?—le
20 dijo Ventura.

El viejo le contestó que en aquel espejo su dueño podía ver a cualquiera[14] persona* con sólo desearlo. Ventura, muy alegre de encontrar una cosa tan rara, compró[15] el espejo.

El segundo joven, llamado Miguel, al pasar por una calle,
25 se encontró con el mismo viejo, quien le preguntó si quería comprar bálsamo.[16]

—¿Para qué quiero yo bálsamo?—contestó Miguel.

—Este bálsamo—dijo el viejo—tiene la virtud[17] de levantar a los muertos.

30 —Ésta sí que es[18] una cosa rara y única en su especie—dijo Miguel, y compró el bálsamo.

---

[3] **elegir** to choose; **elijo** I choose. [4] **dime** tell me. [5] **doy el sí** I'll say yes to. [6] **volvió a contestar** answered again. [7] **buscar** to seek, look for.
[8] **único** unique, only. [9] **especie** kind, sort. [10] **se pusieron en camino** they set out. [11] **reunirse** to meet (together); **volvieron a reunirse** they met together again. [12] **vender** to sell. [13] **espejo** mirror. [14] **cualquiera** any (whatsoever). [15] **comprar** to buy. [16] **bálsamo** balm, ointment. [17] **virtud** virtue, power. [18] **ésta sí que es** this is indeed.

El tercer[19] joven, llamado Benito, se paseaba por la playa[20] cuando vio una caja grande que flotaba* en el agua. Cuando aquella caja llegó a la playa, se abrió, y salieron de ella muchos hombres, y entre ellos un viejo, quien le preguntó si
5 quería comprar aquella caja.

—¿Para qué quiero yo esa caja?—dijo Benito, lleno de admiración.

—Esa caja—le contestó el viejo—tiene una gran virtud. En pocas horas lleva a su dueño y a sus amigos adonde deseen.
10 Usted ha visto a los hombres que acaban de salir de ella. Hace pocas horas que estaban en España.

—Ésta es la cosa más rara del mundo—dijo Benito, y compró aquella caja grande.

Al día siguiente se reunieron los tres, y cada cual dijo muy
15 contento que él había encontrado la cosa más rara y única en su especie.

El primero, Ventura, contó[21] cómo había comprado un espejo en el que se veía, con sólo desearlo, a cualquiera persona; y para probarlo,[22] sacó su espejo, deseando ver a la mu-
20 chacha.

Entonces los tres jóvenes miraron en el espejo y vieron con gran asombro[23] que la muchacha estaba muerta.

Miguel dijo entonces:

—Yo tengo un bálsamo que tiene la virtud de levantar a los
25 muertos; pero España está muy lejos de aquí, y cuando lleguemos a la casa de María, será demasiado tarde.

Benito le dijo:

—No es demasiado tarde, porque yo tengo una caja grande que en pocas horas nos pondrá en España.

30 Todos corrieron a meterse en[24] aquella caja grande que flotaba en el agua cerca de la playa, y en pocas horas llegaron a España.

Encontraron al padre de María muy triste,[25] sentado junto al cuerpo de su hija. Miguel se acercó al cuerpo de María,
35 puso el bálsamo sobre los labios[26] de la muerta, y ésta se le-

---

[19] **tercer(o)** third.   [20] **playa** beach.   [21] **contar** to relate.   [22] **probar** to prove.
[23] **asombro** amazement.   [24] **meterse en** to get into.   [25] **triste** sad.   [26] **labio** lip.

vantó inmediatamente* con cara de risa, y le dijo a su padre:
—¿Lo ve usted, padre, cómo necesitaba²⁷ a los tres? Ahora
me casaré con el que usted elija.

Adapted from FERNÁN CABALLERO

5. EL RETRATO²⁸ DE
JUAN CINTRÓN

Hace más de cien²⁹ años vino a los Estados Unidos un joven
5 que vivía en el pueblo³⁰ de Yabucoa, Puerto Rico. Se quedó
algunos años aquí en una época* en que se veía por todas
partes el retrato de Jorge Washington.

Este joven tomó parte en el entusiasmo* de los norteameri-
canos* por Washington, y al volver a su país, quiso llevar a
10 Puerto Rico, como regalo³¹ a su padre, un buen retrato del
hombre «primero en la guerra,³² primero en la paz³³ y primero en el corazón³⁴ de sus conciudadanos».³⁵

La vuelta³⁶ del joven con aquel magnífico retrato fue para
el pequeño pueblo de Yabucoa un gran acontecimiento.³⁷ El
15 padre del joven puso el retrato en el sitio de honor de la casa,
y lo enseñaba³⁸ con orgullo³⁹ a cuantos venían a visitar a la familia, y el joven les contaba todo lo bueno que sabía de Jorge
Washington.

Más tarde el joven volvió a los Estados Unidos para vivir
20 allí, pero antes de despedirse contó de nuevo⁴⁰ a sus
parientes⁴¹ la vida del gran héroe* norteamericano, y escribió
detrás del retrato su nombre completo:* Jorge Washington.

Su padre aprendió a pronunciar muy bien el nombre, pero
al morir, se llevó a la sepultura la buena pronunciación,* y
25 sus hijos leyeron⁴² el nombre a su modo, poniendo el acento*
en la última sílaba.* Siempre pronunciaban* *Washingtón*.

---

²⁷ **necesitar** to need. ²⁸ **retrato** picture, portrait. ²⁹ **cien(to)** one hundred.
³⁰ **pueblo** town. ³¹ **regalo** present, gift. ³² **guerra** war. ³³ **paz** peace.
³⁴ **corazón** heart. ³⁵ **conciudadano** fellow citizen. ³⁶ **vuelta** return.
³⁷ **acontecimiento** event. ³⁸ **enseñar** to show. ³⁹ **orgullo** pride. ⁴⁰ **de
nuevo** again. ⁴¹ **parientes** relatives. ⁴² **leer: leyeron** (they) read.

Pasó mucho tiempo, y los hijos se separaron,* llevándose cada uno algunos muebles y cuadros.   Uno de los hijos se llevó el retrato, y viendo que el nombre no estaba muy claro,* lo escribió tal como lo pronunciaba él.   En vez de
5   poner *Washington*, puso *Guasintón.*
El retrato pasó, después de muchos años, a los hijos de aquél que había escrito[43] *Guasintón;* pero éstos hicieron dos palabras para formar* nombre y apellido,[44] de modo que[45] el dueño del retrato hablaba con orgullo del retrato del
10   señor *Gua Cintón,* habiendo cambiado[46] la *s* en *c.*
Este hombre, pocos años más tarde, tuvo una hija muy inteligente a quien mandó[47] a estudiar a San Juan.   Cuando la señorita volvió a Yabucoa sabía más que nadie.   Le parecía muy desagradable la pronunciación de todos, y empezó[48] a
15   corregir[49] a su padre.   Decía que en el pueblo se hablaba muy mal el español.   Al oír que su padre hablaba un día del retrato de Gua Cintón, le dijo con mucho cariño:
—Padre, no digas así.
—¿Y cómo he de decir,[50] hija mía?
20   —Mira, padre: *Gua* no es nombre cristiano.   Debes pronunciar la *n* final y cambiar la *g* en *j.*   No se pronuncia *Gua* ni *Guan*, sino *Juan.*   Así está en el diccionario.*
—Tienes razón—dijo el padre,—le llamaremos *Juan Cintón.*
—Pero *Cintón* no es apellido español.   Debes pronunciar
25   *Cintrón.*
—Es verdad—dijo el padre;—me parece que *Cintrón* suena[51] mejor que *Cintón;* pero, hija mía, este retrato vino de los Estados Unidos, y allá[52] pronunciaban el nombre de otro modo.
30   —Porque allá no pronuncian bien el español.
—¡Qué inteligente eres, hija!   Ahora recuerdo[53] que hace muchos años vivió cerca de aquí un hombre muy rico llamado Cintrón.   Él fue quien fundó[54] nuestro pueblo.

---

[43] **escribir: escrito** written.   [44] **apellido** surname.   [45] **de modo que** so that.
[46] **cambiar** to change.   [47] **mandar** to send.   [48] **empezar = comenzar.**
[49] **corregir** to correct.   [50] **¿cómo he de decir?** how must I say (it)?   [51] **sonar: suena** sounds.   [52] **allá = allí.**   [53] **recordar: recuerdo** I recall.   [54] **fundar** to found.

Por todo el pueblo de Yabucoa se supo la noticia[55] de tan gran descubrimiento.[56]   Se hicieron muchas copias* de aquel retrato, y los más viejos del pueblo decían que se parecía a varios miembros[57] de la numerosa familia de los
5 Cintrones.

Un día llegó de Boston un joven, nieto[58] de aquel que había traído el retrato a Puerto Rico.   Reconoció[59] inmediatamente al gran héroe norteamericano y pronunció su nombre con mucho respeto.   La muchacha le corrigió; pero él se rió
10 de[60] ella, repitiendo el nombre varias veces con la pronunciación correcta.*

Como el joven acababa de[61] llegar de Boston, su pronunciación fue aceptada* en el pueblo, y desde entonces dieron al original su verdadero nombre.

15 Ahora todavía se recuerda este cuento en Puerto Rico, y cuando alguien ve el retrato del gran héroe norteamericano, dice riéndose:

—Allí está el retrato de Juan Cintrón.

Adapted from MANUEL FERNÁNDEZ JUNCOS

6. DON JUAN BOLONDRÓN

Había una vez un pobre zapatero llamado Juan Bolondrón.
20 Un día que estaba sentado en su silla bebiendo un vaso[62] de leche, cayeron algunas gotas[63] sobre la silla.   Muchas moscas[64] vinieron a pararse[65] en las gotas de leche.   Juan dio un golpe muy fuerte con la mano y mató[66] algunas moscas. Las contó y vio que eran siete.   Entonces comenzó a gritar
25 muy alegre:

—¡Qué valiente* soy! ¡Caramba, qué fuerte soy! ¡Qué hombre! ¡He matado siete de un solo golpe! Desde hoy me llamaré don Juan Bolondrón Mata-Siete.

---

[55] **noticia** news. [56] **descubimiento** discovery. [57] **miembro** member.
[58] **nieto** grandson. [59] **reconocer** to recognize. [60] **reírse de** to laugh at; **se rió de ella** laughed at her. [61] **acababa de** had just. [62] **vaso** glass. [63] **gota** drop. [64] **mosca** fly. [65] **pararse** to stop, light. [66] **matar** to kill.

Cerca de la ciudad había un bosque⁶⁷ muy grande y muy hermoso. Por este bosque andaba un tigre* enorme.* Cada vez que tenía hambre, este tigre venía a la ciudad y hacía mucho mal⁶⁸ a los habitantes.* Una vez se comió a dos mu-
5 jeres que habían ido a la plaza para traer agua; otra vez se comió a un viejo que andaba a caballo⁶⁹ cerca del bosque; otra vez se metió de noche en un patio y se llevó a un niño de diez años. En fin,⁷⁰ casi todas las semanas mataba a alguien y se llevaba parte de su cuerpo al bosque para comérselo a su
10 gusto, dejando pedazos⁷¹ de carne humana* en su camino.

El rey⁷² había enviado a los hombres más fuertes de la ciudad para matarlo, pero nadie había podido hacerlo. Unos, al ver aquel tigre tan enorme, corrían llenos de miedo, mientras que los más valientes perdían la vida. Un día llegó
15 a oídos⁷³ del rey que vivía en su ciudad un hombre muy fuerte llamado don Juan Bolondrón Mata-Siete.—Ese Mata-Siete—dijo el rey—debe de ser muy valiente. Quiero conocerle. Mandaré que venga a mi palacio.*

Trajeron a don Juan Bolondrón Mata-Siete delante del rey,
20 y éste le dijo:

—Ha llegado a mis oídos tu gran fama.* Sé que eres muy valiente. ¿Es verdad que matas siete de un golpe?

—Sí, Vuestra Majestad,⁷⁴ de un solo golpe—contestó Mata-Siete, haciendo una profunda reverencia.

25 —Muy bien,—dijo el rey—eso es lo que yo pensaba. Tengo una hija muy bonita y muy inteligente; te la daré si matas al tigre que está haciendo tanto mal en mi ciudad. ¿Me traerás el cuerpo de ese tigre?

—Sí, Vuestra Majestad, lo traeré al palacio.

30 —Muy bien; pero si no lo traes, mandaré cortarte⁷⁵ la cabeza. Mañana irás al bosque. Toma de mi palacio las mejores armas.*

Mata-Siete, lleno de miedo, se fue al bosque, pensado en el mejor modo de matar aquel tigre, y también pensando que

---

⁶⁷ **bosque** forest. ⁶⁸ **mal** harm, damage. ⁶⁹ **caballo** horse; **a caballo** on horseback. ⁷⁰ **en fin** in short. ⁷¹ **pedazo** piece. ⁷² **rey** king. ⁷³ **oídos** ears, hearing. ⁷⁴ **Vuestra Majestad** Your Majesty. ⁷⁵ **cortar** to cut; **cortarte la cabeza** cut your head off.

era más probable* que el tigre le matara[76] a él. Además, era la primera vez en su vida que llevaba armas.

Pronto llegó al bosque que estaba fuera de[77] la ciudad, y en cuanto[78] el tigre sintió[79] su presencia, salió corriendo a bus-
5 carle. Cuando Mata-Siete lo vio venir, comenzó a correr en la dirección* del palacio, y el tigre le siguió. Mata-Siete llegó lleno de miedo al palacio y se metió detrás de la puerta, que estaba abierta. El tigre entró corriendo detrás de él y siguió hasta el patio del palacio, donde los soldados[80] del rey
10 le dieron muerte.[81]

Mata-Siete, que estaba detrás de la puerta, ahora salió al patio con un arma en la mano gritando:

—¿Dónde está el tigre? ¡Tontos! ¿Por qué han matado al tigre?
15 El ruido que los soldados hicieron para matar al tigre, y los gritos[82] de Mata-Siete fueron oídos por el rey.

—¿Qué es esto, don Juan?—preguntó el rey a Mata-Siete.

—Nada, Vuestra Majestad, sólo que estos soldados acaban de matar al tigre que yo he traído vivo. Allí está su cuerpo.
20 —Qué valiente eres, don Juan! Has ganado[83] la mano de mi hija—contestó el rey.

Adapted from FERNÁN CABALLERO

7. LA LIEBRE[84] Y EL ERIZO[85]

Era una hermosa mañana de verano. El sol brillaba* y el aire estaba fresco y suave.[86] Todo el mundo se sentía alegre, y también el erizo.
25 El erizo estaba sentado delante de su puerta mirando pasar a las personas que iban a la iglesia,[87] porque era domingo. Mientras cantaba a media voz, como cantan los erizos cuando están alegres, se le ocurrió* dar un paseo por el campo e ir a

---

[76] **matara** would kill. [77] **fuera de** outside (of). [78] **en cuanto** as soon as.
[79] **sentir: sintió** sensed, smelled. [80] **soldado** soldier. [81] **dieron**
muerte slew. [82] **grito** shout. [83] **ganar** to win. [84] **liebre** hare, rabbit.
[85] **erizo** hedgehog. [86] **suave** soft, balmy. [87] **iglesia** church.

ver cómo estaban los nabos.[88] Los nabos estaban cerca de su casa, y él tenía la costumbre de cogerlos[89] como si fuesen[90] suyos y comerlos con su familia. Dicho y hecho.

El erizo dio un beso a su buena mujer y la dejó lavando y
5 vistiendo a sus hijitos. Cerró la puerta de su casa y se puso en camino, respirando alegre el aire fresco y suave de aquella mañana de verano. Ya estaba cerca de los nabos cuando de repente se encontró con la liebre que había salido con una intención semejante.[91]
10   En cuanto el erizo vio a la liebre, pensó hacerle una burla,[92] pero le dio los buenos días con mucha cortesía. La liebre, que era un personaje* muy grande a su modo, y de mucho orgullo, no contestó a su saludo, sino que dijo con aire de burla:
15   —¿Qué hace usted tan temprano por el campo?

—Voy a pasearme—respondió el erizo;—el aire está fresco y suave.

—¿A pasearse?—dijo riendo la liebre;—me parece que para eso necesita usted cambiar de piernas.[93]
20   Esta respuesta no le gustó al erizo.

—¿Se imagina* usted, doña liebre, que sus piernas son mejores que las mías?

—Ya lo creo[94]—contestó la liebre.

—¡Ja, ja, ja! Apuesto[95] a que si corremos juntos, yo gano la
25 carrera.[96]

—¿Con esas piernas miserables? ¡Ja, ja, ja! ¿Con esas piernas tan feas y tan cortas? ¿Cuánto quiere usted apostar?

—Apuesto una moneda de oro y una botella* de aguardiente[97]—dijo el erizo.
30   —Bueno, muy bueno—contestó la liebre;—comencemos[98] la carrera.

—No; no hay necesidad* de tanta prisa. No he comido aún,

---

[88] **nabo** turnip. [89] **coger** to gather, seize, take. [90] **ser: como si fuesen** as if they were. [91] **semejante** like, similar. [92] **burla** joke; **hacerle una burla** to play a joke on him. [93] **pierna** leg; **cambiar de piernas** to get a new pair of legs. [94] **ya lo creo** indeed I do. [95] **apostar: apuesto** I bet. [96] **carrera** race. [97] **aguardiente** brandy, liquor. [98] **comenzar: comencemos** let's begin.

y mi mujer me espera.   Quiero ir a casa primero, y volveré
dentro de media hora.

La liebre tuvo que aceptar, y el erizo se fue a su casa.   Por
el camino iba pensando: «¡Qué importancia se da la liebre!
5 Tiene las piernas largas pero la inteligencia* corta.   Voy a
hacerle una burla.»   En cuanto llegó a casa besó el erizo a su
buena mujer y le dijo:

—Mujer, vístete[99] muy pronto para salir conmigo.   Vas a ayudarme.   He apostado una moneda de oro y una botella de
10 aguardiente.

—¿Con quién has apostado?

—He apostado con la liebre, y voy a ganar.

—¡Dios mío!—exclamó la eriza, levantando las manos al
cielo.—¿Has perdido la cabeza?   ¿Piensas ganarle la carrera a
15 la liebre?

—Silencio,* mujer—dijo el erizo;—las mujeres no saben de
negocios como los hombres.   Vamos, vístete y ven conmigo.

La eriza siguió al erizo sin decir una sola palabra más.
Cuando estaban cerca de los nabos, dijo el erizo a su mujer:
20 —Oye bien lo que voy a decirte.   ¿Ves aquel campo lleno de
surcos?[100]   La liebre correrá por un surco y yo por el otro.
Como tú eres exactamente igual[101] a mí, no tienes más que
estar escondida[102] dentro de un surco, a un extremo.[103]   La
liebre y yo partiremos[104] del otro extremo, ella por un surco y
25 yo por el otro, cada uno sin salirse de su surco.   Cuando
llegue la liebre cerca de ti, te levantarás gritando: «Aquí
estoy.»

Llegaron al campo de los nabos.   El erizo indicó* a su
mujer el sitio en que debía estar escondida, y él se fue al otro
30 extremo del surco, donde encontró a la liebre.

—Vamos a correr[105]—dijo la liebre.

—Sí—contestó el erizo;—pero métase usted en el otro surco.

Y cada uno se metió en su surco.   La liebre entonces
contó:

---

[99] **vestirse: vístete** get dressed.   [100] **surco** furrow.   [101] **igual** like, identical.
[102] **esconder: escondido** hidden.   [103] **extremo** end.   [104] **partir** to depart,
leave.   [105] **vamos a correr** let's run.

—Una, dos, tres;—y partió muy aprisa.

El erizo dio tres o cuatro pasos[106] y se acostó en el surco. Cuando la liebre llegó al otro extremo, la mujer del erizo se levantó gritando:

5   —Aquí estoy.

La liebre se llenó de asombro al ver que el erizo había llegado allí antes que ella. La liebre pensó para sí[107] «¡Qué cosa más rara!» Y luego dijo en alta voz:

—Vamos a correr otra vez.

10   Y volvió a partir en dirección contraria* tan aprisa que sus orejas[108] flotaban en el aire. La mujer del erizo dio unos cuatro pasos y se acostó dentro del surco. Cuando la liebre llegó al otro extremo, se levantó el erizo gritando:

—Aquí estoy.

15   La liebre se quedó más llena de asombro que la primera vez.

—Otra carrera.

—¿Por qué no?[109]—contestó el erizo.—Puedo continuar todo el día.

20   La liebre corrió así setenta y tres (73) veces sin descansar. Cada vez que llegaba a un extremo del surco, el erizo o su mujer gritaba siempre: «Aquí estoy.»

A las setenta y cuatro veces la liebre cayó en el surco respirando muy fuerte, y por fin murió.[110] El erizo cogió la

25   moneda de oro y la botella de aguardiente que había ganado, llamó a su mujer, que estaba todavía escondida en el surco, y ambos se fueron muy contentos a casa, donde, si no se han muerto,[111] viven todavía.

La moral de esta historia[112] es doble:* en primer lugar, no

30   te burles del[113] más pequeño, aunque sea un erizo; en segundo lugar, si tomas mujer, es bueno que la tomes de tu propia clase y muy semejante a ti. Si eres erizo, ten cuidado[114] de que tu mujer sea eriza.

---

[106] **paso** step, pace. [107] **para sí** to himself. [108] **oreja** ear. [109] **¿por qué no?** why certainly. [110] **morir: murió** died. [111] **se han muerto** have died. [112] **historia** story. [113] **burlarse de** to make fun of. [114] **ten cuidado** be careful.

8. EL PERDÓN*

Alhamar, el fundador[115] de la Alhambra, era feliz. Era feliz porque creía en la felicidad[116]; porque su pueblo le admiraba;* porque su sultana,* Zoraya, le amaba[117]; porque sus enemigos[118] le temían[119] y porque su amigo de la infancia,*
5   más que amigo, hermano, le era siempre fiel.[120]
    Alhamar era el rey de Granada.   Era también dueño de la flor[121] más hermosa de Granada, Zoraya.   El amor[122] de Zoraya era su vida, su gloria,* su orgullo.   Pero . . . ¡ah! la felicidad del hombre en este mundo es toda ilusión.*
10   El cristiano Julián era su amigo de la infancia.   Había sido esclavo[123] del padre de Alhamar, pero ahora era no sólo un hombre libre,[124] sino además el favorito* de éste.
    La mano de la Fatalidad* llevó un día a Julián a los jardines[125] reservados* de la sultana, y se encontró delante de
15   Zoraya.   Allí vio a Zoraya acostada entre las flores, y le pareció más hermosa que todas ellas.
    Zoraya soñaba cuando Julián llegó.   Tenía los ojos cerrados y los labios entreabiertos.[126]   Eran labios de rosa.*   Sus cabellos[127] eran largos y negros, de un negro brillante,* y le
20   cubrían parte de la cara.
    De los labios de rosa salían palabras que llegaron al corazón de Julián, quien loco de placer,[128] apenas podía creer lo que oía.   Zoraya hablaba:
    —Él no sabe que mis ojos le han visto una sola vez—decía en
25   su sueño la sultana—y que desde entonces no puedo pensar sino en él . . . le veo siempre . . . pero Alhamar . . . ¡ah! ¡no, no! . . . le mataría . . . Alhamar es mi señor, mi dueño . . . yo creía amarle[129] . . . y veo que nunca le he amado . . . ¡no puedo! . . . porque mi corazón ama al cris-
30   tiano . . . el dueño de mi corazón es . . . Julián.

---

[115] **fundador** founder. [116] **felicidad** happiness. [117] **amar** to love.
[118] **enemigo** enemy. [119] **temer** to fear. [120] **fiel** faithful. [121] **flor** flower.
[122] **amor** love. [123] **esclavo** slave. [124] **libre** free. [125] **jardín** garden.
[126] **entreabierto** parted, half-open. [127] **cabellos** hair, locks. [128] **placer** pleasure, joy. [129] **yo creía amarle** I thought I loved him.

Zoraya no acabó de pronunciar[130] este nombre. Una voz suave la despertó. Ya no[131] soñaba; allí estaba él.

—¡Te amo, sultana! Tú eres la imagen* de mis sueños. Sólo una vez te había visto, pero desde entonces eres dueña absoluta* de mi corazón. ¡Te amo!

Zoraya miraba a Julián llena de asombro. Creía soñar[132] aún hasta que sintió en sus manos un beso ardiente* del cristiano.

La ilusión pasa pronto; fría y terrible es la realidad. Un día los amantes[133] observaron que la sonrisa[134] de Alhamar había desaparecido,* y Zoraya, llena de miedo, dijo a Julián:

—Hoy no ha venido a visitarme.

—A mí no me ha mirado siquiera[135]—contestó Julián.

—Huyamos[136] de aquí—exclamó ella.

—No, amada mía[137]; huir nunca. Acaso Alhamar no tenga aun sospecha.[138]

—¡Ah no! Le conozco bien. No tiene sospecha; lo sabe todo. ¡Huyamos, por favor![139] Su venganza[140] será terrible, aunque Alhamar es el más bueno y generoso* de los hombres.

—Sí; él es el mejor y yo el peor de los hombres—respondió Julián.—Soy un miserable. Me quitaré la vida,[141] porque no podré estar jamás en su presencia.

Al decir estas palabras brilló la daga[142] en la mano de Julián, pero Zoraya le cogió fuertemente el brazo.[143]

Pasaron muchos días y los amantes no huían. El silencio de Alhamar era cada vez más profundo. Salió a la guerra y volvió tan triste como antes. Un día, por fin, Zoraya le preguntó:

—¿Por qué estás triste? ¡Hace tanto tiempo que guardas silencio!

---

[130] **no acabó de pronunciar** did not finish uttering.   [131] **ya no** no longer.
[132] **creía soñar** she thought she was dreaming.   [133] **amante** lover.
[134] **sonrisa** smile. [135] **siquiera** even. [136] **huir: huyamos** let us flee.
[137] **amada mía** my beloved. [138] **sospecha** suspicion. [139] **por favor** please.
[140] **venganza** vengeance. [141] **me quitaré la vida** I shall take my life.
[142] **brilló la daga** the dagger gleamed. [143] **brazo** arm.

—Si tu conciencia* no te lo dice ahora, pronto lo sabrás—dijo
Alhamar, desapareciendo de la presencia de Zoraya.

Zoraya contó esta respuesta a Julián, y el cristiano sintió
miedo. Temió la venganza de su rey; acaso la muerte le es-
5 peraba. Para salvar[144] su vida y la de Zoraya tuvo una mala
idea . . .

Alhamar dormía profundamente cuando la mala idea llevó
a Julián a la habitación de aquél.

Sólo un soldado guardaba* la puerta, y como éste sabía que
10 Julián era el favorito de Alhamar, le dejó entrar en la habitación. Julián se acercó a la cama, sacó su daga, la levantó
muy alto, y . . . viendo la cara triste de aquel rey que había
sido tan generoso para con él,[145] sintió gran dolor[146] en el
corazón, sintió que iba a matar a su propio hermano.

15 —¡Miserable de mí![147] ¡Qué horror! ¿Qué voy a hacer?

En aquel mismo instante despertó Alhamar lleno de
asombro, y vio que Julián caía al suelo, casi a sus pies, con la
daga en el pecho.[148]

Alhamar se acercó lleno de compasión* al amigo de su in-
20 fancia. Con la ayuda[149] del soldado le puso en su propia
cama e hizo llamar a los mejores médicos[150] de Granada, que
eran en aquella época los mejores de Europa.

Cuando Julián volvió en sí,[151] el rey mandó que le dejasen
solo; se acercó a su favorito y le miró largo rato en silencio.
25 Esperaba una confesión.*

—Dame la muerte—dijo Julián;—yo solo soy el culpable.[152]
Perdona* a Zoraya.

—Quiero que vivas—contestó Alhamar con acento de compasión.

30 —¡No, no! No podré vivir.

—Sí, Julián, dejaré vivir a Zoraya, y viviendo ella, tú no
querrás morir.

---

[144] **salvar** to save.   [145] **para con él** toward him, in his behalf.   [146] **dolor**
grief, sorrow.   [147] **miserable de mí** wretch that I am.   [148] **pecho** breast.
[149] **ayuda** help, assistance.   [150] **hizo llamar a los mejores médicos** had the
best doctors called.   [151] **volvió en sí** came to himself.   [152] **culpable** guilty
(one).

A estas palabras que indicaban el profundo conocimiento[153] que Alhamar tenía del corazón humano, Julián no
pudo contestar.

Alhamar perdonó al cristiano; y no sólo le perdonó, sino
5 que mandó construir[154] otro palacio, lejos, muy lejos de la Alhambra, y lo ofreció a Zoraya y a Julián como recuerdo[155] de
lo mucho que los había amado.

—Id, amigos míos,—les dijo;—en aquella mansión* seréis
felices. ¡No permita* Alá[156] que vuestro amor se cambie en
10 dolor! Pero no volváis jamás a Granada. ¡No he de verós
jamás![157] Viviréis pensando en mi perdón.

Habiendo pronunciado esta sentencia* sublime,* Alhamar I desapareció majestuosamente[158] por los jardines de la
Alhambra.

Adapted from García del Real

EXERCISES

4

A. *Translate the paired sentences, noting that* a *is used before a
personal object and that the subject of a sentence may follow the
verb:*

1a. Debes elegir a uno de los jóvenes.
  b. Me gustan los tres.
2a. La niña quería a los tres.
  b. Un día vinieron a su casa tres jóvenes.
3a. El dueño del espejo podía ver a cualquiera con sólo desearlo.
  b. La caja se abrió y salieron de ella muchos hombres.
4a. En pocas horas esta caja lleva a su dueño adonde él quiera.
  b. Esta caja— le contestó el viejo —tiene una gran virtud.
5a. Sacó su espejo para ver a la muchacha.
  b. A los tres— volvió a contestar la muchacha.

---

[153] **conocimiento** knowledge. [154] **construir** to build. [155] **recuerdo** remembrance. [156] **Alá** Allah. [157] **¡No he de veros jamás!** I must never see you.
[158] **majestuosamente** majestically.

6a. Encontraron **al** padre de María muy triste.
  b. Al día siguiente se reunieron los jóvenes.

B. *Add the necessary endings to the incomplete adjectives:*

1. un— hija muy hermos—
2. tres jóvenes igualmente guap— y buen—
3. dar otr— respuesta
4. una cosa rar— y únic— en su especie
5. un espejo pequeñ— y fe—
6. much— hombres
7. la muchacha estaba muert—

C. *Answer in Spanish:*

1. ¿Cuántos jóvenes vinieron a la casa de María? ¿Cómo eran?
2. ¿Qué le preguntó el padre a su hija? ¿Qué respondió ella?
3. ¿A cuál de los jóvenes eligió María? ¿Qué dijo su padre?
4. ¿Qué solución tomó él? ¿A dónde fueron los jóvenes?
5. ¿Cómo salvaron a María? ¿Con quién se casará ella?

5

A. *Substitute Spanish words for the English words, using the past descriptive tense for the first sentence in each pair, and the past absolute for the second:*

1a. El padre *would show* (enseñar) el retrato a cuantos *came* (venir) a visitar a la familia, y les *related* (contar) todo lo que *he knew* (saber) de Washington.
  b. El joven *returned* (volver) a los Estados Unidos; pero antes de partir, *he related* (contar) de nuevo la vida del gran héroe y *wrote* (escribir) su nombre.
2a. Siempre *pronounced* (pronunciar) Washington.
  b. Al ver el retrato, el nieto *pronounced* (pronunciar) el nombre con gran respeto.
3a. La señorita *would say* (decir) que en el pueblo *they spoke* (hablar) muy mal el español.
  b. *Said* (decir) ella que «Gua» *was not* (ser) nombre cristiano.

B. *Give the meaning of the following idiomatic phrases:*

1. de nuevo   3. por todas partes
2. hace más de cien años   4. en vez de poner

5. sabía más que nadie
6. ¿cómo he de decir?

7. él se rió de ella
8. él acababa de llegar

C. *Complete the sentences with* **por** *or* **para:**

1. El joven daba un paseo ____ el pueblo de Yabucoa.
2. ____ llevarle un regalo a su padre compró un retrato.
3. Siempre había sentido admiración ____ Washington.
4. La vuelta del joven fue ____ sus amigos un gran acontecimiento.
5. Varias veces ____ semana enseñaban el retrato a todo el mundo.
6. Todos venían ____ ver aquel cuadro.
7. Aquella pronunciación resultaba desconocida ____ la muchacha.
8. ____ corregir a su padre le dijo que debía cambiar Gua a Juan.

6

A. *Translate into Spanish, noting that in the left-hand column the adjective comes after the noun, while in the right-hand column it comes before:*

a big tiger
a very strong man
a small town
a large family

many flies
two women
your great fame
a poor (pitiable) shoemaker

B. *Answer in as brief a way as possible:*

1. ¿Cómo se llamaba el zapatero?
2. ¿Qué bebía él?
3. ¿Cuántas moscas mató Juan con la mano?
4. ¿Qué gritó?
5. ¿Qué animal andaba en el bosque?
6. ¿Qué se comió una vez?
7. ¿Qué se llevó una noche?
8. ¿Quién debía de ser muy valiente?
9. ¿Quiénes mataron al tigre?
10. ¿Qué ganó Mata-Siete?

C. *Complete:*

1. las contó y . . .
2. comenzó a gritar . . .
3. un hombre muy . . .
4. comenzó a correr . . .
5. has ganado . . .

7

A. *Translate the following sentences into Spanish, using the past descriptive tense for 1–5 and the past absolute for 6–10; refer to the text freely:*

1. It was a summer morning.
2. The sun was shining.
3. It was Sunday.
4. Mrs. Hedgehog was washing her little ones.
5. The hare had long legs (*Say:* had the legs long).
6. The hedgehog kissed his wife.
7. He greeted the hare.
8. They bet a bottle of brandy.
9. The hedgehog went home.
10. At last the hare fell dead.

B. *Write a sentence for each of the following verbs, using the past absolute:*

brillar	tener
estar	dar
sentir	respirar
pasar	contestar
ir	correr

8

A. *Study each sentence below and then give the meaning of the boldface words:*

1. Alhamar era feliz; **su** pueblo **le** admiraba.
2. Julián **le** era siempre fiel.
3. Julián **había sido** esclavo del padre de Alhamar, pero ahora era el favorito de éste.
4. Zoraya decía en **su** sueño que amaba **a** Julián.
5. **Sus** cabellos **le** cubrían parte de **la** cara.
6. Yo **creía amarle.**

7. **Ya no** soñaba.

8. **Huyamos** de aquí.

9. **Le** conozco bien; no tiene sospecha; **lo** sabe todo.

10. **Su** venganza **será** terrible.

11. **Hace tanto tiempo que guardas silencio.**

12. No **he de** veros jamás.

B. *Answer in as brief a way as possible:*

1. ¿Quién era Zoraya?

2. ¿Quién era Julián?

3. ¿A quién vio Julián en los jardines?

4. ¿Cómo le pareció ella?

5. ¿Qué salía de sus labios?

6. ¿De quién hablaba ella?

7. ¿Qué la despertó?

8. ¿Qué le dijo Julián?

9. ¿Cuál de los amantes quería huir?

10. ¿Quién salió a la guerra?

11. ¿Cómo volvió él?

12. Al momento de matar al rey, ¿qué sintió Julián?

13. ¿Por qué cayó al suelo Julián?

14. ¿En dónde le puso el rey?

15. ¿A quiénes hizo llamar?

16. ¿Qué dijo Julián al volver en sí?

17. ¿Le dejó vivir Alhamar?

18. ¿Qué mandó construir Alhamar?

19. ¿Para quiénes era el palacio?

20. ¿Volvieron alguna vez [*ever*] al palacio?

C. *Complete, where necessary, with either an article or a pronoun:*

1. Alhamar sentía _____ felicidad muy especial.

2. La felicidad era _____ ilusión.

3. Julián tomó a Zoraya de _____ mano.

4. Ella vio a su amado en _____ sueño.

5. Pensaba en él, _____ veía siempre que podía.

6. Una voz suave _____ despertó.

7. Ella lo miraba llena de _____ asombro.

D. *Find important idioms in each story and construct eight sentences, using a different idiom in each sentence.*

Idioms Used in the Text

Tenía los ojos cerrados.	His eyes were closed.
Dicho y hecho.	No sooner said than done.
de repente	suddenly.
a lo lejos	in the distance.
al poco tiempo	in a little while.
A ver.	Let's see.
Aquí tiene usted el tabaco.	Here is the tobacco.
ponerse de mal humor	to get vexed.
para dar la mano a	to shake hands with
¿Qué tal? ¿hay apetito?	What do you say, are you hungry?
acabada la cena	as soon as supper was finished.
Tienes muy mala cara.	You look very bad.
Había hace muchos años . . .	There was many years ago . . .
Favor de abrirme la puerta.	Please open the door.
con todo gusto	gladly.
por donde hemos de pasar	through which we must pass.
al principio	at first.
No hizo ninguna pregunta.	He did not ask a single question.
un poco antes de salir el sol	a little before sunrise.
Sí, señor; lo soy.	Yes, sir; I am.
Volvió a contestar.	He answered again.
Se pusieron en camino.	They set out.
Se encontró con.	He met (with).
¿Y cómo he de decir?	How must I say (it)?
Se supo la noticia.	They learned the news.
Se rió de ella.	He laughed at her.
en fin	in short.
Le dieron muerte.	They slew him.
Ya lo creo.	I should say so.
Dió tres pasos.	He took three steps.
Pensó para sí.	He thought to himself.
ten cuidado de que . . .	be careful that you . . .
Yo creía amarle.	I thought I loved him.
Ya no soñaba.	She was no longer dreaming.
Desde entonces eres . . .	Since then you have been . . .
¡Huyamos, por favor!	Please, let's flee!
generoso para con él	generous toward him.
¡Miserable de mí!	Wretch that I am!
Volvió en sí.	He came to himself.

3 La buenaventura y otros cuentos

LA BUENAVENTURA
Y OTROS CUENTOS

The four stories contained in this volume were written by well-known Spanish novelists of the nineteenth century. *La buenaventura* and *Las dos glorias* are by Pedro Antonio de Alarcón, author of the famous novel El sombrero de tres picos. The Countess Emilia Pardo Bazán is the author of *Temprano y con sol*; and the Jesuit Luis Coloma, who has earned his reputation with a collection of interesting biographies, Retratos de antaño and his novel Pequeñeces, is the author of La camisa del hombre feliz.

We have simplified slightly the language of these stories, and have omitted some difficult passages without actually impairing the narrative. As in the first two parts of this book there are only a limited number of new words to the page, and these are repeated as often as possible. New words and idioms are annotated at the foot of the page at their first occurrence, and cognates are starred in the text.

The exercises in this part are designed to lead the student by degrees to make more active use of Spanish, and the idiom list at the end may be used by the instructor as a basis for further drill.

The following hints on reading should be added to those given in the first two parts:
1. Glance over the whole story in order to form a general idea of it.
2. Read the story a second time, paragraph by paragraph, with the aid of the footnotes when necessary, but making as little use as possible of the end vocabulary. Most of the words not found in the footnotes were used repeatedly in Parts 1 and 2.
3. Have in mind the meaning of certain word endings described in the Study Aids.
4. Acquire the habit of observing certain word relationships signaled by prefixes and suffixes described in the Study Aids.

1. LA BUENAVENTURA[1]

1

No sé qué día de agosto de 1816 (mil ochocientos dieciséis)
llegó a las puertas de la Capitanía[2] general de Granada un
pobre gitano[3] de sesenta (60) años de edad, llamado Heredia,
montado en un burro[4] miserable.* Se bajó de su burro y dijo
5 con la mayor frescura[5]:
—Quiero ver al Capitán* general.
Los criados se rieron de él y no quisieron dejarle pasar;
mas cuando llegó a oídos del conde[6] del Montijo, en aquel
entonces[7] Capitán general de Granada, que aquel gitano de-
10 seaba verle, mandó que le dejasen pasar.
Entró el gitano en el despacho[8] de su Excelencia* dando
dos pasos adelante y uno atrás, que era su modo de andar en
las circunstancias* graves,* y poniéndose de rodillas,[9] exclamó:*
15 —¡Viva su Excelencia muchísimos años!
—Levántate, buen hombre, y dime lo que deseas—
respondió el conde, quien era persona* de muy buen humor
y tenía ya noticias de Heredia, el gitano más chistoso[10] de
Granada.
20 Heredia se puso de pie[11] y dijo:
—Pues señor, vengo a que su Excelencia me dé los mil[12]
reales.[13]
—¿Qué mil reales?
—Los mil reales ofrecidos al que traiga las señas[14] de Parrón.
25 —Pues ¡qué! ¿tú le conocías?
—No, señor.
—Entonces . . .
—Pero ya le conozco.

---

[1] **buenaventura** fortune (*as told by fortune tellers*). [2] **capitanía** captaincy
(*headquarters of a captain*); **capitán** captain. [3] **gitano** gypsy. [4] **montado
en un burro** riding a donkey. [5] **frescura** coolness, frankness. [6] **conde**
count. [7] **en aquel entonces** at that time. [8] **despacho** office. [9] **rodilla**
knee; **poniéndose de rodillas** kneeling. [10] **chistoso** witty, funny.
[11] **ponerse de pie** to stand up. [12] **mil** one thousand. [13] **real** *a Spanish coin
worth about five cents.* [14] **señas** description, whereabouts.

—¡Cómo!

—Es muy sencillo.[15]   Le he buscado; le he visto; traigo las señas, y ahora pido los mil reales.

—¿Estás seguro[16] de que le has visto?—exclamó con mucho
5 interés* el Capitán general.

El gitano se echó a reír[17] y respondío:

—¡Es claro!*   Su Excelencia pensará: «Este gitano es como todos, y quiere engañarme.»[18]   ¡No me perdone Dios si no digo la verdad!   Ayer vi a Parrón.

10 —¿Pero sabes tú la importancia* de lo que dices?   ¿Sabes que hace tres años que busco a ese bandido[19] a quien nadie conoce ni ha podido ver nunca?   ¿Sabes que todos los días roba[20] en distintos[21] sitios y después mata a sus víctimas,* porque dice que los muertos no hablan?   ¿Sabes que ver a
15 Parrón es encontrarse con la muerte?

El gitano se echó a reír otra vez y dijo:

—¿Y no sabe su Excelencia que lo que no puede hacer un gitano no lo hace nadie?   Repito, mi general, que no sólo he visto a Parrón, sino que he hablado con él.

20 —¿Dónde?

—En el camino de Tózar.

—¿En el camino de Tózar?

—Sí, señor; hace ocho días que mi burro y yo caímos en poder[22] de unos ladrones.[23]   Me ataron[24] muy bien y me lle-
25 varon por un camino desconocido[25] para mí a un sitio donde estaban reunidos otros ladrones.   Por el camino tuve una sospecha: «¿Será esta gente[26] de Parrón?   Entonces no hay remedio[27]; me matan, porque ese bandido mata a quien le ve.»   De repente se me acercó un hombre muy bien vestido,
30 quien dándome un golpecito en el hombro[28] y sonriéndose,[29] me dijo: «Amigo, yo soy Parrón.»

---

[15] **sencillo** simple.   [16] **seguro** sure.   [17] **echar** to throw out; **se echó a reír** burst out laughing.   [18] **engañar** to deceive.   [19] **bandido** bandit.   [20] **robar** to rob.   [21] **distinto** different.   [22] **poder** power; **caímos en poder** fell into the hands.   [23] **ladrón** robber.   [24] **atar** to tie.   [25] **desconocido = no conocido.** [26] **gente** people, band.   [27] **remedio** remedy; **no hay remedio** it can't be helped.   [28] **hombro** shoulder.   [29] **sonreír** to smile.

Oír esto y caerme de espaldas³⁰ todo fue una misma cosa.
El bandido se echó a reír. Yo me levanté lleno de miedo, me
puse de rodillas y exclamé en todos los tonos* de voz que
pude inventar*:

5 —¡Bendito³¹ seas, rey de los hombres! Te conocí por esa
figura* elegante* que Dios te ha dado. Deja que te dé un
abrazo.³² Tenía muchas ganas de encontrarte para decirte la
buenaventura y besarte la mano. ¡También yo soy de los
tuyos!³³ ¿Quieres que te enseñe a cambiar burros muertos
10 por burros vivos?

El Capitán general se rió mucho del gitano chistoso, y
luego le preguntó:

—¿Y qué respondió Parrón a todo eso? ¿Qué hizo?

—Lo mismo que su Excelencia: reírse de mí.

15 —¿Y tú qué hiciste?

—Yo, señor, me reía también, pero al mismo tiempo me
corrían las lágrimas³⁴ por la cara.

—En seguida³⁵ el bandido me dio la mano y me dijo: «Amigo,
usted es el único hombre de talento* que ha caído en mi
20 poder. Todos los demás³⁶ tienen la mala costumbre de
llorar³⁷ y de hacer o decir cosas que me ponen de mal humor.
Sólo usted me ha hecho reír . . . pero esas lágrimas . . .»

—¡Qué, señor, estas lágrimas son de alegría!—le contesté yo.

—Lo creo—dijo el ladrón.—Es la primera vez que me he
25 reído desde hace seis o siete años. Verdad es que tampoco
he llorado . . . ¡Eh, muchachos!

Al momento* me rodearon³⁸ todos los bandidos con la es-
copeta³⁹ en la mano. Todo fue en un abrir y cerrar de ojos.⁴⁰
Yo comencé a gritar de miedo.

30 —¡No, no!—exclamó Parrón.—Sólo quiero saber qué le
habéis quitado a este hombre. ¿Le habéis robado algo?

—Un burro.

---

³⁰ **espalda** back; **de espaldas** on one's back. ³¹ **bendito** blessed. ³² **abrazo**
embrace, hug. ³³ **soy de los tuyos** I am one of you. ³⁴ **lágrima** tear.
³⁵ **en seguida** then. ³⁶ **los demás** the others. ³⁷ **llorar** to cry. ³⁸ **rodear** to
surround. ³⁹ **escopeta** shotgun. ⁴⁰ **en un abrir y cerrar de ojos** in the
twinkling of an eye.

—¿Y dinero?

—Tres duros⁴¹ y siete reales.

—Pues, dejadnos solos.

Todos se fueron, y entonces Parrón me dijo:

5   —Gitano, ahora dime la buenaventura.

Yo le cogí la mano y pensé un momento. Luego le dije:

—Parrón, tarde o temprano, ya me quites la vida, ya me la perdones,⁴² morirás ahorcado.⁴³

—¿Ahorcado?   Eso ya lo sabía yo—respondió con toda

10   calma* el ladrón.—Dime *cuándo.*

Yo pensé de este modo: «Este bandido va a perdonarme la vida; mañana llego a Granada y doy sus señas; pasado mañana⁴⁴ le cogen . . . »

—¿Cuándo?—repetí en voz alta.—Pues mira, vas a ser

15   ahorcado el mes próximo.⁴⁵

—¡Ahorcado el mes próximo.!—exclamó Parrón.

—Pues mira tú, gitano, vas a quedarte en mi poder. Si en todo el mes próximo no me ahorcan, te ahorco yo a ti tan cierto como ahorcaron a mi padre. Si me ahorcan durante el

20   mes, quedarás libre.

—Muchas gracias—dije yo en mi interior.—¡Me perdona después de muerto!

Fui conducido⁴⁶ a una cueva⁴⁷ donde me encerraron.⁴⁸ Parrón montó⁴⁹ a caballo y se fue.

25   —Vamos, ya comprendo⁵⁰—exclamó el Capitán general.— Parrón ha muerto; tú has quedado libre y por eso sabes sus señas.

—Todo lo contrario, mi general. Parrón vive, y aquí está lo más negro⁵¹ de la historia.

---

⁴¹ **duro** dollar. ⁴² **ya me quites la vida, ya me la perdones** whether you take my life or whether you spare it. ⁴³ **ahorcar** to hang (*on the gallows*). ⁴⁴ **pasado mañana** day after tomorrow. ⁴⁵ **próximo** next. ⁴⁶ **conducido** led. ⁴⁷ **cueva** cave. ⁴⁸ **encerrar** to lock up. ⁴⁹ **montar** to mount, get on (*a horse*). ⁵⁰ **comprender = entender.** ⁵¹ **lo más negro** the most horrible (blackest) part.

2

Pasaron ocho días desde la tarde en que le dije a Parrón la buenaventura. Nadie le había visto durante este tiempo. Uno de los ladrones me dijo:

—Sepa usted que Parrón se va al infierno de vez en cuando[52] y no le vemos durante una o dos semanas. Nunca sabemos lo que hace ni a donde va.

Entretanto[53] yo les dije la buenaventura a todos los ladrones. Les dije que no serían ahorcados y que pasarían una vejez[54] muy tranquila.* Ellos, para pagarme, me sacaban de la cueva todas las tardes y me ataban a un árbol,[55] y dos de ellos me guardaban.*

Una tarde a eso de las seis, los ladrones que habían salido aquel día a las órdenes* del segundo de Parrón, volvieron a la cueva con un pobre hombre de unos cincuenta (50) años de edad cuyas lamentaciones* me partían[56] el corazón.

—¡Denme mis veinte duros!—decía llorando.—¡Ay! ¡Si supieran con cuánto trabajo los he ganado! ¡Todo un verano trabajando bajo el sol! ¡Todo un verano lejos de mi pueblo, de mi mujer y de mis hijos! Así he reunido esos veinte duros para vivir este invierno.[57] Ahora que voy de vuelta[58] para abrazar[59] a mis hijos y a mi mujer, ahora que voy a pagar las deudas[60] que han hecho para comer, me roban el dinero. ¡Por favor, denme mis veinte duros! ¡Dénmelos por Dios!

Los ladrones contestaron con burlas y risas a las lamentaciones de aquel miserable. Yo temblaba[61] de horror en el árbol a que estaba atado.

—No seas loco—exclamó al fin uno de los ladrones, dirigiéndose al[62] pobre padre.—Haces mal en pensar en tu dinero cuando tienes cuidados mayores en que ocuparte.

—¡Cómo!—dijo él, sin comprender.—¿Qué mal es mayor que dejar sin pan a mi familia!

---

[52] **de vez en cuando** from time to time.   [53] **entretanto** in the meantime.
[54] **vejez** old age.   [55] **árbol** tree.   [56] **partir** to split, break.   [57] **invierno** winter.
[58] **ir de vuelta** to be on one's way back.   [59] **abrazar** to embrace.   [60] **deuda** debt.   [61] **temblar** to tremble.   [62] **dirigirse a** to address.

—¡Estás en poder de Parrón!

—¿Parrón? . . . No le conozco. Nunca he oído tal nombre.
Vengo de muy lejos. Soy de Alicante, y he estado trabajando
en Sevilla todo el verano.

5   —Pues, amigo mío, Parrón quiere decir[63] la muerte. Todo el
que cae en su poder muere. Prepárate* para morir. Tienes
cuatro minutos.*

—¡Óiganme, por compasión![64]—decía llorando.

—Habla.

10   —Tengo seis hijos y una infeliz[65] mujer. Ustedes son peores
que los tigres.* ¡Sí, peores! Porque los tigres no se comen
unos a otros. ¡Ah! ¡Perdón!* . . . no sé lo que estoy diciendo. ¿No hay un padre entre ustedes? ¿Saben lo que son
seis hijos pasando un invierno sin pan? ¿Saben lo que es

15   una madre que ve morir a sus hijos, que oye sus voces diciendo: «Tengo hambre, tengo frío»? Señores, yo no quiero
mi vida sino por ellos. ¿Qué es para mí la vida? Trabajos,
privaciones.* Pero debo vivir para que vivan mis hijos.
¡Hijos míos! ¡Hijos de mi corazón!

20   Y el pobre padre lloraba y se ponía de rodillas y levantaba
hacia los ladrones la cara . . . ¡qué cara! Daba compasión.
Los bandidos, por fin, sintieron moverse algo dentro de su
pecho, pues se miraron unos a otros; y viendo que todos estaban pensando la misma cosa, uno de ellos se atrevió a[66] de-

25   cirla.

—¿:Qué dijo?—preguntó el Capitán general, profundamente
interesado.*

—Dijo: «Caballeros, lo que vamos a hacer no lo sabrá nunca
Parrón.»

30   —Nunca, nunca—repitieron los otros bandidos.

—Váyase usted, buen hombre—exclamó uno.

Yo hice también una seña al hombre de que se fuese[67] al
instante.* El infeliz se levantó.

—¡Pronto! ¡Váyase usted!—repitieron varias voces.

35   El pobre padre se fue. Pasó media hora. Los ladrones se

---

[63] **quiere decir** means. [64] **por compasión** for pity's sake. [65] **infeliz** unfortunate. [66] **atreverse a** to dare to. [67] **Yo hice . . . fuese** I also made a sign to the man to leave.

repitieron durante este tiempo la misma promesa[68]: «Lo que
hemos hecho no ha de saberlo nunca[69] Parrón.» De repente
llegó Parrón a caballo trayendo otra vez al mismo hombre.
Los bandidos se quedaron asombrados,[70] y Parrón se bajó de
5 su caballo muy despacio,[71] sacó su escopeta y dijo:
—¡Imbéciles!* ¡No sé cómo no mato a todos! ¡Pronto!
Den a este hombre el dinero que le han robado.
Los ladrones sacaron los veinte duros y se los entregaron[72]
al hombre, el cual se puso de rodillas delante de aquel per-
10 sonaje* que dominaba* a los bandidos y que tenía tan buen
corazón.
Parrón le dijo:
—Sin las indicaciones* que usted me ha dado, nunca hubiera
podido encontrar a mis compañeros.[73] He cumplido[74] mi
15 promesa. Aquí tiene usted sus veinte duros. Levántese
y . . . ¡en marcha![75]
El pobre hombre le abrazó y se fue lleno de alegría. Pero
apenas había andado unos cincuenta (50) pasos cuando
Parrón le llamó. El hombre volvió pies atrás.
20 —¿Qué manda usted?—le preguntó.
—¿Conoce usted a Parrón?—le preguntó el bandido.
—No le conozco.
—Sí, le conoce usted. Yo soy Parrón.
El hombre se quedó asombrado mirándole. Parrón, en-
25 tonces, cogió la escopeta y disparó[76] dos balas.* El hombre
cayó muerto.
—¡Maldito seas![77]—fue lo único que pronunció.*
El gitano continuó:
—En medio del terror vi que el árbol a que yo estaba atado
30 temblaba. Una de las balas había dado en la cuerda[78] que
me ataba al árbol, y quedé libre[79]; pero no me atreví a mo-

---

[68] **promesa** promise.   [69] **no ha de saberlo nunca** is never to know it.
[70] **asombrado** astonished.   [71] **despacio** slow, slowly.   [72] **entregar** to hand
over, deliver.   [73] **compañero** companion.   [74] **cumplir** to comply with, keep.
[75] **¡en marcha!** go! on your way!   [76] **disparar** to fire (*a shot*).   [77] **¡maldito
seas!** a curse on you!   [78] **había dado en la cuerda** had struck the rope.
[79] **libre** free.

verme. Esperé una ocasión* para huir. Entretanto decía
Parrón a los suyos,[80] señalando[81] al muerto:
—Ahora podéis robarle. ¡Qué imbéciles! ¡Dejar libre a ese
hombre que se fue dando gritos por los caminos! Él me ha
5 dado las señas exactas* de nuestra cueva, y podría dárselas al
Capitán general.
   Los ladrones se pusieron a[82] hacer una sepultura para el
muerto, y Parrón se sentó tranquilamente* a comer. Yo comencé a andar poco a poco, y desaparecí por entre los ár-
10 boles. Ya era de noche. Comencé a correr, y a la luz de la
luna[83] vi a mi burro que comía cerca de un árbol al que estaba
atado. Me monté en mi burro y no he parado hasta llegar
aquí. Ahora déme usted los mil reales, y yo le daré las señas
de Parrón, quien se ha quedado con todo mi dinero.
15   El gitano dio las señas del bandido y de la cueva; recibió
los mil reales, y salió muy alegre de la Capitanía general, dejando asombrados a todos los que le oyeron.
   Ahora sólo nos queda saber si la *buenaventura* que le dijo
el gitano Heredia a Parrón se cumplió o no se cumplió.

3

20 Quince días después de la escena[84] que acabamos de relatar,* a eso de las nueve de la mañana, muchísima gente
miraba en la calle de San Juan de Dios la reunión[85] de dos
compañías* de soldados que debían salir a las nueve y media
en busca de[86] Parrón. El Capitán general les había dado las
25 señas personales* del bandido y de sus compañeros.
   El interés y la emoción* del público* eran extraordi-
narios,* y no menos extraordinaria era la solemnidad* con
que los soldados se despedían de sus familias* y amigos.
   —Parece que ya es hora de salir—dijo un soldado a otro—y
30 no veo a López.
   —¡Cosa rara! López no está aquí. Él llega siempre antes
que nadie cuando se trata de[87] salir en busca de Parrón.

---

[80] **a los suyos** to his men. [81] **señalar** to point to. [82] **ponerse a** to begin to.
[83] **luna** moon. [84] **escena** scene. [85] **reunión** assembly, meeting. [86] **en
busca de** in search of. [87] **cuando se trata de** when it is a question of.

—Pues ¿no saben lo que ha sucedido?—dijo otro soldado, tomando parte* en la conversación.*

—¡Hola! Es nuestro nuevo compañero. ¿Cómo te va en nuestro cuerpo?[88]

5 —Perfectamente*—contestó el nuevo.

Era el nuevo compañero un hombre alto, fuerte, de buena cara, de sonrisa agradable.*

—¿Qué decías?—dijo el primer soldado.

—¡Ah, sí! Decía que López ha muerto—contestó el segundo
10 soldado.

—Manuel, ¿qué dices? ¡Eso no puede ser!

—Yo mismo he visto a López esta mañana como te veo a ti ahora—dijo uno de los soldados.

El llamado Manuel contestó fríamente[89]:

15 —Pues, hace media hora que le ha matado Parrón.

—¿Parrón? ¿Dónde?

—Aquí mismo en Granada; en la Cuesta del Perro se ha encontrado el cuerpo de López.

Todos quedaron silenciosos,* y Manuel comenzó a cantar.

20 —¡Once soldados en seis días!—exclamó alguien.—Parece que Parrón quiere acabar con nosotros. Pero ¿cómo es posible* que esté en Granada? ¿No vamos ahora a buscarle en los bosques de Loja?

Manuel dejó de[90] cantar y dijo fríamente:

25 —Una vieja que vio morir a López dice que Parrón le prometió que también nosotros tendríamos el gusto de verle muy pronto.

—Amigo, ¡qué calma* la tuya! Hablas de Parrón con indiferencia.*

30 —Pues ¿qué es Parrón sino un hombre como nosotros?—contestó Manuel.

—¡A la formación![91]—gritaron en este momento varias voces.

Comenzaron a pasar lista[92] en ambas compañías. En este instante se acercó el gitano Heredia para ver, como todos,
35 aquella formación* de soldados.

---

[88] **¿Cómo te va en nuestro cuerpo?** How are you getting along in our corps? [89] **fríamente** coolly. [90] **dejar de**, to cease to. [91] **¡a la formación!** fall in (line)! [92] **lista** list; **pasar lista** to call the roll.

Manuel vio al gitano y dio un paso atrás. Al mismo tiempo
Heredia fijó en él sus ojos[93]; y dando un grito terrible, comenzó a correr hacia la calle de San Jerónimo. Manuel
disparó una bala al gitano y trató de[94] huir, pero sus
5 compañeros le cogieron fuertemente y le quitaron el arma.*
—¡Está loco!—decía la gente.—Un soldado se ha vuelto
loco.
Los soldados y la gente rodearon a Manuel y no le dejaron
huir. Le hacían mil preguntas, pero él no contestaba nada.
10 Entretanto Heredia había sido preso[95] en la plaza de la universidad* por algunos estudiantes[96] que, viéndole correr, le
tomaron por un bandido.
—Llévenme a la Capitanía general—gritaba el gitano.—
Tengo que hablar con el conde del Montijo.
15 —¡Qué conde del Montijo!—le preguntaron.—Allí están los
soldados y ellos verán lo que deben hacer contigo.[97]
—Bueno—contestó Heredia.—Pero tengan ustedes cuidado
de que Parrón no me mate.
—¿Cómo Parrón? . . . ¿Qué dice este hombre?
20 —Vengan y verán.
Diciendo esto el gitano los llevó a donde estaba el comandante* de los soldados, y señalando a Manuel, dijo:
—Señor, ése es Parrón, y yo soy el gitano que dio sus señas al
conde del Montijo.
25 —¡Parrón! ¡Parrón! ¡Parrón está preso! ¡Un soldado era
Parrón!—gritaron muchas voces.
—No tengo la menor duda[98]—dijo el comandante, leyendo
las señas que le había dado el Capitán general.—¡Qué tontos
hemos sido! ¡Íbamos a buscar al bandido muy lejos de aquí,
30 y está con nosotros!
—El tonto he sido yo—exclamaba al mismo tiempo Parrón,
mirando con ojos de tigre* al gitano.
—¡Es el único hombre a quien he perdonado* la vida!
A la semana siguiente, ahorcaron a Parrón, y así se cumplió
35 al pie de la letra[99] la *buenaventura* del gitano Heredia.

---

[93] **fijó en él sus ojos** noticed him (*cast his eyes on him*). [94] **tratar de** to try
to. [95] **preso** caught. [96] **estudiante** student. [97] **contigo** with you. [98] **duda**
doubt. [99] **al pie de la letra** to the letter, precisely.

EXERCISES

1

A. *Answer orally:*

1. ¿Cómo se llamaba [*What was the name of*] el gitano?
2. ¿Cómo se llamaba el Capitán general?
3. ¿Sabemos cómo se llamaba el pobre padre?
4. ¿Cómo se llamaba el nuevo soldado?
5. ¿Quién era Parrón?
6. ¿Quién era López?
7. ¿Quién era Manuel?

B. *Change the following sentences to make them true:*

EXAMPLE: El gitano dio dos pasos adelante y dos atrás.
El gitano dio dos pasos adelante y uno atrás.

1. El conde era un hombre de muy mal humor.
2. El Capitán general se rió de Heredia.
3. El gitano había visto al bandido, pero no había hablado con él.
4. Los bandidos llevaron a Heredia por un camino conocido.
5. Heredia se levantó cuando el gitano se echó a reír.
6. El gitano estuvo un mes en poder de Parrón.
7. Al oír las lamentaciones del pobre padre, el segundo de Parrón le hizo una seña de que se fuese al instante.
8. Al día siguiente, Parrón llegó en un burro negro trayendo al mismo hombre.
9. Los ladrones le dieron la mitad del dinero que le habían robado.
10. Uno de los hombres de Parrón cogió la escopeta y le disparó dos balas al pobre hombre.
11. Era de día cuando Heredia desapareció entre los árboles.
12. Al huir, Manuel había sido preso por algunos estudiantes.

2

A. *Find the English cognate of each word below:*

aventura	carácter	Egipto	pirámide
bandido	cierto	estación	rico
banquero	consecuencia	frontera	sorpresa

B. *Form verbs from the following words:*

    EXAMPLE: admiración : **admirar** (*admiration : to admire*)

                asombro : **asombrar** (*astonishment : to astonish*)

captura	exclamación	pregunta
completo	imaginación	pronunciación
conversación	indicación	viaje
deseo	nombre	visita

C. *Give the basic words on which the following diminutives are built:*

caballerito	golpecito	sombrerillo
cerquita	guapito	vocecita

D. *Form diminutives of the following words by omitting the final vowel and adding the suffix* **-ito** (**-ita** *if feminine*); *give the English equivalents of the diminutives formed:*

chica (*additional change?*)	muchacho
chico	niña
Juan	niño
Juana	papel
muchacha	Pedro

E. *Give the English equivalents of the following idiomatic expressions, using the list of idioms at the end of this section:*

    1. El gitano se puso de pie.
    2. Ya le conozco.
    3. Su Excelencia pensará.
    4. ¿Será esta gente de Parrón?
    5. Yo soy de los tuyos.
    6. Parrón se echó a reír.
    7. El bandido me dio la mano.
    8. Todo fue en un abrir y cerrar de ojos.
    9. Ya me quites la vida, ya me la perdones, morirás ahorcado.
    10. Parrón montó a caballo y se fue.
    11. Aquí está lo más negro de la historia.
    12. Una tarde, a eso de las seis, volvieron a la cueva.
    13. Ahora voy de vuelta.

14. Parrón quiere decir la muerte.
15. Tengo hambre, tengo frío.
16. El pobre padre se puso de rodillas.
17. ¡Levántese, y en marcha!
18. El hombre volvió pies atrás.
19. Los ladrones se pusieron a hacer una sepultura para el muerto.
20. Ya era de noche.

2. TEMPRANO Y CON SOL[1]

1

El empleado[2] que despachaba[3] billetes[4] en la estación[5] del Norte de Madrid hizo un movimiento* de sorpresa cuando la infantil* vocecita pronunció en tono imperativo:*

—¡Dos billetes de primera para París!

Acercando la cabeza cuanto pudo, el empleado miró a la niña, y vio que era una morena[6] de once a doce años de edad, de ojos grandes y negros y de cabello también negro. Llevaba un vestido rico y bien cortado, y un sombrerillo que le sentaba a las mil maravillas.[7] La señorita traía de la mano a un caballerito de la misma edad, poco más o menos, que parecía pertenecer[8] a muy distinguida* clase* y a muy rica familia. El caballerito parecía asustado[9]; la señorita parecía alegre, con nerviosa* alegría. El empleado que despachaba los billetes sonrió al verlos y dijo en tono paternal:*

—¿Directo* o a la frontera?[10]   A la frontera son ciento cincuenta (150) pesetas, y . . .

—Ahí[11] va dinero—contestó la valiente señorita dando al empleado un portamonedas[12] abierto.

El empleado volvió a sonreír, y dijo con acento de sorpresa y compasión:*

---

[1] Bright and Early.   [2] **empleado** employee.   [3] **despachar** to sell, attend to.
[4] **billete** ticket.   [5]**estación** station (of a railway).   [6] **morena** brunette.   [7] **le sentaba a las mil maravillas** was admirably becoming to her.   [8] **pertenecer** to belong.   [9] **asustado** frightened.   [10] **frontera** frontier.   [11] **ahí = allí.**
[12] **portamonedas** purse.

—Aquí no hay bastante.

—¡Hay quince duros y tres pesetas!—exclamó la niña.

—No es bastante—repitió el empleado.—Pregunten ustedes a sus papás.*

5   Al decir esto el empleado, el niño se puso colorado[13] hasta las orejas; pero la niña, dando una impaciente* patada[14] en el suelo, gritó:

—¡Bien . . . pues entonces . . . un billete más barato!

—¿Cómo más barato? ¿billete de segunda? ¿de tercera?

10 ¿a una estación más próxima? ¿Escorial, Ávila?

—¡Ávila, sí, Ávila . . . justamente[15] Ávila!—respondió la chica.

Dudó el empleado un momento y al fin entregó los dos billetes, devolviendo[16] también el portamonedas.

15 Sonó la campana; los chicos corrieron; se metieron en el primer vagón[17] que vieron sin pensar en buscar un departamento* donde fuesen solos; y con gran asombro del turista* americano* que ya ocupaba un sitio en el mismo departamento, comenzaron a bailar.

2

20 ¿Cómo comenzó aquel amor? Pues comenzó del modo más sencillo, más inocente.* Comenzó por una manía.* Ambos eran coleccionistas.[18] ¿De qué? Ya os lo podéis imaginar* vosotros los que tenéis la edad de mis héroes.* El deseo de ser coleccionista viene entre los cuarenta y los sesenta años.

25 Es raro* encontrar un coleccionista muy joven; pero hay una excepción* a esta regla[19] general: la manía de reunir una colección* de sellos de correo[20] viene entre los diez y los quince años de edad. Es verdad, sin embargo, que hay personas* mayores y personajes muy graves que tienen la misma

30 manía.

---

[13] **colorado** red; **se puso colorado** blushed. [14] **dando una impaciente patada** stamping her foot impatiently; **patada** stamp of the foot.
[15] **justamente** that's it (*exactly*). [16] **devolver** to return, give back. [17]**vagón** coach. [18] **coleccionista** collector (*of curios*). [19] **regla** rule. [20] **correo** post office; **sellos de correo** postage stamps.

El papá de Finita, cuyo verdadero nombre era Serafina, y
la mamá de Currín, cuyo verdadero nombre era Francisco, se
conocían poco. No se visitaban a pesar de[21] vivir en la
misma casa: en el primer piso,[22] el papá de Finita, y en el
5 segundo piso, la mamá de Currín. Currín y Finita, en
cambio,[23] se encontraban muy a menudo[24] cuando él iba a su
clase y ella salía para su colegio[25]; pero no se habían fijado
bien el uno en el otro hasta cierta mañana en que Currín vio
que Finita llevaba bajo[26] el brazo un libro rojo,[27] ¡libro tantas
10 veces deseado y soñado por él! «Me debía haber comprado
mamá uno así, ¡caramba! El mío no es tan bonito.»
Currín rogó[28] a Finita que le enseñase el magnífico* álbum
de sellos. Ella se lo enseñó de buena gana.[29]
—Este sello es del Perú; ése es de Méjico; este otro es de los
15 Estados Unidos. Mira, aquí están todos los sellos de las
repúblicas* americanas; tengo la colección completa.*
—¡Ay! ¡Ay! ¡Caramba! ¡Qué bonito! Yo no tengo este
sello.
Por fin, al ver uno de la república de Liberia que le pareció
20 muy raro, dijo Currín a Finita:
—¿Me lo das?
—Toma—contestó ella con mucho gusto.
—Gracias, hermosa—contestó el galán.*
Finita, al oír el requiebro,[30] se puso del color de su libro, y
25 entonces Currín se fijó en que era muy guapa, sobre todo así,
colorada y con los ojos negros brillantes* de alegría.
—¿Sabes que te he de decir una cosa?—dijo el chico.
—Anda, dímela.[31]
—Hoy no.
30 La criada que acompañaba a Finita al colegio había es-
perado con paciencia* hasta aquel momento, pero ahora le
pareció que la conversación era demasiado larga, y pro-

---

[21] **a pesar de** in spite of. [22] **piso** floor, story. [23] **en cambio** on the other
hand. [24] **a menudo** often. [25] **colegio** school. [26] **bajo** under. [27] **rojo =
colorado.** [28] **rogar** to beg, request. [29] **de buena gana** willingly, gladly.
[30] **al oír el requirebro** on hearing the compliment. [31] **anda dímela** all right,
go ahead and tell me.

nunció un «vamos señorita» que significaba:* «Hay que ir al colegio.»

Currín se quedó admirando* su sello y pensando en Finita. Era Currín un chico dulce[32] de carácter* a quien le gustaban mucho los dramas tristes y las novelas* de aventuras[33] extraordinarias. También le gustaba mucho leer versos* y aprendérselos de memoria.* Siempre estaba pensando en algo raro y maravilloso; y de noche soñaba con cosas más maravillosas aún. Desde que coleccionaba[34] sellos, soñaba con viajes alrededor del mundo y por países desconocidos. Aquella noche soñó con un viaje a Terranova,[35] país de los sellos hermosos. Soñó que él y Finita se paseaban por una playa de aquel país glacial.

Al otro día se encontraron otra vez al bajar la escalera.[36] Currín llevaba algunos sellos para regalar[37] a Finita. En cuanto la dama* vio a su galán, sonrió y se acercó con misterio.*

—Aquí te traigo estos sellos de correo—dijo él.

Finita se puso un dedo[38] sobre los labios para indicar* al chico que no hablase delante de la criada. Currín, sin decir palabra, le entregó los sellos. Finita, sin duda, esperaba otra cosa, y acercándose a Currín le dijo al oído[39]:

—¿Y aquello?

—¿Aquello?

—Lo que me ibas a decir ayer.

Currín suspiró, miró al suelo y dijo:

—No era nada.

—¿Cómo nada?—dijo Finita furiosa.*—¡Qué idiota!* ¿Nada, eh?

Y el muchacho algo nervioso, apretando[40] entre sus dedos algunos sellos, se puso muy cerquita del oído de la niña,[41] y dijo suavemente:—Sí, era algo . . . quería decirte que eres . . . ¡muy guapita!

---

[32] **dulce** gentle. [33] **aventura** adventure. [34] **coleccionar** to collect.
[35] **Terranova** Newfoundland. [36] **escalera** stairway. [37] **regalar** to give (*as a gift*). [38] **dedo** finger. [39] **dijo al oído** whispered. [40] **apretar** to clasp, squeeze. [41] **se puso . . . niña** drew very close to the girl's ear.

Currín echó a correr escalera abajo[42] y desapareció; pero al
día siguiente escribió unos versos en que decía a Finita:

> Nace[43] el amor de la nada,
> De una mirada[44] tranquila.
> Al girar de una pupila[45]
> Se halla[46] un alma[47] enamorada.

Estos versos los sacó Currín de un libro; pero lo importante es que se sentía tal como los versos decían: enamorado,
muy enamorado.   No pensaba más que en Finita.   Se
compró una corbata[48] nueva, y suspiraba a solas.[49]

Al fin de la semana Finita y Currín eran novios en regla.[50]
La criada cerraba los ojos . . . o no veía, creyendo que allí
se hablaba sólo de sellos.   Ella también estaba enamorada
del portero.

Cierta tarde creyó el portero que soñaba.   ¿No era aquélla
la señorita Finita que iba sola con un bolsillo[51] al brazo?   ¿Y
no era aquél que iba detrás de la señorita el señorito Currín?
¿Y no se subían los dos en un automóvil?   ¡Por Dios, cómo
están los tiempos y las costumbres!   ¿Y a dónde irán?
¿Subiré a dar la noticia a sus padres?   ¿Qué hace en este caso
un hombre de bien?[52]

3

—Oye—dijo Finita a Currín apenas el tren se puso en
marcha—Ávila ¿cómo es?   ¿Muy grande?   ¿Bonita lo mismo
que París?

—No—respondió Currín con cierta duda.—Creo que es un
pueblo pequeño junto al mar.

—Pues entonces no debemos quedarnos allí.   Hay que
seguir hasta París, y también quiero ver las Pirámides* de
Egipto.*

---

[42] **echó . . . abajo** rushed headlong downstairs.   [43] **nacer** to be born.
[44] **mirada** look, glance.   [45] **al girar de una pupila** at the turn of an eye.
[46] **se halla** is (*finds itself*).   [47] **alma** soul.   [48] **corbata** necktie.   [49] **suspiraba
a solas** sighed when all alone.   [50] **novios en regla** regular sweethearts.
[51] **bolsillo** bag.   [52] **hombre de bien** honest man.

—Sí . . . dudó Currín . . . ¿y el dinero?

—¿El dinero?—contestó Finita.—Eres muy tonto; el dinero se pide prestado.⁵³

—¿Y a quién?

5 —A cualquiera.

—¿Y si no nos lo quieren dar?

—¿Y por qué, tonto? Yo tengo mi reloj de oro que empeñar.⁵⁴ Tú también tienes tu reloj de oro. Empeñamos los dos relojes. Podemos empeñar fácilmente otras cosas.

10 Además escribiremos a papá que nos envíe un . . . una letra.⁵⁵ Papá las está enviando cada día a todas partes.

—Tu papá estará⁵⁶ en este momento echando chispas,⁵⁷ y no nos mandará nada. Mi mamá también estará echando chispas . . . porque, Finita . . . hemos hecho mal . . . no

15 sé qué será de nosotros.

—Pues empeña tu reloj de oro. ¡Vamos a divertirnos⁵⁸ tanto en Ávila! Me llevarás al café y al teatro.

Cuando oyeron gritar: «¡Ávila! ¡Veinticinco minutos!» se bajaron muy aprisa del tren. La gente bajaba también y

20 todos se dirigían⁵⁹ con paso firme* a uno u otro lado de la estación; pero Currín y Finita no sabían qué hacer.

—¿Por dónde se va a Ávila?—preguntó Currín a un mozo⁶⁰ que no hizo más que reírse de ellos.

Se dirigieron a una puerta, entregaron sus billetes, y se

25 metieron en un automóvil que los llevó al Hotel Inglés. Entretanto el gobernador⁶¹ de Ávila acababa de recibir un telegrama* de Madrid para la captura* de los fugitivos.* La captura se hizo en toda regla,⁶² y los fugitivos fueron llevados sin pérdida⁶³ de tiempo del Hotel Inglés a Madrid.

30 Ambos fueron castigados⁶⁴: Finita fue puesta en un convento, y Currín en un colegio, de donde no se les permitió salir en todo un año, ni aun los domingos. Como consecuencia* de aquella tragedia* el papá de Finita y la mamá de

---

⁵³ **se pide prestado** one borrows. ⁵⁴ **empeñar** to pawn. ⁵⁵ **letra** draft.
⁵⁶ **estará** probably is. ⁵⁷ **chispa** spark; **echando chispas** raving (*spitting fire*). ⁵⁸ **divertirse** to enjoy oneself. ⁵⁹ **dirigirse a = ir a.** ⁶⁰ **mozo** servant.
⁶¹ **gobernador** governor. ⁶² **se hizo en toda regla** was made in due form.
⁶³ **pérdida** loss. ⁶⁴ **castigado** punished.

Currín tuvieron ocasión de hablarse y conocerse bien. El papá de Finita se fijó en lo bien conservada[65] que estaba la mamá de Currín, y ésta se fijó en que el banquero[66] tenía cualidades[67] excelentes, era hombre muy práctico* en los
5 negocios, y caballero muy galán con las damas. Su mutua[68] admiración* era mayor de día en día, y . . . no tenemos noticias exactas, pero creemos que Finita y Currín llegaron a ser . . .

—Marido y mujer, por supuesto.[69]
10 —No, hombre, no; hermanos políticos.[70]

3. LAS DOS GLORIAS*

Un día que el gran pintor[71] Pedro Pablo Rubens visitaba los templos[72] de Madrid, acompañado de sus discípulos,[73] entró en la iglesia de un humilde[74] convento.*

Poco o nada encontró que admirar el ilustre* artista* en
15 aquel pobre templo, y ya se iba cuando se fijó en cierto cuadro que estaba en un rincón.[75] Se acercó a él, y dio un grito de asombro.

Sus discípulos le rodearon al momento, preguntándole:

—¿Qué habéis encontrado, maestro?
20 —¡Mirad!—dijo Rubens, señalando al cuadro que tenía delante.

Los discípulos quedaron tan asombrados como el maestro. Representaba* aquel cuadro la muerte de un religioso. Era éste muy joven y bello, y estaba tendido[76] sobre el suelo, una
25 mano sobre una calavera,[77] la otra sobre el corazón, apretando un crucifijo.*

En el fondo[78] del cuadro se veía pintado otro cuadro, que

---

[65] se fijó en lo bien conservada noticed how well preserved. [66] banquero banker. [67] cualidad quality. [68] mutuo mutual. [69] por supuesto of course. [70] hermanos políticos stepbrother and stepsister. [71] pintor artist (painter). [72] templo shrine, church. [73] discípulo disciple, pupil. [74] humilde humble. [75] rincón corner. [76] tendido stretched out. [77] calavera skull. [78] fondo background.

parecía colgado[79] sobre la cama de donde el religioso había salido para morir con más humildad sobre el suelo.

Aquel segundo cuadro representaba a una difunta,[80] joven y hermosa, tendida en el ataúd.[81]

5 Nadie hubiera podido mirar estas dos escenas, contenida la una dentro de la otra, sin comprender que se explicaban y completaban recíprocamente. Un amor desgraciado,[82] una esperanza[83] muerta, un desengaño[84] de la vida: éste era sin duda el misterio de los dos dramas que encerraba aquel 10 cuadro. El color, la composición, todo revelaba[85] un genio[86] de primer orden.

—Maestro, ¿de quién puede ser este magnífico cuadro?— preguntaron a Rubens sus discípulos.

—En este sitio—respondió el maestro señalando con el 15 dedo—había sin duda un nombre escrito; hace pocos meses que ha sido borrado.[87] La pintura no tiene más de treinta años, ni menos de veinte.

—Pero el autor . . .

—El autor, según[88] el mérito* del cuadro, pudiera ser Veláz-20 quez, Zurbarán, Ribera, o el joven Murillo cuyas pinturas[89] admiro tanto. Pero Velázquez no siente de este modo. El color es diferente* del de Zurbarán; Murillo es más tierno[90]; Ribera es más sombrío.[91] Ese estilo[92] no pertenece a la escuela de uno ni a la del otro. La verdad es que yo no co-25 nozco al autor de este cuadro, y no he visto jamás obras suyas. Además, creo que el pintor desconocido, acaso ya muerto, que ha dejado al mundo tal maravilla, no perteneció a ninguna escuela de pintura, ni ha pintado[93] más cuadro que éste. Ésta es una obra de verdadera y pura inspiración,* un 30 asunto[94] personal, un pedazo de la vida . . . Pero . . . ¡qué idea! ¿Queréis saber quién ha pintado ese cuadro? Pues lo ha pintado ese mismo muerto que vemos en él.

—¡Eh! Maestro, ¿es posible?

---

[79] **colgado** hanging, suspended. [80] **difunta** dead woman. [81] **ataúd** coffin.
[82] **desgraciado** unfortunate. [83] **esperanza** hope. [84] **desengaño** disillusion.
[85] **revelar** to reveal. [86] **genio** genius. [87] **borrado** erased. [88] **según**
according to. [89] **pintura** painting. [90] **tierno** tender. [91] **sombrío** gloomy,
austere. [92] **estilo** style. [93] **pintar** to paint. [94] **asunto** matter.

—Sí, lo es.

—Pero ¿cómo es posible que un difunto haya podido pintar su propia muerte?

—Es muy posible que un vivo pueda imaginar o representar su propia muerte. Además, ¿no sabéis que entrar en ciertas órdenes religiosas es morir?

—Es verdad, pero . . . aquella difunta.

—Creo que aquella mujer que está en el fondo del cuadro era la vida del religioso que está tendido sobre el suelo; creo que cuando ella murió, él se creyó también muerto, y en verdad murió para el mundo; creo, en fin, que esta obra, más que el último instante de su héroe o de su autor (que sin duda son una misma persona) representa* una esperanza muerta, un desengaño de la vida.

—¿De modo que el autor de esta obra puede vivir todavía?

—Sí, señor; puede vivir todavía; y como ya ha pasado bastante tiempo, acaso el desconocido artista sea ahora un viejo muy gordo[95] y muy alegre. Por todo lo cual, ¡hay que buscarle! Debemos, sobre todo, saber si pintó más cuadros.

Diciendo esto, Rubens se dirigió a un religioso que estaba de rodillas delante de un altar, y le preguntó:

—¿Quiere usted decirle al padre superior que deseo hablarle de parte del rey?

El religioso, que era hombre de alguna edad, se levantó con dificultad,* y contestó con voz humilde:

—¿Qué me quiere usted? Yo soy el padre superior.

—Perdone, padre mío, esta interrupción*—contestó Rubens.—¿Puede usted decirme quién es el autor de este cuadro?

—¿De ese cuadro?—exclamó el religioso.—¿Qué pensaría usted de mí si le dijese que no me acuerdo?

—¿Cómo? ¿Lo sabía usted y lo ha olvidado?[96]

—Sí, hijo mío; lo he olvidado completamente.

—Padre,—dijo Rubens riéndose—¡qué mala memoria tiene usted!

---

[95] **gordo** fat. [96] **olvidar** to forget.

El religioso volvió a ponerse de rodillas ante[97] el altar sin hacerle caso.[98]

—¡Vengo en nombre del rey!—gritó el pintor.

—¿Qué más quiere usted, hermano mío?—contestó el
5 padre, levantando la cabeza.

—Comprar este cuadro.

—Ese cuadro no se vende.

—Pues bien, dígame dónde encontraré a su autor. Su Majestad desea conocerle, y yo necesito abrazarle, felicitarle,[99]
10 mostrarle[100] mi admiración y mi cariño.

—Todo eso es imposible. Su autor no está ya en el mundo.

—¡Ha muerto!—exclamó Rubens con desesperación.*

—El   maestro   tenía   razón—pronunció   uno   de   los
discípulos.—Ese cuadro está pintado por un difunto.

15 —¡Ha muerto!—repitió Rubens.—Nadie le ha conocido y se
ha olvidado su nombre. Su nombre debió ser inmortal.*
¡Su nombre que debió ser más grande que el mío! ¡Sí, el mío!
. . . padre . . . continuó el artista con noble orgullo.—
¡Porque yo soy Pedro Pablo Rubens!

20   Al oír este nombre, conocido en todo el universo, escrito
en cien cuadros religiosos, verdaderas maravillas del arte, el
padre se levantó lleno de sorpresa y entusiasmo.*

—¡Ah! ¡Me conocía usted!—exclamó Rubens con infantil
satisfacción.*—¡Me alegro! Así será menos malo conmigo.
25 ¿Me vende usted el cuadro?

—Es imposible.*

—Pues bien, ¿sabe usted de alguna otra obra de ese gran
pintor? ¿Sabe usted su nombre? ¿No podrá recordarlo?
¿Quiere decirme cuándo murió?

30 —Usted me ha comprendido mal—dijo el padre.—He dicho
que el autor de esa pintura no pertenece al mundo; pero eso
no significa que haya muerto.

—¡Oh! ¡vive! ¡vive!—exclamaron todos los pintores.—
Queremos conocerle.

35 —¿Para qué? El infeliz[101] ha dejado el mundo, y nada tiene

---

[97] ante before, in front of. [98] sin hacerle caso without paying any attention to him. [99] felicitar to congratulate. [100] mostrar to show. [101] infeliz poor wretch.

que ver con[102] los hombres. ¡Nada! ¡Dejadle morir en paz!
—¡Oh!—dijo Rubens.—¡Eso no puede ser, padre mío! ¿En
qué convento está el gran artista? Yo iré a buscarle y le de-
volveré al mundo. ¡Oh! ¡Cuánta gloria le espera!

5   —Pero . . . ¿si él no quiere tal gloria?
—Si él no quiere volver al mundo, yo iré a ver al Papa[103]; él le
dirá que vuelva.
—¡El Papa!—exclamó el religioso.
—Sí, padre; conozco al Papa—dijo Rubens.

10 —No diría el nombre de ese pintor aunque lo recordase.
Tampoco diré el nombre del convento en que está.
—¡Lo dirá usted al rey y al Papa!—respondió Rubens con
desesperación.—Yo hablaré con ellos.
—¡Oh! ¡No lo hará usted! ¡Haría muy mal, señor Rubens!

15 Llévese usted el cuadro si quiere, pero deje en paz al artista.
¡Sí! Yo he conocido, yo he amado, a ese pintor, a ese gran
hombre, como usted le llama, a ese infeliz, como yo le llamo;
pero hoy está cerca de la suprema* felicidad.[104] ¡La gloria!
¿Cree usted que ese hombre, antes de dejar el mundo, antes

20 de renunciar[105] a la fama,* al amor, a la juventud,[106] al poder
y a las riquezas,[107] no ha tenido una terrible lucha[108] dentro
de su corazón? Los desengaños del mundo le llevaron al
conocimiento de la mentira[109] de las cosas humanas. ¿Y
ahora quiere usted volverle a la lucha? Déjele en paz, señor

25 Rubens.
—Pero, ¡eso es renunciar a la inmortalidad!*—gritó Rubens.
—No; eso es buscar la inmortalidad por otro camino.
—¿Y con qué derecho[110] habla usted por el artista?
—Lo hago con el derecho de un hermano mayor, de un

30 maestro, de un padre; porque todo eso soy para él. ¡Lo hago
en el nombre de Dios!
   Diciendo esto, el religioso se cubrió la cabeza y se fue andando a lo largo del[111] templo.
—Vámonos—dijo Rubens.—Ya sé lo que debo hacer.

---

[102] **tiene que ver con** has to do with.   [103] **el Papa** the Pope.   [104] **felicidad**
happiness.   [105] **renunciar** to renounce.   [106] **juventud** youth.   [107] **riquezas**
riches.   [108] **lucha** struggle.   [109] **mentira** deceit, falsehood.   [110] **derecho**
right.   [111] **a lo largo de** the length of.

—¡Maestro!—exclamó uno de los jóvenes, que durante la conversación anterior había estado mirando alterna- tivamente* al cuadro y al religioso,—¿No cree usted, como yo, que el padre superior se parece muchísimo al joven que
5 se muere en este cuadro?

—¡Es verdad!—exclamaron los otros.

—El maestro tenía razón cuando nos dijo que ese religioso muerto era a un mismo tiempo retrato[112] y obra de un re- ligioso vivo.
10 —¡Él es . . . sí!—dijo Rubens, mirando aún al viejo que de- saparecía al otro extremo del templo.—Vámonos; ese hombre tiene razón. Su gloria es más grande que la mía. ¡Dejémosle en paz!

Y dirigiendo una última mirada al cuadro que tanto había
15 admirado, salió del templo y se fue a Palacio donde el rey le esperaba para comer.

Tres días después volvió Rubens enteramente[113] solo al templo para contemplar* una vez más la maravillosa pintura, y para hablar, si fuese posible, con el autor. Pero el cuadro
20 no estaba en su sitio. En cambio, vio que en el centro* del templo estaba un ataúd en el suelo, rodeado[114] de muchos re- ligiosos que cantaban.

Rubens se acercó para mirar la cara del muerto, y vio que era el padre superior.
25 —¡Gran pintor fue!—exclamó luego que la sorpresa y el dolor le dejaron hablar.—¡Ahora es cuando más se parece a su obra!

4. LA CAMISA DEL HOMBRE FELIZ

1

Manolo, ¿quieres que te cuente un cuento[115] para ti solo? Voy a darte gusto, pero te pido una cosa: no mires en estas

---

[112] **retrato** portrait.   [113] **enteramente** entirely.   [114] **rodeado** surrounded.
[115] **contar un cuento** to tell a story.

páginas sólo un recuerdo de quien te quiere mucho; mira
también una lección de quien se interesa* por ti más todavía.
Eres rico y noble, y te ha dado Dios una inteligencia* clara;
pero cree, Manolo, que ninguna de estas cosas hace la vida
5   más feliz y más buena. Sólo tu corazón podrá darte la felicidad, si lo conservas, como hasta ahora, generoso* y bueno.
Dijo un poeta:

> En mí tengo la fuente de alegría,
> Siempre la tuve . . . ¡Yo no lo sabía!

10   Sábelo, pues, desde ahora, y no lo olvides nunca. Así los
desengaños de la vida no tendrán que enseñarte la profunda*
verdad que este cuento enseña: *El corazón que nada desea
ni teme, es el solo que posee*[116] *la felicidad.*

2

No sé si leí este cuento, ni recuerdo tampoco si me lo con-
15   taron, o si lo soñé en alguna noche de insomnio.*
Es lo cierto que allá en los tiempos de Mari-Castaña[117]
vivía en la Arabia Feliz el rey Bertoldo I, llamado el Grande
por ser el más gordo[118] de todos los reyes de aquella época.
Su Majestad era muy perezoso[119] y se pasaba la vida tendido
20   en un sofá* fumando,[120] mientras sus esclavas[121] le espan-
taban[122] las moscas con enormes abanicos[123] de pluma, y sus
esclavos le cantaban al son[124] de una música extraña[125] en un
idioma todavía más extraño:

> Maka-kachú, Maka-kachú
25   > Sank-fú, Sank-fú
> Chiriví-kó-kó.

Sucedió, pues, que esta grandísima pereza[126] le ocasionó a
su Majestad una enfermedad[127] extraña; porque créemelo,

---

[116] **poseer** to possess.   [117] **es lo . . . Mari-Castaña** the fact is that long,
long ago.   [118] **por ser el más gordo** on account of being the fattest.
[119] **perezoso** lazy.   [120] **fumar** to smoke.   [121] **esclava** female slave.
[122] **espantar** to frighten.   [123] **abanico** fan; **abanico de pluma** feather fan.
[124] **son** sound; **al son de** to the sound of.   [125] **extraño** strange.   [126] **pereza**
laziness.   [127] **enfermedad** illness.

Manolo, la pereza es la causa* de muchas enfermedades extrañas. Fue necesario llamar a los mejores médicos del mundo.

Un médico alemán[128] dijo que su Majestad se moriría si no
5 tomaba tres gotas de cierta medicina* muy fuerte cada siete años; y pronunció en su idioma el nombre de la terrible enfermedad. El doctor Hall, graduado* en Oxford, dijo que aquella enfermedad se llamaba en inglés *spleen*, y que los hijos de la blanca Albión[129] se curaban[130] de ella disparán-
10 dose una bala en la cabeza. Un médico de París dijo que tal enfermedad se llamaba en su idioma *ennui*[131] y que se curaba fácilmente en su país con bailes y música. Un médico español dijo que era bien conocida la enfermedad en su país, pero que nadie moría de ella. Bastaría,[132] según él, para
15 curar a su Majestad, ponerle a hacer surcos en el campo doce horas diarias, y no espantarle las moscas con abanicos de pluma, sino con un buen látigo.[133]

Se pusieron en práctica* las recetas,[134] excepto* las del inglés y el español, por ser la una demasiado radical, y la otra
20 demasiado cruel. Mas su Majestad empeoraba[135] de día en día, y ya estaba a las puertas de la muerte.

Entonces ofrecieron mucho oro, muchas riquezas y mucho poder a cualquier hombre o mujer que devolviese la salud al rey; pero nadie venía al Palacio con la medicina deseada, y
25 los cortesanos[136] comenzaron a abandonar* los salones de Bertoldo I para ocupar los del futuro* Bertoldo II.

Ya parecía perdida toda esperanza, cuando una tarde vino a Palacio un hombrecillo montado en un burro. Llevaba un libro y un paraguas[137] rojo. Se bajó a las puertas del Palacio y
30 dijo que era un médico israelita,* y que venía a curar al rey. Salieron a recibirle todos los cortesanos y los grandes, cuyas cabezas sin cabellos presentaban* a lo lejos como un inmenso panorama de melones blancos. Inmediatamente* le llevaron a la habitación del rey. Estaba éste boca arriba res-

---

[128] alemán German.   [129] los hijos de la blanca Albión = los ingleses.
[130] curar to cure.   [131] ennui (*French*), boredom.   [132] bastar to suffice.
[133] látigo whip, lash.   [134] receta prescription.   [135] empeorar to grow worse.
[136] cortesano courtier.   [137] paraguas (para + aguas) umbrella.

pirando con gran dificultad; tenía puesta la corona[138] de oro, y sobre su enorme abdomen estaba sentado su gato[139] favorito.

El médico examinó* muy despacio[140] y con gran cuidado a su Majestad; luego hizo algunos signos extraños sobre él;

5 tomó un gran alfiler[141] y lo metió en la cabeza del paciente,* pero éste no dio señal alguna[142] de vida.

—Su Majestad tiene la cabeza vacía[143]—exclamó el israelita.

Después le metió el alfiler en el corazón, y el rey no hizo el menor movimiento.

10 —Su Majestad tiene el corazón de corcho[144]—dijo entonces el médico.

Después le metió el alfiler en el estómago,[145] y su Majestad dio un grito terrible. Los cortesanos se espantaron; algunos cayeron boca abajo gritando: «¡Sólo Alá es grande!», y el gato

15 favorito huyó con la cola[146] en el aire. Sólo el médico israelita quedó inmóvil.[147]

—Su Majestad ha trabajado mucho con el estómago—dijo.

—La sabiduría[148] habla por tu boca—respondió el primer ministro.*

20 El médico abrió entonces un libro extraño en que se veían pintados los signos del Zodíaco.* Hizo sobre él algunos movimientos misteriosos,* y dijo al fin que el rey moriría sin duda si antes que llegase la luna llena no se ponía la camisa de un hombre feliz.

25 Los cortesanos creyeron la receta muy sencilla, y abandonaron inmediatamente los salones del futuro Bertoldo II para volver a los del presente Bertoldo I. El mismo rey sintió gran esperanza, y con la esperanza más hambre que el día anterior; así es que su Majestad pudo comer aquella tarde un

30 buen biftec,[149] tres pollos,[150] pan, vino, fruta y otras cositas que se publicaron[151] en *La Gaceta*[152] *de la corte*.

El primer ministro reunió aquella misma noche el Consejo

---

[138] **corona** crown.   [139] **gato** cat.   [140] **despacio** slowly.   [141] **alfiler** pin.   [142] **no dio señal alguna** gave no sign whatever.   [143]**vacío** empty, hollow.
[144] **corcho** cork.   [145] **estómago** stomach.   [146] **cola** tail.   [147] **inmóvil** motionless.   [148] **sabiduría** wisdom.   [149] **biftec** (*beefsteak*), steak.   [150] **pollo** chicken.
[151] **publicar** to publish.   [152] **gaceta** gazette: *La gaceta de la corte*, The Court Gazette.

del Estado[153] para decidir el estilo de la camisa, y si era necesario que fuese una camisa limpia. La discusión del Consejo del Estado fue muy animada. Un viejo interrumpió el debate preguntando cuál de ellos era el hombre feliz que había
5 de dar[154] la camisa. Todos se quedaron en silencio al oír tal pregunta, y uno después de otro abandonaron el salón sin decir palabra, porque ninguno creía su camisa capaz[155] de producir tan maravillosos resultados.[156]

Entonces el primer ministro publicó en *La Gaceta de la*
10 *corte* una orden mandando a todos los hombres felices de la capital que se presentasen en Palacio; pero nadie vino, y entretanto la luna crecía[157] poco a poco. Se publicó la misma orden en todas las ciudades y pueblos con el mismo resultado. Nadie vino a Palacio.

15 El primer ministro estaba desesperado,[158] porque con la muerte de Bertoldo I perdería su empleo.[159] Por eso salió en persona a buscar la camisa deseada; pero en vano fue desde el Mar Bermejo (*Red*) hasta el Golfo de Persia, y en vano* pasó varios días viajando por el desierto.[160] ¡Ninguno creía
20 ser feliz[161] en aquella nación* que lleva el hermoso nombre de la Arabia Feliz!

Un día se sentó el primer ministro al pie de un árbol. Estaba muy cansado y muy triste. De repente se levantó un viento[162] fuerte y el primer ministro tuvo que meterse en una
25 cueva. Dentro de la cueva encontró a un viejo que le ofreció agua y fruta.*

—¿Qué buscas en este desierto?—preguntó el viejo.

—Busco al hombre feliz que no he encontrado en la corte—contestó el primer ministro.

30 —¡Alá es grande!—dijo el viejo.—Yo soy feliz.

—¿Tú?—exclamó el primer ministro asombrado.—¿Tú eres feliz?

—¡Alá es grande!—repitió el viejo.

---

[153] **Consejo del Estado** Cabinet (*Council of State*). [154] **que había de dar** who was to give. [155] **capaz** capable. [156] **resultado** result. [157] **crecer** to grow. [158] **desesperado** desperate, frantic. [159] **empleo** position, employment. [160] **desierto** desert, wilderness. [161] **creía ser feliz** thought he was happy. [162] **viento** wind.

—¿Pero cómo eres feliz en esta cueva?

—Porque no deseo otra ni temo perder ésta.

—¿Pero dónde encuentras tú la felicidad?—preguntó el primer ministro sin comprender la profunda respuesta del
5 viejo.

—Dentro de mí mismo.

Entonces el primer ministro, lleno de alegría, le entregó unas monedas de oro, y le pidió su camisa. Pero . . . ¡oh sorpresa! ¡oh desengaño cruel!
10   ¡El hombre feliz no tenía camisa!

EXERCISES

3

A. *Match the words of the first column with those of the second; those of the third with those of the fourth:*

Words Related in Meaning		Words Opposite in Meaning	
amar	amor	comprar	borrar
bello	cuadro	conocido	desconocido
cariño	hermoso	escribir	discípulo
conocer	muerta	joven	inmortal
contestar	mundo	juventud	mentira
difunta	pobre	maestro	primero
humilde	querer	mortal	recordar
iglesia	responder	olvidar	vejez
pintura	saber	último	viejo
universo	templo	verdad	vender

B. *Finish the incomplete statements in accordance with the text:*

1. Rubens encontró un ____ en una iglesia humilde. 2. En el fondo del cuadro ____ pintado otro cuadro. 3. El pintor ____ a ninguna escuela de pintura. 4. El entrar en ciertas órdenes religiosas es ____. 5. La mujer que se veía en el fondo del cuadro era ____. 6. ____ dijo que el autor del cuadro no estaba ya en el mundo. 7. El religioso había ____ y ____ al autor del

cuadro.   8. Rubens se acercó al ataúd para ____.   9. Los desengaños del mundo llevaron al pintor al ____ de las cosas humanas.   10. El padre se parecía mucho al ____.

C. *Answer with brief Spanish phrases:*

1. ¿Quién pintó el magnífico cuadro?
2. ¿Sabían los otros religiosos quién era el autor de la maravillosa pintura?
3. ¿Quién era la difunta que se veía en el fondo del cuadro?
4. ¿Por qué camino buscaba la inmortalidad el autor del cuadro?
5. ¿Por qué no quiso el padre superior decir el nombre del autor?
6. ¿A quién se parecía el joven que se moría en el cuadro?
7. ¿Cuántos cuadros había pintado este autor desconocido?
8. ¿Se llevó Rubens el cuadro?
9. ¿Conocía bien Rubens al rey?
10. ¿Quién regresó con Rubens tres días después?
11. ¿Quién había muerto?

4

A. *Use the following phrases in simple Spanish sentences:*

en los tiempos de Mari-Castaña	dar un grito
poner en práctica	meterse en una cueva
los hijos de la blanca Albión	

B. *Build sentences, using the following words:*

EXAMPLE: ser . . . gordo
No soy muy gordo.

1. leer . . . cuento . . . escuela
2. espantar . . . moscas . . . abanico
3. cantar . . . son . . . música extraña
4. hacer . . . surcos . . . campo
5. empeorar . . . estudios . . . días
6. estar . . . puertas . . . muerte
7. llevar . . . paraguas . . . sombrero
8. dormir . . . boca arriba
9. tener . . . cabeza vacía

C. *Answer with brief Spanish phrases:*

1. ¿Quién despachaba los billetes?
2. ¿Cuántos años tenía la niña? ¿el caballerito?
3. ¿Cuánto valía el billete a la frontera?
4. ¿Cuánto dinero les faltaba?
5. ¿A dónde querían ir?
6. ¿Cómo se llamaba la niña? ¿el caballerito?
7. ¿Cuál era el verdadero nombre de la niña? ¿del caballerito?
8. ¿Vivían en la misma ciudad?
9. ¿Cuál de ellos tenía el álbum de sellos?
10. ¿Qué contestó Currín al recibir el sello de la república de Liberia?
11. ¿Dónde está Liberia?
12. ¿Qué le dijo Currín a Finita?
13. ¿Sabía la criada que eran novios?
14. ¿Por qué no quería Finita quedarse en Ávila?
15. ¿A dónde quería ir ella?
16. ¿Empeñaron sus relojes?
17. ¿A qué hotel se dirigieron?
18. ¿Quién los halló allí?
19. ¿Se casaron al fin?
20. ¿Quiénes se casaron?

Idioms Used in the Text

poniéndose de rodillas	kneeling
se puso de pie	stood up
se echó a reír	burst out laughing
no hay remedio	it can't be helped
caerse de espaldas	to fall on one's back
soy de los tuyos	I am one of you
en seguida	immediately
en un abrir y cerrar de ojos	in the twinkling of an eye
montó a caballo	got on his horse
de vez en cuando	from time to time, occasionally
a eso de las seis	about six o'clock
voy de vuelta	I am on my way back
quiere decir	means
volvió pies atrás	retraced his steps

había dado en la cuerda	had struck the rope
decía a los suyos	was saying to his men
se pusieron a hacer	began to make
se ha quedado con	has kept
cuando se trata de	when it is a question of
¡a la formación!	fall in line!
pasar lista	to call the roll
al pie de la letra	literally, to the letter
se puso colorado	blushed
de buena gana	willingly
echó a correr escalera abajo	rushed headlong downstairs
a solas	all alone
un hombre de bien	an honest man
el tren se puso en marcha	the train started
se pide prestado	one borrows
echando chispas	raving (spitting fire)
no sé qué será de nosotros	I do not know what will become of us
se hizo en toda regla	was made in due form
lo bien conservada que estaba	how well preserved she was
por supuesto	of course
sin hacerle caso	without paying any attention to him
nada tiene que ver con	has nothing to do with
a lo largo de	the length of
en cambio	on the other hand
es lo cierto que	the fact is that
de día en día	from day to day
boca arriba	face up
boca abajo	face downward

4 Aventuras de Gil Blas

AVENTURAS DE
GIL BLAS

Aventuras de Gil Blas, *the fourth part of our series of graded Spanish readers, is a narrative following rather closely Padre Isla's* Historia de Gil Blas de Santillana.

That a picaresque novel by the Frenchman Alain-René Lesage is the original of Isla's version is no longer controversial matter; but it is perhaps well to recall that at least one fifth of Lesage's book is taken from the Vida del escudero Marcos de Obregón *by Vicente Espinel, and that he borrowed copiously from other Spanish picaresque novels. Characters, situations, environment, are all Spanish.*

By this point in the book, students should have learned not to be too dependent on the end-vocabulary. They should learn to infer and even to guess. However, certain words are similar in appearance to English, but their meaning is different, and they are not true cognates. These are never marked with an asterisk, as are true cognates, and can be very deceiving. For example: **honesto** *may not mean* honest, *but* modest; **honestidad** *not* honesty, *but* modesty. *All doubtful cognates are listed in the vocabulary, where "guesses" can be confirmed.*

1.   NACIMIENTO[1] DE GIL BLAS
Y SU EDUCACIÓN*

Blas de Santillana, mi padre, después de haber servido muchos años en los ejércitos[2] de España, se volvió al pueblo donde había nacido. Allí se casó con una aldeana,[3] y yo nací al mundo diez meses después que se habían casado.

5   De Santillana pasaron mis padres a vivir a Oviedo donde ambos encontraron trabajo. En Oviedo vivía un hermano mayor de mi madre, llamado Gil Pérez, el cual era sacer-

---

[1] **nacimiento** birth. [2] **ejército** army. [3] **se casó con una aldeana** married a small-town girl.

112

dote.[4] Éste me llevó a su casa cuando yo era niño, y me
enseñó a leer; y más tarde me envió a la escuela del doctor
Godínez para estudiar la lengua[5] latina* con este maestro
que pasaba por el pedagogo más hábil[6] que había en Oviedo.

5   Aprendí tanto en esta escuela, que al cabo de cinco o seis
años entendía un poco los autores griegos,[7] y bastante bien
los autores latinos.* Estudié, además, la lógica,* que me
enseñó a pensar y argumentar* sin término.[8] Me gustaban
mucho las disputas,* y detenía[9] a los que encontraba por la

10 calle, conocidos o desconocidos, para proponerles cues-
tiones[10] y argumentos.*

De esta manera* me hice famoso* en toda la ciudad, y mi
tío[11] estaba muy orgulloso[12] de mí. Un día me dijo:

—Gil Blas, ya no[13] eres niño; tienes diecisiete años, y Dios te

15 ha dado habilidad.* Voy a enviarte a la universidad* de Salamanca, donde con tu clara* inteligencia* llegarás a ser[14] un
hombre de importancia.* Para tu viaje te daré dinero y una
buena mula* que podrás vender en Salamanca.

Mi tío no podía proponerme cosa más de mi gusto, porque

20 yo tenía ganas de ver el mundo; pero no mostré mi gran
alegría. Al contrario,* cuando llegó la hora de partir, puse
una cara tan triste que mi tío me dio más dinero del que me
habría dado si hubiese mostrado alegría.

Antes de montar en mi mula fui a dar un abrazo a mi padre

25 y a mi madre, los cuales me dieron no pocos consejos.[15] Me
repitieron* muchas veces que viviese cristianamente,[16] y
sobre todo que no tomase jamás lo ajeno[17] contra[18] la voluntad[19] de su dueño, y que no engañase a nadie. Después
de haberme hablado largamente, me dieron la única cosa que

30 podía esperar de ellos: su bendición.[20] Inmediatamente*
monté en mi mula y salí de la ciudad.

---

[4] **sacerdote** priest. [5] **lengua** language, tongue. [6] **el pedagogo más hábil**
the most able schoolmaster. [7] **griego** Greek. [8] **sin término** endlessly.
[9] **détener** to stop, halt. [10] **cuestión** question (*problem*). [11] **tío** uncle.
[12] **orgulloso** proud. [13] **ya no** no longer. [14] **llegarás a ser** you will become.
[15] **consejo** piece of advice; **consejos** advice. [16] **cristianamente** like a
Christian. [17] **lo ajeno** what belongs to another. [18] **contra** against.
[19] **voluntad** will. [20] **bendición** blessing.

2. PRIMERA AVENTURA
DE GIL BLAS

Aquí me tienes, lector,[21] ya fuera de Oviedo, camino de
Peñaflor, en medio de los campos, dueño de mi persona,* de
una mala mula, y de cuarenta ducados[22] que me había dado
mi buen tío.

5   La primera cosa que hice fue dejar a mi mula andar a su
gusto. Saqué[23] mis ducados y comencé a contarlos dentro
del sombrero. ¡Qué alegría! Jamás me había visto con tanto
dinero; lo veía, lo tocaba, y volvía a tocarlo.[24]

Estaba contando una vez más mi dinero cuando la mula se
10   paró asustada en medio del camino. Levanté los ojos y vi en
medio del camino un sombrero, y al mismo tiempo oí una voz
triste que decía estas palabras:

—Señor, tenga usted piedad[25] de un pobre soldado, y tenga
la bondad[26] de echar algunas monedas de plata[27] en ese som-
15   brero; Dios se lo pagará en el otro mundo.

Volví los ojos hacia donde venía la voz, y vi, a veinte o
treinta pasos de mí, una especie de soldado, que sobre dos
palos cruzados[28] tenía una escopeta más larga que una
lanza,[29] con la cual me apuntaba a la cabeza.[30] Comencé a
20   temblar de miedo. Cogí mi dinero, lo metí en mi bolsillo, y
quedándome en las manos con[31] algunas monedas de plata,
las eché poco a poco, una a una, en el sombrero, para mostrar
mi generosidad* a aquel soldado. Éste quedó satisfecho,[32] y
me dió tantas gracias como yo di golpes a mi mula para
25   hacerla correr, pero el maldito animal, burlándose de mi
impaciencia,* caminaba paso a paso.[33] La vieja costumbre de
caminar despacio bajo el peso[34] de mi tío, le había hecho olvidarse[35] de lo que era el galope.*

---

[21] **lector** reader (*person*). [22] **ducado** ducat (*a gold coin worth about a
dollar*). [23] **sacar: saqué** I took out. [24] **volvía a tocarlo** I would touch it
again (*kept touching it*). [25] **piedad** pity. [26] **tenga la bondad** have the
kindness (*please*). [27] **plata** silver. [28] **palos cruzados** crossed sticks.
[29] **lanza** lance. [30] **me apuntaba a la cabeza** was pointing at my head.
[31] **quedándome . . . con** keeping (*retaining*). [32] **satisfecho** satisfied.
[33] **caminaba paso a paso** traveled at a snail's pace (*step by step*). [34] **peso**
weight. [35] **le había hecho olvidarse** had made it forget.

Esta aventura me pareció un mal principio[36] para un viaje tan largo. Podían sucederme otras peores antes de llegar a Salamanca; pero llegué felizmente a Peñaflor, y allí decidí* vender mi mula.

3. GIL BLAS EN PEÑAFLOR

5 Me paré a la puerta de una posada[37] que tenía bella apariencia.* Apenas eché pie a tierra[38] cuando el dueño de la posada salió a recibirme con mucha cortesía,* y él mismo me llevó a un cuarto mientras sus criados llevaban la mula a la caballeriza.[39]

10 El dueño de la posada era el mayor hablador[40] de Asturias. Me dijo que se llamaba Andrés Corzuelo, que había servido al rey en el ejército, y que se había casado con una muchacha de Castropol bastante bella; y después de contarme una infinidad* de cosas inútiles,[41] me preguntó quién era yo, de 15 dónde venía, y a dónde caminaba. A cada pregunta me hacía una profunda reverencia rogándome muy respetuosamente[42] que le perdonase su curiosidad.*

Yo me vi obligado[43] a contestar punto por punto a todas sus preguntas. Le hablé del motivo* de mi viaje y del deseo que 20 tenía de deshacerme de[44] mi mula y seguir mi viaje con algún arriero.[45]

Andrés Corzuelo me lo aprobó[46] todo, representándome* todos los accidentes* que me podían suceder y relatándome* mil historias.* Pensé que nunca acabaría, pero al fin acabó 25 diciéndome que él conocía a un hombre de bien quien acaso compraría la mula. Yo le respondí que tendría mucho gusto en conocerle,[47] y él mismo en persona salió a buscarle.

No tardó en[48] volver acompañado* de un hombre a quien

---

[36] **principio** beginning.   [37] **posada** inn.   [38] **apenas eché pie a tierra** I had barely set foot on ground.   [39] **caballeriza** stable.   [40] **hablador** talker.
[41] **infinidad de cosas inútiles** countless useless things.   [42] **respetuosamente** respectfully.   [43] **me vi obligado** I was obliged.   [44] **deshacerme de** to get rid of.   [45] **arriero** muleteer, mule driver.   [46] **aprobar** to approve.   [47] **tendría mucho gusto en conocerle** should be glad to meet him.   [48] **no tardó en** was not long in.

me presentó* como el más honrado⁴⁹ del mundo. Entramos
en la caballeriza donde estaba mi mula. La pasearon⁵⁰ repetidas* veces delante de aquel hombre, quien con mucha
atención* la examinó* con cuidado. Habló muy mal de ella,

5 hallándole cuantos defectos* puede tener un animal,
mirando de vez en cuando a Andrés Corzuelo, quien apro-
baba cuanto decía.

—¿Cuánto pide usted por su mula?—me preguntó fríamente.

Yo, que la hubiera dado de balde⁵¹ después de oír la lista*

10 de todos sus defectos y ver la aprobación* del señor Corzuelo, quien me parecía hombre honrado, inteligente y sincero,* le respondí:

—Como hombre de bien, usted me dará lo que valga⁵² la
mula.

15 Él me contestó:

—Soy hombre de mucha conciencia,* y me ha tocado usted
en mi lado flaco.⁵³

Y en verdad no era su lado fuerte, porque en vez de los
diez o doce ducados que, según mi tío, valía la mula, no tuvo

20 vergüenza en⁵⁴ darme sólo tres ducados, que yo recibí tan
alegre como si hubiese ganado mucho en aquel trato.⁵⁵

Después de haberme deshecho de⁵⁶ mi mula, Andrés Corzuelo me llevó a casa de un arriero que el día siguiente había
de partir⁵⁷ para Astorga. El arriero me dijo que pensaba

25 salir⁵⁸ muy temprano, y que él tendría cuidado de⁵⁹ despertarme. Quedamos de acuerdo⁶⁰ en lo que yo le había de
pagar por comida y mula, y me volví a la posada en
compañía* de Corzuelo, el cual comenzó a contarme por el
camino toda la historia del arriero y cuanto de él se decía⁶¹ en

---

⁴⁹ **honrado** honest, honorable. ⁵⁰ **la pasearon** they made it walk (*paraded
it*). ⁵¹ **de balde** gratis, free of charge. ⁵² **valer: lo que valga**
what . . . might be worth. ⁵³ **me ha tocado usted en mi lado flaco** you
have touched me in my weak point (*weak side*). ⁵⁴ **vergüenza** shame; **no
tuvo vergüenza en** was not ashamed to. ⁵⁵ **trato** deal, trade. ⁵⁶ **deshacer:
deshecho (de)** got rid (of). ⁵⁷ **había de partir** was to depart. ⁵⁸ **pensaba
salir** intended to leave. ⁵⁹ **tendría cuidado de** would attend to.
⁶⁰ **quedamos de acuerdo** we agreed. ⁶¹ **cuanto de él se decía** all that was
said about him.

el pueblo; pero gracias a Dios que le interrumpió un hombre de buen aspecto,* quien se acercó a él y le saludó con mucha cortesía.   Yo los dejé hablando y seguí mi camino sin pensar que yo pudiese tener parte* alguna en su conversación.*

5   Luego que llegué a la posada pedí de cenar.⁶² Era viernes⁶³ y por eso pedí una tortilla de huevos.⁶⁴ Mientras la preparaban* me puse a conversar* con la mujer de Andrés Corzuelo, quien me pareció bastante linda.⁶⁵ Cuando me dijeron que la tortilla estaba lista,⁶⁶ me senté a la mesa solo.

4. GIL BLAS, LA OCTAVA MARAVILLA DEL MUNDO

10   No bien⁶⁷ había comido el primer bocado,⁶⁸ entró Corzuelo en compañía de aquel hombre con quien se había parado a hablar en el camino.   El tal⁶⁹ caballero, que podía tener⁷⁰ treinta años, traía al lado una espada.⁷¹ Acercándose a mí con cierto aire alegre y risueño⁷² me dijo:

15   —Señor mío,⁷³ acabo de saber que usted es el señor Gil Blas de Santillana, la honra⁷⁴ de Oviedo.   ¿Es posible que sea usted aquel sabio,⁷⁵ aquel ilustre* joven cuya fama* es tan grande en todo este país?

Luego, dirigiéndose a Andrés Corzuelo y su linda mujer:

20   —Vosotros no sabéis qué hombre tenéis en casa.   Tenéis en ella una maravilla.   En este caballero estáis viendo⁷⁶ la octava maravilla del mundo.

Volviéndose después a mí, y abrazándome, continuó*:

—Excuse* usted mis entusiasmos.   No soy dueño de mí 25   mismo ni puedo contener⁷⁷ la alegría que me causa* su presencia.*

No pude responderle pronto,⁷⁸ porque me tenía abrazado

---

⁶² **pedí de cenar** I ordered supper.   ⁶³ **viernes** Friday.   ⁶⁴ **tortilla de huevos** (egg) omelette.   ⁶⁵ **lindo** pretty, attractive.   ⁶⁶ **listo** ready.   ⁶⁷ **no bien** no sooner . . . than.   ⁶⁸ **bocado** mouthful.   ⁶⁹ **el tal** the said.   ⁷⁰ **que podía tener** who looked to be.   ⁷¹ **espada** sword.   ⁷² **risueño** smiling. ⁷³ **señor mío** my dear sir.   ⁷⁴ **honra** honor.   ⁷⁵ **sabio** scholar, sage.   ⁷⁶ **estáis viendo** you are looking at.   ⁷⁷ **contener** to restrain.   ⁷⁸ **pronto** right away.

tan fuertemente que apenas podía yo respirar, pero luego que pude hablar le dije:

—Nunca creí que mi nombre fuese conocido en Peñaflor.

—¿Qué llama usted conocido? Nosotros tenemos un libro
5 en que se encuentran las señas de todos los grandes personajes que nacen en esta región. Usted tiene fama de ser un prodigio,* y no dudo que algún día dará a España tanta gloria* como los siete sabios dieron a Grecia.[79]

A estas palabras siguió un nuevo abrazo más fuerte aún
10 que el primero. Mis pocos años y mi vanidad* me hicieron creer sus alabanzas.[80] Me pareció un hombre de bien y muy sincero, y le convidé[81] a cenar conmigo.

—Con mucho gusto—me contestó prontamente. Doy gracias a mi buena estrella[82] por haberme dado a conocer al
15 ilustre señor Gil Blas, y no quiero perder la ocasión* de estar en su compañía lo más que me sea posible. A la verdad[83] no tengo gran apetito,* y me sentaré a la mesa sólo por hacerle compañía,[84] y comeré algunos bocados para mostrarle cuánto aprecio[85] el honor.

20 Se sentó, pues, enfrente* de mí. Le trajeron un cubierto[86] y se arrojó a la tortilla[87] con tanta prisa como si hubiera estado tres días sin comer. Yo, viendo que se la comía toda, mandé hacer otra. La trajeron, la pusieron en la mesa cuando acabábamos (mejor dicho, cuando él acababa) de comer la pri-
25 mera. El hombre se arrojó a la segunda tortilla, y entre bocado y bocado[88] hacía alabanzas de mi persona, las cuales me sonaban muy bien. Bebía repetidas veces a mi salud, a la salud de mi padre y a la de mi madre, celebrando[89] su fortuna* en ser padres de tal hijo. Al mismo tiempo echaba
30 vino en mi vaso y yo también bebía muy contento.*

Me sentía de tan buen humor, que viendo desaparecer la

---

[79] **Grecia** Greece. [80] **alabanza** praise. [81] **convidar** to invite. [82] **estrella** star; **doy gracias a mi buena estrella por haberme dado a conocer** I thank my lucky star for having made known to me. [83] **a la verdad** in truth, really. [84] **por hacerle compañía** to keep you company. [85] **apreciar** esteem. [86] **cubierto** cover (*table service*). [87] **se arrojó a la tortilla** pounced upon the omelette. [88] **entre bocado y bocado** between mouthfuls. [89] **celebrar** to rejoice at.

segunda tortilla, pregunté a Corzuelo si tenía algún pescado,[90] y él me contestó:

—Tengo una excelente* trucha,[91] pero costará cara[92] a los que
la coman, y es bocado demasiado delicado* para usted.

5 —¿Qué llama usted *demasiado delicado?*—contestó mi
compañero.—Traiga usted la trucha. Ningún bocado es
demasiado delicado para el señor Gil Blas de Santillana, la
honra de Oviedo, la octava maravilla del mundo. Merece[93]
ser tratado como un rey.

10 Me gustó mucho aquella contestación,[94] y dije, enojado,[95] a
Corzuelo:

—Venga[96] la trucha, y otra vez piense más en lo que dice.

Corzuelo, que no deseaba otra cosa, hizo cocer la trucha,[97]
y al poco rato la puso en la mesa. A vista[98] del nuevo plato*
15 brillaron de alegría los ojos de mi compañero, quien se arrojó
a la trucha del mismo modo que se había arrojado a las tor-
tillas. En fin, después de haber comido y bebido hasta más
no poder,[99] se levantó de la mesa y me habló de esta manera:

—Señor Gil Blas de Santillana, estoy tan contento de lo bien
20 que usted me ha tratado, que no puedo irme sin darle un importante* consejo. Desconfíe[100] de todo hombre a quien no
conozca, y no se deje engañar por las alabanzas. Podrá usted
encontrarse con otros como yo, que quieran divertirse a
costa* de su credulidad,* y puede suceder que las cosas
25 pasen más adelante.[101] No sea usted ridículo* ni crea que es
la octava maravilla del mundo.

Diciendo esto y riéndose de mí, me volvió la espalda[102] y
se fue. Yo sentí esta burla tanto como cualquiera de las
mayores desgracias[103] que me sucedieron después.

30 —¿Es posible—me decía yo—que ese hombre se haya burlado de mí?[104] ¡Ah, pobre Gil Blas! ¡Tus padres te dijeron

---

[90] **pescado** fish (*when caught*). [91] **trucha** trout. [92] **costará cara** will be expensive (*will cost dear*). [93] **merecer** to deserve, merit. [94] **contestación** answer.
[95] **enojado** angry. [96] **venir; venga** let's have (*let come*). [97] **hizo cocer la
trucha** had the trout cooked. [98] **a vista de** at the sight of. [99] **hasta más no
poder** to the utmost, to the limit. [100] **desconfiar** to distrust. [101] **que las cosas
pasen más adelante** that matters will go farther. [102] **me volvió la espalda**
turned his back on me. [103] **desgracia** misfortune. [104] **se haya burlado de mí**
has been making fun of me.

que no engañases a nadie!   ¿Por qué no te dijeron que no te
dejases engañar?[105]

Entré en mi cuarto y me metí en la cama, pero no pude
dormir en toda la noche.   El arriero vino muy temprano a
5 despertarme.   Me levanté prontamente, y mientras estaba
vistiéndome, vino Andrés Corzuelo con la cuenta,[106] en la
cual no se olvidaba de la trucha; y no solamente tuve que
pagar por todo, sino que también tuve el dolor de ver que
Corzuelo sonreía aún recordando la burla de la noche an-
10 terior.

5.   GIL BLAS HUYE DEL TORMENTO[107]

No era yo solo el que había de caminar con el arriero.   Iban
también un muchacho de Mondoñedo, un caballero de Astorga, y una joven del Vierzo con quien éste acababa de casarse.[108]   En muy poco tiempo nos hicimos amigos,[109] y cada
15 uno contó a dónde iba y de dónde venía.   Aunque la novia
estaba en lo mejor de su edad,[110] era de tan poca gracia,[111] que
no me daba gusto el mirarla.

Llegamos por la tarde a Cacabelos y paramos en una posada que está a la entrada[112] del lugar.   Nos condujeron[113] a
20 un cuarto interior donde nos dieron de cenar[114] muy tranquilamente*; pero al fin de la cena vimos entrar al arriero,
furioso* como un demonio,[115] echando chispas por los ojos,[116]
y gritando:

—¡Por vida de quien soy![117]   Me han robado todo mi dinero.
25 Ahora mismo voy a ver al juez[118] para que dé tormento a todos
hasta que se descubra[119] el ladrón.

---

[105] **que no te dejases engañar** not to let yourself be deceived.   [106] **cuenta**
bill, check (*for a meal eaten*).   [107] **tormento** torture.   [108] **acababa de
casarse** had just married.   [109] **nos hicimos amigos** we became friends.
[110] **en lo mejor de su edad** in the prime of life.   [111] **gracia** charm.
[112] **entrada** entrance.   [113] **conducir: condujeron** took, led.   [114] **nos dieron de
cenar** they gave us supper.   [115] **demonio** demon, devil.   [116] **echando
chispas por los ojos** his eyes sparkling with fury.   [117] **¡Por vida de quien
soy!** Upon my very soul!   [118] **juez** judge.   [119] **descubrir** to reveal.

Diciendo esto, se salió muy enojado del cuarto, deján-
donos muy asombrados; pero a nadie le ocurrió* que aquéllo
podía ser una ficción.* Por el contrario, yo sospeché[120] que
el ladrón era el muchacho de Mondoñedo; y él sospechó lo
5   mismo de mí. Todos éramos unos pobres simples[121] que no
sabíamos las formalidades* que preceden* en semejantes
casos a la prueba[122] del tormento, y no dudamos que el juez
nos daría tormento para sacarnos la verdad.[123]

Poseídos[124] del miedo nos escapamos[125] a toda prisa, y yo
10 me encontré solo en el campo, donde seguí huyendo hasta
llegar a[126] un bosque. Iba a entrar en él para esconderme[127]
allí cuando de repente vi dos hombres a caballo que se
pararon delante de mí.

—¿Quién va allí?—gritaron.

15 Y como el miedo y la sorpresa no me dejaban hablar ni mo-
verme, acercándose ellos más, cada uno me puso al pecho
una pistola,* mandándome al mismo tiempo que les dijese
quién era, de dónde venía, y qué iba yo a hacer en aquel
bosque.

20 Yo respondí humildemente que era un pobre estudiante
de Oviedo, que iba a continuar mis estudios* en Salamanca.
Les conté lo que nos acababa de suceder, confesando* sen-
cillamente que el miedo del tormento me había hecho huir.
Dieron una gran carcajada,[128] y uno de ellos me dijo:

25 —No tengas miedo, querido; vente[129] con nosotros, y no
temas; te esconderemos. Diciendo esto, me hizo montar en
su caballo, y nos metimos en el bosque.

No sabía yo qué pensar de tal encuentro[130]; pero no me
parecía cosa mala.

30 —Si estos hombres fuesen ladrones—me decía yo a mí
mismo—ya me habrían robado, y acaso asesinado* también.

---

[120] **sospechar** to suspect.   [121] **unos pobres simples** poor simpletons.
[122] **prueba** test, trial.   [123] **para sacarnos la verdad** to get the truth out of us.
[124] **poseídos de** driven by (*possessed with*).   [125] **escaparse** to escape,
run away.   [126] **seguí huyendo hasta llegar a** I kept on fleeing until I
arrived at.   [127] **esconderse** to hide (*oneself*).   [128] **carcajada** guffaw; **dieron
una gran carcajada** burst out laughing.   [129] **venir: vente** come along.
[130] **encuentro** meeting, encounter.

Serán unos[131] buenos caballeros de esta tierra, que, viendo mi temor,[132] han tenido lástima de mí, [133] y me llevan a su casa.

No me duró[134] mucho la duda.   Después de algunas
5 vueltas, con grandísimo silencio,* llegamos al pie de una colina.[135]

—Aquí hemos de dormir[136]—dijo uno de los caballeros.

Yo volvía los ojos a todas partes, pero no veía ni casa, ni cabaña,[137] ni la más pequeña señal de habitación.   De re-
10 pente vi que aquellos dos hombres levantaron una gran trampa de madera,[138] cubierta de tierra y hierba, que ocultaba[139] una entrada subterránea* por donde los caballos bajaron por sí solos.   Los caballeros me hicieron entrar con ellos, y dejaron caer la trampa.

6. LO QUE GIL BLAS VIO
EN LA CUEVA

15 Entonces comprendí entre qué especie de gente me hallaba, y comencé a temblar de pies a cabeza, porque estaba seguro de que iba a perder la vida y mis pobres ducados; y mirándome como una víctima* conducida al sacrificio,* caminaba más muerto que vivo.

20 Habíamos andado unos doscientos (200) pasos, siempre bajando y dando vueltas, cuando entramos en una especie de caballeriza.[140]   Había en ella abundantes* provisiones* y sitio para unos veinte caballos.   Vino a atarlos un negro muy viejo, pero muy fuerte.   Salimos de la caballeriza, y a la triste
25 luz de una linterna[141] pude ver el horror de aquella cueva.

Por fin llegamos a la cocina[142] donde una vieja estaba preparando la cena.   No faltaba nada[143] en aquella cocina.   La

---

[131] **serán unos** they are probably some.   [132] **temor** fear.   [133] **han tenido lástima de mí** have taken pity on me.   [134] **durar** to last.   [135] **colina** hill, elevation.   [136] **aquí hemos de dormir** we are to sleep here.   [137] **cabaña** cabin, hut.   [138] **trampa de madera** wooden trapdoor.   [139] **ocultar** to hide, conceal.   [140] **caballeriza** stable.   [141] **linterna** lantern.   [142] **cocina** kitchen.   [143] **no faltaba nada** nothing was lacking.

cocinera[144] era una mujer horrible, de unos sesenta (60) años, acaso más, sus cabellos, sin duda, habían sido rubios[145]; tenía la cara amarilla y flaca, los labios secos,[146] los ojos rojos, la nariz[147] tan larga que casi tocaba la boca con la punta.[148]

5 —Señora Leonarda—dijo uno de los caballeros, presentándome a aquel bello ángel de la muerte—aquí le traemos a este chico.

Y volviéndose después a mí, y viéndome temblar, me dijo: —¡Querido, no tengas miedo, pues no queremos hacerte 10 mal; sólo deseamos que ayudes a nuestra cocinera; te encontramos, y esa ha sido tu fortuna. Ocuparás* el sitio de un muchacho que murió hace quince días, porque era muy delicado. Me parece que tú eres algo más fuerte, y no morirás tan pronto. A la verdad no volverás a ver el sol,[149] pero en 15 cambio, comerás bien y tendrás una cama cómoda. Pasarás la vida con la señora Leonarda, quien es una criatura[150] muy amable* y humana.* Tendrás todo cuanto necesites, y ya verás que no has venido a vivir entre gente miserable.

Tomó una luz y me mandó que le siguiese. Me llevó a una 20 bodega[151] donde vi una infinidad de botellas* llenas de vinos exquisitos.* Me hizo pasar después por muchos cuartos, unos llenos de ropa[152] fina,* otros llenos de joyas[153] y mil objetos* de oro y plata. Le seguí después a una sala[154] grande, bien alumbrada,[155] y allí me hizo varias preguntas. Entre 25 otras cosas me preguntó mi nombre, mi edad, por qué había salido de Oviedo, y quiénes eran mis padres. Luego que hube satisfecho su curiosidad, me dijo: —Bueno, Gil Blas, puesto que[156] sólo saliste de tu casa para buscar una buena colocación,[157] parece que tienes muy 30 buena suerte,[158] porque vas a vivir con nosotros. Ya te lo he dicho; aquí vivirás en la abundancia*; nadarás en oro[159] y

---

[144] **cocinera** cook (*female*). [145] **rubio** blond, fair. [146] **seco** dry, thin.
[147] **nariz** nose. [148] **punta** point, tip. [149] **no volverás a ver el sol** you will not see the sun again. [150] **criatura** creature. [151] **bodega** cellar, storeroom.
[152] **ropa** clothing, garments. [153] **joyas** jewels. [154] **sala** hall, reception room.
[155] **alumbrado** lighted. [156] **puesto que** since. [157] **colocación** position, employment. [158] **suerte** luck, fortune. [159] **nadar** to swim; **nadarás en oro** you will wade in gold.

plata, y estarás muy contento. Sólo nosotros conocemos la
entrada de esta cueva. Sin duda tú me preguntarás cómo
hemos podido construir este enorme* subterráneo sin que lo
supiese la gente[160]; pero no ha sido obra nuestra, sino de
5 muchos siglos.[161] Después que los moros[162] tomaron a
Granada, Aragón, y casi toda España, los cristianos* que no
quisieron vivir bajo su gobierno,[163] huyeron y se escondieron
en este país, en Vizcaya y Asturias. Los fugitivos* vivían en
los bosques y en las montañas,[164] unos escondidos en cuevas
10 naturales, y otros en subterráneos que ellos mismos construyeron, y éste es uno de tantos. Después que los cristianos arrojaron de España a sus enemigos, se volvieron a sus
ciudades y sus pueblos, y desde entonces estos subterráneos sirven de refugio* a los hombres de nuestra pro-
15 fesión.* Yo, gracias al cielo, hace quince años que vivo en
éste sin haber sido descubierto. Soy el capitán Rolando, el
jefe[165] de la compañía, y el otro que viste conmigo es uno de
mis compañeros.

7. LLEGAN OTROS LADRONES
AL SUBTERRÁNEO

No bien había dicho estas palabras el capitán,* cuando
20 aparecieron[166] en la sala seis caras nuevas. Eran su teniente[167] y otros cinco de la compañía. Traían dos grandes
bolsas[168] llenas de diversos objetos.* El teniente, dirigiéndose al capitán, le dijo que le habían robado a un arriero de
Benavente aquellas bolsas y también la mula en que las lle-
25 vaba. El teniente dio cuenta de[169] su expedición,* y el
capitán mandó poner la mesa[170] en la sala. A mí me enviaron
a la cocina para que la tía[171] Leonarda me dijese lo que debía
hacer.

---

[160] **sin que lo supiese la gente** without people knowing it.   [161] **siglo**
century.   [162] **moro** Moor.   [163] **gobierno** government.   [164] **montaña**
mountain.   [165] **jefe** chief, leader.   [166] **no bien había dicho estas palabras el
capitán, cuando aparecieron** no sooner had the captain said these
words than there appeared.   [167] **teniente** lieutenant.   [168] **bolsa** bag.   [169] **dio
cuenta de** gave a report of.   [170] **poner la mesa** to set the table.   [171] **tía** aunt.

Puse en la mesa la sopa,[172] a cuya vista todos ocuparon sus asientos. Los ladrones comenzaron a comer con mucho apetito, y yo estaba de pie para servirles el vino. El capitán les contó en pocas palabras mi historia de Cacabelos, con la cual
5 se divirtieron mucho y dieron grandes carcajadas. Les dijo que yo era un muchacho inteligente y de muchas habilidades[173]; pero yo, acordándome de la burla de Peñaflor, oí aquellas alabanzas sin creerlas. Todos estaban de acuerdo[174] en que yo valía mil veces más que mi predecesor.*
10 Después de la sopa puse en la mesa un gran plato de carne. Los ladrones comieron y bebieron muchísimo, se pusieron de muy buen humor, y comenzaron a hacer mucho ruido. Hablaban todos al mismo tiempo. Uno comenzaba una historia,[175] otro le interrumpía con un chiste[176]; uno cantaba, otro
15 gritaba, otro daba una gran carcajada. El capitán Rolando, un poco enojado, levantó la voz y todos callaron.[177]

—Señores,—les dijo—atención a lo que voy a proponer. En vez de[178] hablar todos al mismo tiempo, ¿no sería mejor divertirnos como personas de juicio?[179] Desde que vivimos
20 juntos nunca hemos tenido la curiosidad de informarnos unos a otros[180] de qué familia o casa somos, ni de la serie* de aventuras por donde vinimos a abrazar esta profesión. Me parece que cada cual debe contar la historia de su vida para diversión* y provecho[181] de los demás.
25 El teniente y los demás aceptaron* con grandes demostraciones* de alegría la proposición* del capitán, y le rogaron que él fuese el primero. El capitán aceptó con todo gusto y tomó la palabra[182] durante largo tiempo en que todos le escucharon[183] silenciosos.* Cuando el señor Rolando acabó de
30 hablar, tomó la palabra el teniente, y después de él otro ladrón y luego otro. En fin, todos los ocho ladrones tomaron

---

[172] **sopa** soup. [173] **habilidades** accomplishments. [174] **todos estaban de acuerdo** everyone agreed. [175] **uno comenzaba una historia** one would begin a story. [176] **chiste** joke, jest. [177] **callar** to be silent. [178] **en vez de** instead of. [179] **personas de juicio** sensible people. [180] **informarse unos a otros** inform one another. [181] **provecho** benefit, profit. [182] **tomó la palabra** took the floor. [183] **escuchar** to listen to.

la palabra, y cuando los hube oído a todos, no me asombré de[184] verlos juntos.

Cambiaron luego de conversación, y propusieron[185] varios proyectos[186] para la próxima campaña,[187] y al poco rato cada uno se retiró* a su cuarto. Yo seguí al capitán Rolando al suyo, y mientras le ayudaba me dijo:

—Gil Blas, ya ves nuestro modo de vivir. Siempre estamos alegres y muy unidos.[188] Ahora comienzas, hijo mío, a gozar[189] una vida muy agradable.*

EXERCISES

1

A. *Find words in the text closely related in form to the following words, and give the meaning of each:*

abrazar	cristiano	importante	tener
alegre	Grecia	inmediato	tristeza
argumento	habilidad	orgullo	viajar

B. *Write a short paragraph using as many of the words from A as possible.*

C. *Find words in the text related in meaning to the following:*

aldea	hallar	mandar	nunca
colegio	ir	modo	partir
fin	maestro	moneda	problema

D. *Give the present indicative and subjunctive of the following verbs:*

abrazar	ir	partir
alegrar	jurar	tener
argumentar	mandar	viajar
hallar		

---

[184] **asombrarse (de)** to be astonished (at).   [185] **proponer: propusieron** they proposed.   [186] **proyecto** plan.   [187] **campaña** campaign.   [188] **unidos** in harmony.   [189] **gozar** to enjoy.

E. *Answer in brief Spanish phrases:*

1. ¿Con quién se casó el padre de Gil Blas?
2. ¿Dónde encontraron trabajo los padres de Gil Blas?
3. ¿Quién vivía en el mismo sitio?
4. Quién era Gil Pérez?
5. ¿Qué profesión tenía Gil Pérez?
6. ¿Quién enseñó a Gil Blas a leer?
7. ¿Sabemos cómo se llamaba la madre de Gil Blas?
8. ¿Quién era el doctor Godínez?
9. ¿Qué estudió Gil Blas en la escuela?
10. ¿Qué le gustaba?
11. ¿Por qué fue Gil Blas a Salamanca?
12. ¿Qué recibió Gil Blas de sus padres?
13. ¿Por qué, al partir, puso una cara muy triste?
14. ¿Qué consejos le dieron a Gil Blas?
15. ¿Cómo se fue Gil Blas para Salamanca?

F. *Complete, using the correct prepositions:*

1. Gil Pérez llevó _____ Gil Blas _____ su casa _____ enseñarle _____ leer.
2. Gil Blas detenía _____ los que encontraba _____ la calle.
3. Gil Pérez estaba orgulloso _____ Gil Blas.
4. Los padres de Gil Blas viajaron _____ Santillana _____ Oviedo _____ ambos encontraron trabajo.
5. Gil Blas montó _____ su mula _____ salir _____ la ciudad.

2

A. *Answer in the briefest manner possible:*

1. ¿Fue solo Gil Blas a Peñaflor?
2. ¿Estaba muy contento de sí?
3. ¿Quién estaba en el camino?
4. ¿Llevaba armas el soldado?
5. ¿Le dio Gil Blas todo su dinero?
6. ¿Dónde echó algunas monedas?
7. ¿Quedó satisfecho el soldado?
8. ¿Caminaba muy aprisa la mula?
9. ¿Por qué no caminaba muy aprisa?
10. ¿Le sucedió a Gil Blas otra aventura en el camino?

B. *Complete in as brief a way as possible:*

1. Gil Blas era dueño de . . .
2. En el camino de Peñaflor sacó su dinero y . . .
3. Volvió los ojos hacia donde venía la voz y vio . . .
4. La escopeta del soldado era más larga que . . .
5. Gil Blas comenzó a temblar de . . .
6. El viaje de Gil Blas era muy . . .
7. Gil Blas cogió su dinero, se lo metió en el bolsillo y . . .
8. Gil Blas dió golpes a su mula pero . . .
9. Gil Blas llegó felizmente a . . .
10. En Peñaflor decidio . . .

C. *Answer in Spanish:*

1. Who was Blas de Santillana?
2. In what army did he serve for many years?
3. Who was a priest?
4. How old was Gil Blas when he left Oviedo?
5. Did he get money from his parents?
6. How many silver coins did he get for his trip?
7. Was Gil Blas used to so much money?
8. Who says to Gil Blas "have pity"? When?
9. Who laughed at Gil Blas' impatience?
10. What did he plan to sell in Peñaflor?

3

A. *Mention words you already know that belong to the same word-families as the words in the lists:*

EXAMPLE: **caballeriza** *stable,* **caballo** *horse,* **caballero** *gentleman, knight* (originally *man on horseback*)

acuerdo	conversar	fríamente	pasear
caminar	cortesía	hablador	tardar
comida	deshacer	inútil	valer

B. *Write one positive and one negative sentence with each of the words of* A.

C. *Employ the following elements correctly in making statements that apply to yourself at the present time; negative statements are permissible.*

1. echar pie a tierra . . . mi automóvil . . . (*stops*).
2. ser . . . hablador . . . clase.
3. contar (o *becomes* ue) . . . infinidad de . . . inútiles, porque . . . (*manage to praise yourself*).
4. verse obligado a . . . (*devise a take-off on some member of the class*).
5. deshacerse (*conjugated like* hacer) de . . . libro (*when I need money*) . . .
6. aprobar (o *becomes* ue) todo si (*I am in a hurry*) . . .
7. tener . . . gusto en conocerle (*or* conocerla).
8. dar de balde . . . (¿consejos? ¿tiempo? ¿oro?).
9. ser hombre de bien, porque . . . (*tell why you think so*).
10. tener vergüenza de (*to have received*) . . . una nota (*grade*) tan mala.

D. *Tell who:*

1. Se paró a la puerta de la posada.
2. Salió a recibirle.
3. Le llevó a su cuarto.
4. Llevaban la mula a la caballeriza.
5. Había servido al rey en el ejército.
6. Buscó al hombre para comprar la mula.
7. Compró la mula.
8. Había de partir para Astorga al día siguiente.
9. Quedaron de acuerdo.
10. Pidió de cenar.

E. *Tell what:*

1. Tenía bella apariencia.
2. Valía diez o doce ducados.
3. La pasearon repetidas veces.
4. Fue vendida por tres ducados.
5. Por ser viernes Gil Blas pidió una de huevos.

4

A. *Complete the following idiomatic expressions:*

1. El profesor acaba de . . .
2. Tú tienes fama de . . .

3. Se arrojó a . . .
4. Me gusta . . .
5. Usted se rió de . . .
6. Hice cocer . . .
7. No puedo menos de . . .
8. Tuvimos que . . .

B. *Formulate questions for the following answers:*

1. El tal caballero podía tener treinta años.
2. Entró cuando Gil Blas no había comido el primer bocado.
3. Las alabanzas del hombre.
4. Los siete sabios dieron mucha gloria a Grecia.
5. Bebía a la salud de Gil Blas.
6. El hombre se arrojó también a la segunda tortilla.
7. Las alabanzas le sonaban bien a Gil Blas.
8. Este joven merece ser tratado como un rey.
9. Ahora Gil Blas desconfía de todo hombre desconocido.
10. Gil Blas se metió en la cama.

5

A. *Expand the following infinitive phrases in making statements about yourself. Make some negative statements.*

1. acabar de casarse con . . . (*describe him or her*).
2. dar de comer . . . (*to whom? how often?*).
3. echar chispas por los ojos . . . (*tell the cause or when*).
4. dar tormento . . . (*use the future tense in some threat*).
5. escaparse a toda prisa porque . . .
6. dar una gran carcajada y mis compañeros (*asked me what was the matter*).
7. tener miedo cuando . . .
8. meterse en . . . (*where? when?*)
9. tener lástima . . . (*on whom? why?*)
10. Tener un compañero. (*whom? for what reason?*)

B. *Tell something about:*

1. Las personas que caminaban con el arriero.
2. Lo que se contaron.
3. Algunas señas de la novia.
4. La furia del arriero.
5. El robo.

6. La entrada de Gil Blas en la posada.
7. La huída [*flight*] de Gil Blas.
8. Los dos hombres que andaban por el bosque.
9. Las sospechas de Gil Blas.
10. La llegada de los ladrones a la cueva.

6

A. *Make* **nosotros** *the subject and expand the following:*

EXAMPLE: hallarse
Nos hallábamos muy cansados.

1. dar varias vueltas . . . (*past absolute tense*).
2. volver a ver . . . (*future tense*).
3. hacer preguntas . . . (*to whom?*) . . .
4. tener buena suerte . . . (*always or only occasionally?*).
5. nadar en oro y plata . . . (*when?*)

B. *Answer in Spanish:*

1. ¿Qué temía perder Gil Blas?
2. ¿Cómo caminaba?
3. ¿Qué había en la caballeriza?
4. ¿Era grande la caballeriza?
5. ¿Quién ataba los caballos?
6. ¿Quién preparaba la cena?
7. ¿Cuántos años tenía la cocinera?
8. ¿Era bonita?
9. ¿En dónde dormía Gil Blas?
10. ¿Quiénes conocían la entrada de la cueva?
11. ¿Con qué luz alumbraban la cueva?
12. ¿Quiénes la construyeron? ¿Cuándo?
13. ¿Quién era el jefe de la compañía?
14. ¿Cómo se llamaba el jefe?
15. ¿Cuántos años había vivido en la cueva?

7

A. *Use the following phrases in complete sentences:*

poner la mesa
dar cuenta de
estar de pie

tomar la palabra
cambiar de conversación
hablar al mismo tiempo

dar grandes carcajadas   hacer chistes
estar de acuerdo   modo de vivir

B. *Answer in Spanish:*

1. ¿En dónde comían los ladrones?
2. ¿Por qué estaban tan
   contentos?
3. ¿Qué comían?
4. ¿Qué hacían además de
   comer?
5. ¿De qué hablaban?

6. ¿Quiénes hablaban?
7. ¿Se conocían muy bien
   unos a otros?
8. ¿Querían a Gil Blas?
9. ¿Por qué?
10. ¿Eran alegres y unidos los
    ladrones?

8. GIL BLAS TRATA
DE ESCAPARSE

Después que el capitán hizo esta alabanza de su honrada
profesión, se metió en la cama. Yo quité la mesa y puse
todas las cosas en su lugar. Fui después a la cocina, donde
Domingo, (así se llamaba el negro), y la tía Leonarda me es-
5 peraban cenando.[1]

Aunque no tenía hambre, me senté a la mesa. No podía
comer un solo bocado. Domingo y la tía Leonarda, viéndome tan triste, trataban de consolarme,* pero sus palabras
contribuían* más a mi desesperación[2] que a mi consuelo.[3]
10 —¿Por qué estás tan triste, hijo mío?—me preguntó la tía
Leonarda.—Debes alegrarte de tu buena suerte. Eres
joven, y pareces bueno y dócil[4]; en el mundo pronto te perderías; aquí está segura tu inocencia.*

—Tiene razón la tía Leonarda—dijo Domingo con una voz
15 muy grave.—En el mundo no se encuentran más que cuidados. Da muchas gracias a Dios, amigo mío, porque te ha
librado[5] para siempre de los peligros[6] del mundo y los cuidados de la vida.

---

[1] **me esperaban cenando** were waiting at the supper table for me.
[2] **desesperación** despair.   [3] **consuelo** consolation.   [4] **dócil** docile, obedient.
[5] **librar** to free; **te ha librado** God has delivered you.   [6] **peligro** danger.

Sufrí con paciencia* aquellos discursos[7] que no me daban ninguna esperanza. En fin, Domingo, después de haber comido y bebido bien, se fue a su caballeriza. La tía Leonarda cogió una linterna y me llevó a un cuarto muy feo que servía de cementerio* a los ladrones que morían de muerte natural, donde vi una cama que más parecía sepultura que cama.

—Éste es tu cuarto—me dijo la tía Leonarda, pasándome la mano por la cara.[8]—El mozo cuyo sitio tienes el honor de ocupar, durmió en esa cama el tiempo que vivió entre nosotros, y sus huesos[9] descansan debajo de[10] ella. Él se murió en la flor[11] de su edad; no seas tú tan tonto que imites[12] su ejemplo.

Diciendo esto me entregó la linterna y se volvió a la cocina. Puse la linterna en el suelo y me arrojé sobre aquella cama miserable, no para descansar sino para pensar.

—¡Oh cielos!—exclamé.*—¿Habrá situación* más infeliz que la mía? ¿No veré jamás la cara del sol? ¡Enterrado[13] vivo a los dieciocho años de mi vida, me veo obligado a pasar el día entre ladrones, y la noche entre los muertos! ¿Sera imposible encontrar modo de escaparme de aquí? Los ladrones duermen profundamente, la cocinera y el negro también. Mientras todos estén dormidos, ¿no podré yo, con esta linterna, hallar el camino por donde bajé a esta cueva infernal? No sé si tendré bastante fuerza[14] para levantar la trampa que cubre la entrada; sin duda mi desesperación me dará las fuerzas que necesito.

Habiendo tomado esta resolución,[15] me levanté cuando me pareció que Leonarda y Domingo podían ya estar dormidos. Cogí la linterna, salí de mi cuarto, di varias vueltas[16] hasta que por fin llegué a la puerta de la caballeriza, y me hallé en el camino que buscaba. Fui andando[17] y acercándome a la trampa con cierta alegría y temor; mas ¡ay! en medio del ca-

---

[7] **discurso** speech. [8] **pasándome la mano por la cara** stroking my face with her hand. [9] **hueso** bone; **huesos** remains. [10] **debajo de** under, beneath. [11] **en la flor de su edad** in the bloom of his youth. [12] **que imites** as to imitate. [13] **enterrado** buried. [14] **fuerza** strength. [15] **habiendo tomado esta resolución** having come to this decision. [16] **di varias vueltas** I made several turns. [17] **fui andando** I went walking along.

mino me encontré con una maldita reja de hierro.[18] Traté de
abrirla, tocándola por todas partes. Estaba muy ocupado en
esta operación* cuando de repente sentí sobre la espalda
cinco o seis fuertes golpes. Di un grito que sonó por todo el
5 subterráneo, y mirando atrás vi al negro, con una linterna en
una mano y un látigo en la otra.

—¡Hola, muchacho!—me dijo.—¿Querías escaparte? No,
amiguito, no esperes sorprenderme.[19] Creíste que estaría
abierta la reja; pero la has hallado bien cerrada. El que
10 logre[20] escaparse de aquí ha de ser menos tonto que tú.

Entretanto, al grito que yo había dado despertaron tres ladrones, los cuales se levantaron y vistieron a toda prisa
creyendo que una tropa[21] de soldados venía a atacarlos.[22]
Llamaron a los demás, quienes en un instante* se levantaron,
15 tomaron las espadas y las escopetas, y vinieron a donde
estábamos Domingo y yo. Pero luego que supieron el
origen del ruido que habían oído, dieron grandes carcajadas,
y uno de ellos me dijo:

—¿Qué es eso, Gil Blas? Hace tan sólo[23] seis horas que estás
20 con nosotros y ya quieres huir. Anda,[24] vete a tu cuarto y
acuéstate a dormir.[25] Por ahora ha sido bastante tu castigo,[26]
pero si otra vez tratas de escaparte, el castigo será mayor.
Todos se volvieron a sus cuartos y el viejo se volvió a su caballeriza. Yo me volví a mi cementerio pasando el resto* de
25 la noche en lamentar* mi mala suerte.

9. GIL BLAS FINGE[27]

Los primeros días pensé morirme de tristeza,[28] pero al fin
decidí fingirme alegre.[29] Comencé a cantar y a reír a todas
horas. Supe fingir[30] tan bien que la tía Leonarda y Domingo
creyeron que ya me había acostumbrado a mi nueva vida.

---

[18] **reja de hierro** iron grating. [19] **sorprender** to surprise. [20] **lograr** to
succeed in; **el que logre** whoever succeeds in. [21] **tropa** troop. [22] **atacar** to
attack. [23] **tan sólo** merely. [24] **anda** hurry, come on. [25] **acuéstate a
dormir** lie down and go to sleep. [26] **castigo** punishment. [27] **fingir** to
pretend, feign. [28] **tristeza** sadness. [29] **fingirme alegre** to pretend I was
happy. [30] **supe fingir** I was able to sham.

Lo mismo creyeron los ladrones, porque yo parecía de muy buen humor cuando les servía el vino, y aun los divertía de vez en cuando con mis chistes. Esta libertad que yo me tomaba les daba mucho gusto.

5 —Gil Blas,—me dijo el capitán en cierta ocasión—has hecho bien en dejar tu tristeza; me gusta mucho tu espíritu y tu buen humor.

Los demás dijeron mil alabanzas en mi honor, y pareciéndome el momento oportuno, les dije:

10 —Señores, permítanme ustedes que les descubra[31] mi corazón. Desde que estoy en su compañía no me conozco a mí mismo porque he cambiado mucho; he comprendido su espíritu y he tomado el gusto[32] a su honrada profesión. Quisiera tener el honor de ser uno de sus compañeros y de tomar

15 parte en sus peligros.

Todos aprobaron mi buena voluntad, pero decidieron dejarme servir por algún tiempo para probar mi vocación.[33] Me vi, pues, obligado a tener paciencia y esperar. Al cabo de seis meses llegó un día feliz en que el señor Rolando dijo a

20 los ladrones:

—Caballeros, es necesario* cumplir la palabra que dimos a Gil Blas. Mañana le llevaremos con nosotros para ponerle en el camino de la gloria.

Todos aprobaron, y en prueba de[34] que ya me miraban

25 como uno de ellos, me hicieron sentar a la mesa con ellos, mandando a la señora Leonarda que me sirviese. Después me hicieron quitar el vestido viejo que llevaba y ponerme el de un caballero a quien acababan de robar.

10. GIL BLAS ACOMPAÑA
A LOS LADRONES

Una noche de septiembre* salí del subterráneo con los la-
30 drones. Iba armado[35] como todos, con pistolas y una espada,

---

[31] **descubrir** to lay bare. [32] **he tomado el gusto** I have taken a liking.
[33] **probar mi vocación** to test my aptitude (*for this calling*). [34] **en prueba de** as evidence (*proof*) of. [35] **iba armado** I was armed.

y montaba un buen caballo que habían quitado al caballero[36] cuyos vestidos me habían dado. Al día siguiente sufrí mucho con la luz del sol, pero poco a poco se acostumbraron mis ojos a ella.

5   Nos metimos en un bosque donde estuvimos la mayor parte del día sin ver nada de provecho. Estábamos para salir[37] del bosque cuando de repente descubrimos a lo lejos un coche[38] que venía en dirección* nuestra. Junto al coche iban tres hombres a caballo, que parecían bien armados.

10   Rolando nos mandó avanzar[39] en orden de batalla.* Yo sentí un temblor[40] por todo el cuerpo. Rolando me miró enojado y me dijo apuntándome con su pistola:

—Oye, Gil Blas, trata de hacer tu deber[41]; si no, te mato.

Entretanto el coche y los caballeros se acercaban; éstos
15   conocieron luego nuestra mala intención,* y se pararon a recibirnos. Todos llevaban armas. Salió del coche un caballero ricamente vestido, montó en un caballo que iba libre,[42] y se puso al frente de los demás. Aunque eran sólo cuatro contra nueve, se arrojaron sobre nosotros.

20   Temblaban todos los miembros de mi cuerpo, pero tuve valor* suficiente* para disparar mi escopeta, cerrando los ojos y volviendo la cabeza a otra parte. No podré relatar las circunstancias* de la acción,* porque aunque estaba presente, no veía nada. Lo único[43] que podré decir es que
25   después de un gran ruido, oí gritar a mis compañeros: «¡Victoria,* victoria!»

Al oír este grito ya no tuve más miedo, y entonces pude ver tendidos en el campo los cadáveres[44] de los cuatro que venían a caballo.[45] De los nuestros[46] sólo murió uno, y el
30   teniente fue herido[47] en un brazo.

Corrió luego el capitán Rolando al coche y vio dentro una dama* de veinticuatro a veinticinco años, que le pareció her-

---

[36] **habían quitado al caballero** had taken from the gentleman.
[37] **estábamos para salir** we were on the point of leaving. [38] **coche** carriage.
[39] **avanzar** to advance. [40] **temblor** tremor, trembling. [41] **deber** duty.
[42] **que iba libre** that had no rider (*was going free*). [43] **lo único** the only
thing. [44] **cadáver** corpse. [45] **que venían a caballo** who were riding. [46] **de
los nuestros** of our men. [47] **herido** wounded.

mosa. La dama estaba desmayada.[48] Mientras él se ocupaba
en ayudarla a volver en sí,[49] nosotros nos apoderamos de[50] los
caballos que habían servido a los muertos. También nos
apoderamos de las cuatro mulas del coche, y las cargamos[51]
5 con todos los objetos de valor que encontramos. Por orden
del capitán sacamos del coche a la señora, quien no había
vuelto en sí aún, y la pusimos a caballo con uno de los ladrones, dejando el coche en el camino y llevándonos aun los
vestidos de los muertos.

11. GIL BLAS SALVA
A LA DAMA

10 Llegamos a la cueva por la noche. Lo primero que hicimos
fue meter las mulas en la caballeriza y darles de comer[52];
porque el viejo negro estaba tan enfermo que apenas podía
moverse. Luego fuimos a la cocina para cuidar a[53] la señora,
quien se había desmayado. Logramos con mucha dificultad
15 hacerla volver en sí; mas cuando abrió los ojos y se vio rodeada de aquellos ladrones, sintió todo el peso de su desgracia, y comenzó a llorar, y al poco rato se desmayó otra vez.
El capitán mandó que la llevasen a la cama de Leonarda.
   Pasamos nosotros a la sala, y uno de los ladrones, que había
20 estudiado para médico, le curó el brazo[54] al teniente. En
seguida abrimos las cajas que habíamos encontrado en
el coche, y encontramos vestidos y algunas bolsas de dinero
a cuya vista se alegraron todos.
   La cocinera puso la mesa y sirvió la cena durante la cual
25 me dijo Rolando:
   —Confiesa la verdad, Gil Blas. Tuviste poco valor. Estabas
muy asustado.
   —No lo puedo negar[55]—contesté yo.—Lo confieso, pero

---

[48] **desmayarse** to faint, swoon. [49] **volver en sí** to regain consciousness.
[50] **apoderarse de** to take possession of. [51] **cargar** to load. [52] **darles de
comer** to feed them. [53] **cuidar a** to take care of. [54] **le curó el brazo**
treated his arm. [55] **negar** to deny.

déjenme ustedes acompañarlos dos o tres veces más, y entonces verán si sé o no sé pelear.[56]

Hablaron después de las mulas y los caballos que habíamos traído, y decidieron que al día siguiente iríamos
5 todos a venderlos a Mansilla, pueblo donde no habría
llegado aún la noticia[57] del robo.[58]

Acabamos de cenar y nos fuimos a la cocina para ver a la
pobre señora, y la encontramos aún casi sin sentido.[59] La de-
jamos al cuidado de Leonarda y nos retiramos a nuestros
10 cuartos. Yo, apenas me acosté, en vez de dormir, sólo me
ocupé en considerar* la desgracia de aquella señora. Era persona distinguida,* y por lo mismo[60] me parecía su suerte más
lamentable.[61] Sentía mucha lástima por ella, como si la
sangre[62] o el amor me hubieran unido[63] a ella. Pensé en el
15 gran peligro que corría y en los medios de salvarla, huyendo
con ella de aquella maldita cueva. Me acordé de que el
negro Domingo no podía moverse a causa de sus dolores, y la
cocinera tenía la llave[64] de la reja. Este pensamiento[65] me
inspiró* a hacer lo siguiente:

20 Fingí un dolor de estómago,[66] un cólico* formidable,* y
comencé a quejarme desesperado[67]: «¡Ay, ay, ay! ¡Por
Dios, que me muero!» Despertaron los ladrones y vinieron
todos a mi cuarto.

—¿Qué tienes, muchacho? ¿Qué te pasa?[68]—me pregun-
25 taban.

—¡Ay, ay, ay!—les contesté, tocándome el estómago con
ambas manos—un cólico horrible que me está matando.

Hacía toda clase de gestos[69] y contorsiones* para que me
creyeran, y seguía quejándome desesperado: «¡Ay, ay, ay!
30 ¡Por Dios! ¡Que me muero!»

---

[56] **pelear** to fight. [57] **donde no habría llegado aún la noticia** where the
news had probably not arrived yet. [58] **robo** robbery. [59] **sin sentido**
unconscious. [60] **por lo mismo** for that very reason. [61] **lamentable** deplorable. [62] **sangre** (*ties of*) blood. [63] **unir** to bind. [64] **llave** key. [65] **pensamiento** thought. [66] **fingí un dolor de estómago** I pretended to have a
stomach ache. [67] **quejarme desesperado** to complain (*moan*) desperately.
[68] **¿qué tienes?** . . . **¿qué te pasa?** what is the matter with you? what
is happening to you? [69] **gesto** face, grimace.

De repente me quedé quieto,* pero a los pocos instantes
volví a hacer peores gestos y contorsiones que antes. En una
palabra, hice mi papel a las mil maravillas,[70] y los ladrones
me creyeron. Se dieron mucha prisa para curarme: uno me
5   traía una botella de aguardiente y me hacía beber la mitad,[71]
otro me ponía paños calientes[72] sobre el estómago, otro me
daba aceite[73] etc. etc. Yo naturalmente* gritaba, porque el
aguardiente me quemaba la garganta[74] y se me subía a la cabeza,[75] y los paños calientes me quemaban el estómago. Mis
10   compañeros atribuían* mis gritos al cólico, y me hacían sufrir
dolores verdaderos. En fin, no pudiendo ya sufrir más, me vi
obligado a decir que ya no sentía los dolores, y que ya no ne-
cesitaba más remedios.*
    Duró esta escena* casi tres horas, terminando* a eso de[76] las
15   cuatro de la mañana. Los ladrones decidieron irse a Mansilla. Yo mostré gran deseo de acompañarlos, y traté de le-
vantarme, pero ellos no me lo permitieron.*
    —No, no, Gil Blas,—me dijo Rolando—quédate aquí, hijo
mío, porque te podría repetir* el cólico. Otro día vendrás
20   con nosotros.
    Todo lo fingí tan bien que ninguno tuvo sospecha de mí.
Luego que partieron, me dije a mí mismo:
    —Ánimo,[77] Gil Blas; ahora sí que necesitas gran ánimo y
valor para acabar lo que tan felizmente has comenzado. Do-
25   mingo no está en situación de oponerse a[78] tus deseos, ni
Leonarda tampoco. Si no te aprovechas de[79] esta oportu-
nidad para escaparte, no encontrarás jamás otra tan favorable.
    Estos pensamientos me dieron mucha confianza[80] en mis
fuerzas. Me levanté inmediatamente de la cama, me vestí,
30   tomé la espada y las pistolas, y me fui derecho[81] a la cocina;
pero antes de entrar en ella, me detuve[82] cerca de la puerta

---

[70] **hice mi papel a las mil maravillas** I played my part marvelously.
[71] **mitad** half. [72] **paños calientes** hot cloths. [73] **aceite** oil. [74] **me quemaba
la garganta** burned my throat. [75] **se me subía a la cabeza** went to my
head. [76] **a eso de** about. [77] **ánimo** courage; **ahora sí que necesitas gran
ánimo** now indeed you need great courage. [78] **oponerse a** to oppose,
thwart. [79] **aprovecharse de** to profit by. [80] **confianza** confidence.
[81] **derecho** straight. [82] **detenerse: me detuve** I stopped.

y oí que Leonarda hablaba con la señora desconocida. La señora lloraba y Leonarda le decía:

—Llora, hija mía; llora todo cuanto quieras[83]; así te sentirás mejor. Pronto te acostumbrarás a vivir entre esta gente
5 honrada. Todos son hombres de bien y te tratarán con toda cortesía. ¡Oh cuántas mujeres quisieran tu buena fortuna!

No le di tiempo a decir más. Entré en la cocina, le puse la pistola sobre el corazón, y le pedí la llave de la reja. No quiso perder la vida por tan poca cosa, y me entregó la llave.
10 Luego que tuve la llave en la mano, me volví a la bella dama y le dije:

—Señora, el cielo le ha enviado a usted un libertador.[84] Levántese para seguirme, y yo la conduciré con toda seguridad[85] a donde usted me lo mande.

15 Mis palabras hicieron tanta impresión* en su espíritu, que tuvo fuerzas suficientes para levantarse, y se arrojó a mis pies para darme las gracias. Yo le di la mano para levantarla del suelo, le dije que no temiese nada, y cogí después unas cuerdas, y con la ayuda de la señora, até a Leonarda. Tomé
20 luego una linterna, y acompañado de la señora desconocida, entré en el cuarto donde guardaban el dinero, la plata y el oro; llené mis bolsillos y obligué a la señora a que hiciese lo mismo.[86] Después fuimos a la caballeriza donde entré yo solo con la pistola en la mano. El viejo estaba tan enfermo que no
25 hizo caso de mí. Saqué un buen caballo. La señora me esperaba a la puerta de la caballeriza. Abrimos la reja y por fin llegamos a la trampa que cubría la entrada, y con mucho trabajo[87] pudimos levantarla.

Era ya de día cuando nos vimos fuera de aquella maldita
30 cueva. Montamos ambos en el mismo caballo, y seguimos, a galope,[88] el primer camino que se nos presentó. Salimos del bosque y nos encontramos con varios caminos. Seguimos uno de ellos esperando que no fuese el camino de Mansilla, a donde habían ido los ladrones. Tuvimos la buena suerte de

---

[83] **llora todo cuanto quieras** cry all you want to. [84] **libertador** liberator.
[85] **con toda seguridad** with absolute safety. [86] **obligué a la señora a que hiciese lo mismo** I compelled the lady to do the same. [87] **con mucho trabajo** with great difficulty. [88] **a galope** at a gallop.

no encontrarnos con ellos, y llegamos a Astorga a las dos de la
tarde. La gente nos miraba con curiosidad, acaso porque
nunca habían visto el espectáculo de una mujer a caballo tras
de[89] un hombre.

5 Entramos en la primera posada que vimos y mandé al
punto que nos cocieran una liebre[90] y nos sirvieran el mejor
vino. Mientras se preparaba la comida conduje a la señora a
un cuarto donde comenzamos a hablar, lo cual no habíamos
podido hacer en el camino por la mucha prisa[91] con que via-
10 jamos. Ella me dio las gracias por el gran servicio* que le
había hecho, diciéndome que a vista de[92] una acción tan ge-
nerosa,* ella no podía creer que yo fuese compañero de
aquellos hombres de cuyo poder la había librado. Le conté
entonces mi historia para confirmarla* en la buena opinión
15 en que me tenía, y ella también me relató su vida.

—Soy doña Mencia de Mosquera—me dijo.—El caballero a
quien los ladrones mataron era mi marido.

12. NUNCA VIENE UNA
DESGRACIA SOLA

Oímos en la posada un gran rumor[93] que llamó nuestra
atención, y no pudimos seguir hablando, porque entró en
20 nuestro cuarto un juez acompañado de varios hombres. El
primero que se me acercó fue un joven de mi edad. Se paró
enfrente de mí para mirar muy de cerca[94] mi vestido, y
después de unos instantes exclamó:

—Ésta es mi ropa; la conozco tan bien como he conocido mi
25 caballo. Sobre mi palabra podéis prender[95] a este hombre.
Sin duda es uno de los ladrones que se esconden en una
cueva no muy lejos de aquí.

Al oír estas palabras quedé sorprendido y no pude contestar. Sin duda la ropa era de aquel joven. El juez me hizo

---

[89] **a caballo tras de** riding behind.   [90] **mandé al punto que nos cocieran
una liebre** I immediately ordered them to cook us a rabbit.   [91] **por la
mucha prisa** on account of the great speed.   [92] **a vista de** in view of.
[93] **rumor** noise.   [94] **muy de cerca** at a very close range.   [95] **prender** to
arrest.

prender[96] y también a la señora.   Me llevaron inmediatamente a la cárcel,[97] a donde, al poco rato, vino el juez
acompañado de varios policías,[98] quienes, según su costumbre, comenzaron a registrarme[99] los bolsillos.[100]   ¡Qué
5 día para aquella honrada gente!   Acaso en todos los días de
su vida no habían tenido otro semejante.[101]   En cada uno de
mis bolsillos encontraron muchas monedas de oro y plata, y
sus ojos brillaban de alegría.   El mismo juez parecía fuera de
sí[102] a la vista de tanto dinero.

10   —Hijo mío,—me dijo en un tono* muy dulce—no temas; no
hacemos en esto más que nuestro deber.   Si eres inocente,*
pronto saldrás de la cárcel.

Poco a poco me sacaron todo el dinero de los bolsillos, aun
los cuarenta ducados de mi tío que los ladrones habían respe-
15 tado.*   Luego me quitaron toda la ropa hasta la camisa, y
después de haber cumplido tan agradable obligación,* el
juez me hizo muchas preguntas que yo contesté punto por
punto, relatando todo lo que me había sucedido.   El juez
hizo escribir todas mis contestaciones, y partió con su gente y
20 mi dinero.

—¡Oh vida humana!—exclamé cuando me vi solo en aquel
miserable estado.—Desde que salí de Oviedo no he experimentado* más que desgracias.   Apenas salgo de un peligro
cuando caigo[103] en otro.

25   Haciendo estas reflexiones* inútiles[104] me puse una ropa
miserable que me dejaron, y después, hablando conmigo
mismo, dije:

—¡Ánimo!   Gil Blas; después de este tiempo vendrá otro
feliz.   ¿Será posible que te desesperes[105] en una cárcel ordi-
30 naria* después de haber escapado felizmente de aquella
cueva de ladrones?

En lugar de la liebre que había pedido me trajeron un pedazo de pan negro y agua.   Estuve en aquella cárcel quince

---

[96] **me hizo prender** had me arrested.   [97] **cárcel** jail.   [98] **policía** policeman.
[99] **registrar** to search.   [100] **bolsillo** pocket.   [101] **otro semejante** another
like it.   [102] **fuera de sí** beside himself.   [103] **caer: caigo** I fall.   [104] **inútil**
useless.   [105] **desesperarse** to despair.

días enteros* sin ver a nadie más que al carcelero,[106] quien
venía todas las mañanas para registrar las prisiones.* Entraba y salía sin mirarme siquiera, y respondía con el silencio
a todas mis preguntas.

5 Por fin un día vino el juez a verme y me dijo:
—Ya puedes alegrarte, hijo mío, porque te traigo una buena
nueva.[107] Hice que condujesen[108] a Burgos a la señora que
venía contigo después de examinarla* según era mi deber.
Ella me ha dicho quién eres y me ha explicado* cómo la li-
10 braste del gran peligro en que se hallaba. Hoy mismo[109]
saldrás de la cárcel, con tal que el arriero en cuya compañía
viniste desde Peñaflor a Cacabelos, según has dicho, con-
firme* tu declaración.[110] Está en Astorga, y le he enviado a
llamar.[111] Si él confirma tu declaración, inmediatamente te
15 pongo en libertad.[112]
Estas palabras del juez me llenaron de esperanzas. Le di
las gracias por la buena y pronta justicia* que me quería
hacer. Apenas había acabado de hablar cuando llegó el
arriero entre dos policías. Le conocí inmediatamente; pero
20 el bribón,[113] que sin duda había vendido mi maleta[114] con
todo lo que tenía dentro, temiendo que yo se la pidiese, dijo
que no sabía quién era yo, y que jamás me había visto.
—¡Ah traidor![115]—exclamé yo.—Confiesa que has vendido
mi ropa. Mírame bien. Yo soy uno de aquellos a quienes
25 amenazaste[116] con el tormento en Cacabelos, llenando a
todos de miedo.
El arriero respondió muy fríamente que no me conocía, y
el juez me dijo entonces:
—Ya ves, hijo, que el arriero no confirma tu declaración, y así
30 no puedo sacarte de la cárcel, a pesar de mi buena voluntad.
Fue necesario armarme nuevamente[117] de paciencia, que-

---

[106] **carcelero** jailer. [107] **te traigo una buena nueva** I bring you a good piece
of news. [108] **hice que condujesen** I had them take. [109] **hoy mismo** this
very day. [110] **declaración** deposition. [111] **le he enviado a llamar** I
have had him sent for. [112] **te pongo en libertad** I'll set you free.
[113] **bribón** scoundrel. [114] **maleta** valise, satchel. [115] **traidor** traitor.
[116] **amenazar** to threaten. [117] **nuevamente** anew, again.

darme en la cárcel y sufrir al silencioso carcelero. Cuando
yo pensaba que no podía salir de allí, me acordaba de mi oscuro[118] subterráneo y me decía a mí mismo:

—En la cueva me hallaba menos mal que[119] en esta cárcel
5 miserable. Por lo menos, allá comía y bebía alegremente
con los ladrones, me divertía con sus historias, y me consolaba* con la esperanza de poder escapar algún día.

13. GIL BLAS SALE
DE LA CÁRCEL

Mientras yo pasaba los días y las noches entregado a mis
tristes pensamientos, se supieron[120] por toda la ciudad mis
10 aventuras, ni más ni menos[121] como yo se las había relatado al
juez, y muchas personas quisieron verme por curiosidad.
Venían a una ventanilla[122] que daba luz a mi prisión, y
después de haberme mirado algún tiempo se retiraban silen-
ciosas.

15 Una de las primeras personas que vi fue el muchacho de
Mondoñedo, que en Cacabelos se escapó, como yo, por
miedo del tormento. Le conocí luego, y él no fingió como el
arriero. Nos saludamos y comenzamos una larga conversación en la cual le relaté todas mis aventuras, y él por su
20 parte me relató todo lo que le había sucedido. Se despidió
de mí prometiéndome hacer todo lo posible para que me
dieran libertad. Desde entonces todas las personas que
como él habían venido a verme por curiosidad, me
aseguraron[123] que mis desgracias les movían a compasión,
25 prometiéndome hacer todo lo posible para que saliese pronto
de la cárcel.

Todos, en efecto,[124] cumplieron su palabra. Hablaron en
favor mío al juez, quien no dudando ya de mi inocencia, par-
ticularmente* después que el muchacho de Mondoñedo le
30 contó todo lo que sabía, vino a verme un día y me dijo:

---

[118] **oscuro** dark.   [119] **me hallaba menos mal que** I was not so badly off as.
[120] **saber: se supieron** were found out.   [121] **ni más ni menos** exactly.
[122] **ventanilla** little window.   [123] **asegurar** to assure.   [124] **en efecto** as a
matter of fact.

—Gil Blas, si yo fuese un juez severo* podría detenerte aquí
por algún tiempo; pero no lo soy.[125] Estás libre y puedes
salir cuando quieras. Pero antes dime, si te llevaran a aquel
bosque donde está el subterráneo, ¿podrías hallarlo?

5 —No señor,—le respondí—porque entré en él de noche y
salí antes del día.

El juez se retiró satisfecho de mi inocencia, y al poco rato
vino el carcelero y me echó a la calle.[126] Me fui en busca
del muchacho de Mondoñedo para darle las gracias, y él rién-
10 dose de mi triste figura* y de la ropa ridícula* que llevaba me
dijo:

—¿Qué piensas hacer ahora?

—Mi intención—le contesté—es dirigirme cuanto antes[127] a
Burgos en busca de la dama a quien libré de los ladrones.
15 Naturalmente me dará dinero con que comprarme ropa
nueva, y luego partiré para Salamanca. Mi mayor apuro[128] es
que aún no estoy en Burgos, y es menester[129] vivir en el camino.

—Ya te entiendo—me contestó.—Aquí tienes mi bolsa; está
20 un poco vacía a la verdad, pero te la doy de muy buena
voluntad.[130]

La acepté muy agradecido[131] como si me hubiese dado
todo el oro del mundo. Nos despedimos y salí de aquel
pueblo sin ver a ninguna de las otras personas que habían
25 contribuido a librarme de la prisión, dándoles dentro de mi
corazón mil y mil bendiciones.

Cuando conté el dinero que había en la bolsa, vi que el
muchacho de Mondoñedo me había dicho la verdad, porque
sólo encontré en ella unas cuantas monedas. Por fortuna[132]
30 estaba ya acostumbrado a comer mal, y cuando llegué cerca
de Burgos, me quedaban aún[133] dos o tres monedas. Aquí
me encontré con un hombre tan hablador que no sólo contestó a todas mis preguntas, sino que me relató una multitud*

---

[125] **pero no lo soy** but I am not.   [126] **me echó a la calle** let me out.
[127] **cuanto antes** as soon as possible.   [128] **apuro** worry, difficulty.   [129] **es
menester** it is necessary.   [130] **de muy buena voluntad** very willingly.
[131] **agradecido** grateful, thankful.   [132] **por fortuna** fortunately.   [133] **me
quedaban aún** I still had left.

de cosas inútiles. Éste fue quien me dijo que doña Mencia
se había retirado a un convento* de Burgos. Corrí al convento cuyas señas me dio aquel hombre. Doña Mencia me
recibió amablemente.[134]

5 —Bien venido seas,[135] Gil Blas—me dijo.—Hace cuatro días
que escribí a un conocido[136] mío de Astorga, rogándole que te
fueses a ver, y que de mi parte[137] te dijese que vinieses a visitarme luego que salieses de la cárcel. Sabía que pronto te
pondrían en libertad. Bastaban para eso las cosas que dije
10 en tu favor al juez.[138] Temía no volverte a ver,[139] ni tener el
gusto de darte alguna prueba de mi agradecimiento.[140]
Después del gran servicio que me hiciste sería yo la mujer
más ingrata[141] de las mujeres si no hiciera nada por ti. He de
sacarte[142] del mal estado en que te hallas; debo y puedo ha-
15 cerlo, porque soy bastante rica.

Sacó una bolsa y me la entregó diciendo:

—Toma, Gil Blas, estos cien ducados sólo para que te vistas
lo mejor posible. Después te daré mucho más, porque no
quiero que mi agradecimiento se limite* a esta corta[143] can-
20 tidad.[144]

Di mil gracias a la señora, y le juré que no partiría[145] de
Burgos sin volver a despedirme de ella.

EXERCISES

8

A. *Tell who:*

1. Hizo alabanzas de su profesión.
2. Se metió en la cama.

---

[134] **amablemente** graciously. [135] **bien venido seas** welcome (be). [136] **un conocido** an acquaintance. [137] **de mi parte** in my name. [138] **bastaban para eso . . . juez** the things I said to the judge in your favor were enough to set you free. [139] **temía no volverte a ver** I feared I should never see you again. [140] **agradecimiento** appreciation. [141] **ingrato** ungrateful. [142] **he de sacarte** I must get you out. [143] **corto** short, small. [144] **cantidad** quantity. [145] **le juré que no partiría** I swore to her I would not leave.

3. Fue a la cocina.
4. Esperaba a Gil Blas.
5. No tenía hambre.
6. Trataba de consolar a Gil Blas.
7. Estaba muy triste.
8. Había dormido en esa misma cama.
9. Se despertaron al grito de Gil Blas.
10. Dieron grandes carcajadas.

B. *Translate into Spanish:*

1. I got into bed.
2. We went to the kitchen.
3. They were not hungry.
4. They sat down at the table.
5. I should rejoice at my good fortune.
6. You are right.
7. I went to the stable.
8. I picked up a lantern.
9. This is my room.
10. I slept (used to sleep) in that bed.
11. He threw himself on that wretched bed.
12. I got up when I thought they were asleep.
13. I found myself in the right track.
14. He was too busy trying to open the iron grating.
15. The others were called.

9

A. *Complete:*

1. Los primeros días Gil Blas pensó . . .
2. Supo fingir tan bien que . . .
3. Gil Blas, has hecho bien . . .
4. Le gusta mucho . . .
5. Desde que estaba en su [*their*] compañía . . .
6. Todos aprobaron su buena voluntad, pero . . .
7. Se vio obligado a . . .
8. Caballeros, es necesario que . . .
9. En prueba de que me miraban como uno de ellos . . .
10. Me hicieron quitar . . .

B. *Answer in Spanish:*

1. How can one pretend to be happy?
2. What did Gil Blas do to look happy?
3. Is it easy for Gil Blas to get used to his new life?
4. Who was the most patient person in the cave?
5. Does he succeed in making them believe he is one of them?

10

A. *Prepare questions involving* **usted** *with the following words:*

EXAMPLE: salir de:
¿Por qué salió usted del automóvil?

ir armado	montar en
acostumbrarse a	tener miedo
descubrir a lo lejos	ocuparse en
tratar de	apoderarse de
pararse en	volver en sí

B. *Give the meaning of the following expressions:*

1. Íbamos armados.
2. Estoy para salir.
3. Se metieron en un bosque.
4. Junto al coche iba un hombre a caballo.
5. Trato de hacer mi deber.
6. Un caballo iba libre.
7. Nos pusimos al frente de los demás.
8. Oímos gritar al caballero.
9. De los nuestros murieron pocos.
10. La dama volvió en sí.

11

A. *Prepare questions beginning with* **qué** *or* **quién (quiénes)** *using the following infinitives:*

poder moverse	curar (*a part of the body*) a
cuidar a (*a person*)	(*person*)
verse rodeado de	alegrarse de (*plus an infini-*
desmayarse	*tive*)
estudiar para médico	tener poco valor

retirarse a (*a place*)
ocuparse en (*a task*)
pensar en (*a person or thing*)
acordarse de
meter en
abrir los ojos

llevar a
comenzar a
confesar la verdad
darse prisa
matar a

B. *Make simple statements about the following:*

1. la llegada a la cueva
2. la cocinera
3. el ladrón que había estudiado para médico
4. las cajas encontradas en el coche
5. la conversación entre Rolando y Gil Blas
6. los proyectos [*plans*] para el día siguiente
7. la desgracia de la señora
8. la enfermedad de Domingo
9. el cólico de Gil Blas
10. el papel que hizo Gil Blas
11. el aguardiente y los paños calientes
12. el viaje a Mansilla
13. lo que hizo Gil Blas primero
14. las armas que llevaba
15. cómo consiguió [*got*] Gil Blas la llave
16. lo que dijo a la señora
17. de qué se llenaron los bolsillos
18. la trampa de la entrada
19. el viaje de prisa

12

A. *Make up simple statements in Spanish involving the new expressions below:*

carcelero
muy de cerca
fuera de sí
hoy mismo

inútil
una buena nueva
prender

registrar
otro semejante
traidor

B. *Write sentences using each of the expressions in* A. *A sentence may contain more than one expression.*

C. *Answer in Spanish:*

1. ¿Qué se oyó en la posada?
2. ¿Quién entró?
3. ¿Por qué se paró el joven enfrente de Gil Blas?

4. ¿Qué dijo?
5. ¿Cómo quedó Gil Blas al oír las palabras del joven?
6. ¿Qué hizo el juez?
7. ¿Cuál es la costumbre de los policías?
8. ¿A dónde llevaron a Gil Blas?
9. ¿De quién era la ropa de Gil Blas?
10. ¿Quién se esperaba que confirmara la declaración de Gil Blas?
11. Cómo llegó el arriero?
12. ¿Qué hallaron los policías en los bolsillos de Gil Blas?
13. ¿Cómo parecía el juez?
14. ¿Qué le dijo a Gil Blas?
15. ¿Qué dijo Gil Blas hablando consigo mismo?
16. ¿Qué comió?
17. ¿Cuántos días estuvo en aquella cárcel?
18. ¿Cuál era la buena noticia que traía el juez?
19. ¿Por qué no confirmó el arriero la declaración de Gil Blas?
20. ¿Cómo se consolaba Gil Blas en la cueva?

13

A. *Answer in Spanish:*

1. ¿Por qué quisieron muchas personas ver a Gil Blas?
2. ¿Por dónde le hablaban?
3. ¿En dónde conoció Gil Blas al muchacho de Mondoñedo?
4. ¿Qué le prometió este muchacho?
5. ¿Quiénes hablaron al juez en su favor?
6. ¿Por qué quería saber el juez el sitio donde estaba la cueva de los ladrones?
7. ¿A dónde fue Gil Blas cuando salió de la cárcel?
8. ¿Cuál era el mayor apuro de Gil Blas?
9. ¿Cómo se resolvió ese apuro?
10. ¿Cuántas monedas le quedaron al llegar a Burgos?
11. ¿Quién le dio las señas del convento en donde se hallaba doña Mencia?
12. ¿Cómo le recibió ella?
13. ¿Qué temía ella?
14. ¿Cuánto dinero le dio ella?

B. *Expand and translate into Spanish:*

1. We started a long conversation.
2. Everyone kept his word.

3. You are free and can leave any time you want.
4. I was already used to eating badly.
5. I am very rich.

Important Idioms Used in the Text

pasaba por	was thought of as.
lo ajeno	what belongs to another.
tenga la bondad de	please.
Caminaba paso a paso.	It was traveling at a snail's pace.
apenas eché pie a tierra	I had barely set foot on (the) ground.
me vi obligado a	I was compelled to.
de balde	free of charge.
no tuvo vergüenza en	was not ashamed to.
Quedamos de acuerdo.	We agreed.
Pedí de cenar.	I ordered supper.
dar a conocer	to make known.
pronto	right away.
a la verdad	really, in truth.
hasta más no poder	to the utmost.
en lo mejor de su edad	in the prime of his life.
¡Por vida de quien soy!	Upon my very soul!
Dieron una gran carcajada.	They burst out laughing.
poner la mesa	to set the table.
dio cuenta de	a report of.
estaban de acuerdo	were in agreement.
Tomó la palabra.	He took the floor.
me esperaban cenando	were waiting at the supper table for me
habiendo tomado esta resolución	having come to this decision.
Di varias vueltas.	I made several turns.
Fui andando.	I went walking along.
a toda prisa	very hurriedly.
desde que estoy en su compañía	since I have been in your company.
Estábamos para salir.	We were on the point of leaving.
volver en sí	to come to.
¿Qué te pasa?	What is wrong with you?

Hice mi papel.	I played my part.
Se dieron mucha prisa.	They made great haste.
con toda seguridad	with absolute safety.
a eso de las cuatro	at about four o'clock.
muy de cerca	at very close range.
Le he enviado a llamar.	I have had him sent for.
Te pongo en libertad.	I'll set you free.
en efecto	in fact.
por fortuna	fortunately.
de muy buena voluntad	very willingly.
ni más ni menos	exactly (no more no less).
¡Bien venido seas!	Welcome (be)!

5 La Gitanilla

MIGUEL DE CERVANTES SAAVEDRA

LA GITANILLA

The small masterpiece La Gitanilla *appeared in* 1613 *as a part of a collection of short stories,* Novelas ejemplares, *written by the celebrated author of* Don Quixote, Miguel de Cervantes. *It is a romantic tale in praise of youth, beauty, innocence, and of the free and independent life as personified by gypsies.* More than the other *novelas ejemplares— and* novela *does not mean novel in the modern sense—,* La Gitanilla *has an interesting plot, a direct style, and a fairly limited vocabulary.*

*Miguel de Cervantes Saavedra (*1547–1616*) is one of the greatest novelists of all times, and the* Novelas ejemplares *occupy a place in Spanish literature second only to that of* El ingenioso hidalgo Don Quijote de la Mancha, Cervantes' *masterpiece.* La Gitanilla *has always been admired and has been a source of inspiration to writers of various nations.* Hardy in the French drama, Wolf and Weber in the German comedy and opera, respectively, Longfellow in his dramatic poem *The Spanish Student,* to mention but a few names, have borrowed freely from Cervantes, and many of them have made Preciosa, la gitanilla, *the central figure of their works.*

1

Una gitana vieja crió[1] a una muchacha como nieta suya, a quien puso por nombre Preciosa, y a quien enseñó todas sus gitanerías,[2] sus engaños,[3] y sobre todo a hurtar.[4] La tal Preciosa salió la mejor bailarina[5] y la más hermosa de todas las
5   gitanas. Ni el sol, ni el aire, ni todas las inclemencias* del tiempo pudieron jamás marchitar[6] la belleza de su rostro ni de sus manos. A pesar del modo en que se criaba, demostraba haber nacido naturalmente cortés[7] y bien hablada. Es

---

[1] **criar** to bring up.   [2] **gitanería** Gypsy trick.   [3] **engaño** fraud.   [4] **hurtar** to steal.   [5] **bailarín, bailarina** dancer.   [6] **marchitar** to wither; **marchitar la belleza de su rostro** wither the beauty of her face.   [7] **cortés** polite.

154

verdad que sus modales[8] eran algo libres, pero jamás deshonestos.[9]   Al contrario, era tan honesta que en su presencia* ninguna gitana, vieja ni joven, se atrevía a cantar
canciones[10] malas ni a decir palabras no buenas.   La vieja,
5   pues, conoció el tesoro[11] que en la nieta tenía, y así decidió*
sacar de ella todo el provecho posible, y enseñarla a vivir por
sus uñas.[12]

   Preciosa aprendió de memoria multitud de versos,* especialmente* romances,[13] que los cantaba con mucha gracia.
10   Su abuela[14] la llevó a diversas partes de Castilla, y a los
quince años de su edad la llevó a la Corte,* donde todo se
compra y todo se vende.   La primera entrada que hizo Preciosa en Madrid fue un día de Santa Ana, patrona* de esta
ciudad.   Tomó parte en una danza* en que iban ocho gitanas,
15   cuatro viejas y cuatro muchachas, y un gitano, gran bailarín,
que las guiaba[15]; y aunque todas iban limpias y bien vestidas,
la belleza de Preciosa era tal que se atraía[16] las miradas de
cuantos estaban presentes.*   Corrían los muchachos a verla, y
los hombres a admirarla.*   Pero cuando la oyeron cantar, su
20   admiración* llegó al colmo.[17]   Preciosa bailó después en la
iglesia de Santa María, delante de la imagen* de Santa Ana, y
al son de las castañuelas,[18] cantó ella sola un romance que dejó
a todos encantados.[19]   Unos decían: «¡Dios te bendiga,[20]
muchacha!»   Otros: «Lástima es que esta niña sea gitana.
25   ¡Merecía ser hija de un gran señor!»

   Se acabaron las fiestas de Santa Ana,[21] y quedó Preciosa
algo cansada; pero tan celebrada de hermosa, de aguda, de
discreta y de bailadora,[22] que se hablaba de ella en toda la
Corte.   De allí en quince días[23] volvió a Madrid con otras tres

---

[8] **modales** manners.   [9] **deshonesto** immodest; **honesto** modest.   [10] **canción**
song.   [11] **tesoro** treasure.   [12] **uña** fingernail, claw; **vivir por sus uñas** to live
by her wits.   [13] **romance** ballad.   [14] **abuela** grandmother.   [15] **guiar** to
direct.   [16] **atraer** to attract.   [17] **colmo** highest point, limit.   [18] **castañuela**
castanet.   [19] **encantado** charmed.   [20] **bendecir: Dios te bendiga** God bless
you.   [21] **fiestas de Santa Ana** festivities (in honor) of Saint Ann.
[22] **celebrada de hermosa, de aguda, de discreta y de bailadora** renowned
for her beauty, for her keenness and cleverness, and for her ability as a
dancer.   [23] **de allí en quince días** two weeks from that time.

muchachas y con un baile nuevo, todas provistas[24] de romances y cantarcillos[25] alegres, pero todos honestos; porque Preciosa no consentía* que las que fuesen en su compañía* cantasen cantares deshonestos, ni ella los cantó jamás.

5 Nunca se apartaba[26] de ella la gitana vieja; la llamaba nieta, y ella la tenía por[27] abuela. Se pusieron a bailar en la sombra[28] en la calle de Toledo, y los que la venían siguiendo[29] hicieron una rueda[30] alrededor de ella; y mientras las muchachas bailaban, la vieja pedía limosna,[31] y recogía[32] mucho

10 dinero; porque la hermosura tiene la fuerza de despertar la caridad[33] dormida.

Acabado el baile, dijo Preciosa:

—Si me dan cuatro cuartos,[34] les cantaré un romance yo sola.

Apenas hubo dicho esto, cuando casi todos los que en la

15 rueda estaban dijeron a voces:

—Cántalo, Preciosa; aquí están mis cuartos.

Y así cayeron sobre ella tantos cuartos que la vieja no tenía bastantes manos para recogerlos. Apenas acabó Preciosa su romance, cuando de todas las voces de la gente se formó* una

20 voz sola que dijo:

—¡Vuelve a cantar,[35] Preciosa, y no faltarán cuartos!

Más de doscientas personas estaban mirando el baile y escuchando el canto de las gitanas cuando pasó por allí uno de los tenientes de la ciudad, y viendo tanta gente reunida se

25 acercó y escuchó un rato. Le agradó[36] mucho la Gitanilla, y mandó decir a la gitana vieja que al anochecer[37] fuese a su casa con las gitanillas, porque quería que las oyese doña Clara, su mujer. La vieja contestó que sí.

Acabaron el baile y el canto; se fueron calle adelante,[38] y

30 desde una reja llamaron unos caballeros a las gitanas. Pre-

---

[24] **provisto** supplied. [25] **cantar** song; **cantarcillo** carol. [26] **apartarse de** to get away from. [27] **la tenía por** considered her as. [28] **sombra** shade. [29] **que la venían siguiendo** who were following her. [30] **rueda** circle, ring. [31] **pedía limosna** begged (*asked alms*). [32] **recoger** to collect. [33] **caridad** charity. [34] **si me dan cuatro cuartos** if you give me a few pennies. [35] **vuelve a cantar** sing again. [36] **agradar** to please. [37] **al anochecer** at nightfall. [38] **calle adelante** up the street.

ciosa fue a la reja, que era baja, y vio en una sala muy bonita muchos caballeros que se entretenían[39] jugando a diversos juegos.

—¿Quieren darme el barato,[40] señores?—dijo Preciosa.

5   A la voz de Preciosa y al ver su cara, dejaron todos el juego para acercarse a la reja, porque ya tenían noticia de ella, y dijeron:

—Entren, entren las gitanas.[41] Aquí les daremos el barato.

—Si tú quieres entrar, Preciosa—dijo una de las tres gitanillas que iban con ella—entra; pero yo no pienso entrar[42] en donde hay tantos hombres.

—Mira, Cristina:—respondió Preciosa—cúidate de[43] un hombre solo, pero no de tantos juntos. Verdad que es bueno huir de las ocasiones[44]; pero ha de ser de las secretas,* y no de las públicas.*

15 —Entremos, Preciosa—dijo Cristina;—tú sabes más que un sabio.

Apenas hubo entrado Preciosa cuando un caballero vio un papel que llevaba, y acercándose a ella se lo tomó, [45] y Preciosa le dijo:

—No me lo tome, señor; es un romance que me acaban de dar ahora, y aún no lo he leído.

—¿Y sabes tú leer, hija?—dijo uno de los caballeros.

—Y escribir—respondió la vieja;—que a mi nieta la he criado[46] yo como si fuera hija de un sabio.

Abrió el caballero el papel y vio que venía dentro[47] una moneda de oro. Preciosa le dijo:

—Lea, señor, y lea alto[48]; veremos si el poeta* es tan discreto como es generoso.*

30 El caballero leyó el romance en voz alta, el cual terminaba con este verso:

---

[39] **entretenerse** to amuse oneself. [40] **barato** *money given by winning gamblers to bystanders.* [41] **entren las gitanas** let the Gypsy girls come in. [42] **no pienso entrar** I do not intend to go in. [43] **cúidate de** be on guard against, avoid. [44] **huir de las ocasiones** to flee from temptation. [45] **se lo tomó** took it away from her. [46] **a mi nieta la he criado** I have reared my granddaughter. [47] **venía dentro** was enclosed (in it). [48] **lea alto** read aloud.

> Preciosa, joya de amor,
> Esto humildemente escribe
> El que por ti muere y vive,
> Pobre, aunque humilde amador.[49]

5 —En *pobre* acaba el último verso—dijo Preciosa.—¡Mala señal! Nunca los enamorados han de decir que son pobres, porque al principio, la pobreza[50] es enemiga del amor.

—¿Quién te enseña eso, muchacha?—dijo uno.

—¿Quién me lo ha de enseñar?[51]—respondió Preciosa.—
10 ¿No tengo yo alma en mi cuerpo? ¿No tengo ya quince años? No hay gitano necio[52] ni gitana boba[53]; porque para vivir deben ser agudos, astutos* y embusteros.[54] ¿Ven esas muchachas mis compañeras que ahora están calladas y parecen bobas? Pues no lo son. No hay gitana de doce años
15 que no sepa lo que otras muchachas saben a los veinticinco, porque tienen por maestros al diablo[55] y al mundo, que les enseñan en una hora lo que habían de aprender[56] en un año.

Con esto que la gitanilla decía tenía asombrados a los oyentes,[57] y los que jugaban le dieron el barato, y aun los que
20 no jugaban. La vieja recogió treinta reales, y más rica y más **alegre que una Pascua de Flores**,[58] se fue con sus gitanillas a casa del señor Teniente, diciendo que otro día volvería a dar contento[59] a aquellos tan generosos señores.

Ya tenía aviso la señora doña Clara, mujer del Teniente,
25 como habían de ir[60] a su casa las gitanillas, y las estaba esperando como el agua de mayo[61] con sus doncellas[62] y dueñas[63] y con otra vecina suya, sus doncellas y dueñas; porque todas tenían ganas de conocer a Preciosa. Apenas hubieron entrado las gitanas, cuando entre las demás res-
30 plandeció[64] Preciosa como la luz de una antorcha[65] entre otras luces menores. Todas corrieron a ella: unas la abra-

---

[49] **amador** lover. [50] **pobreza** poverty. [51] **¿quién me lo ha de enseñar?** who need teach it to me? [52] **necio** fool. [53] **bobo** stupid. [54] **embustero** tricky. [55] **diablo** devil. [56] **lo que habían de aprender** what they were (supposed) to learn. [57] **oyente** listener. [58] **Pascua de Flores** Easter Sunday. [59] **dar contento** to please. [60] **habían de ir** were to go. [61] **agua de mayo** May rain. [62] **doncella** maid. [63] **dueña** duenna, chaperon. [64] **resplandecer** to shine. [65] **antorcha** torch.

zaban, otras la miraban, éstas la bendecían, aquéllas la ala-
baban.[66]   Doña Clara decía:
—¡Éste sí que se puede decir cabello de oro![67] ¡Éstos sí que
son ojos de esmeraldas!

5   La señora su vecina también la admiraba y la tocaba; y
viendo un pequeño hoyo[68] que Preciosa tenía en la barba,[69]
dijo:
—¡Ay, qué hoyo! En este hoyo han de caer cuantos lo miren.
Oyó esto un escudero[70] de la señora doña Clara, hombre de
10 larga barba[71] y largos años, y dijo:
—¿Ése llama vuestra merced[72] hoyo, señora mía? Pues yo sé
poco de hoyos, o ése no es hoyo sino sepultura de deseos
vivos.[73] ¡Por Dios, tan linda es la gitanilla, que hecha de
plata no podría ser mejor! ¿Sabes decir la buenaventura,
15 niña?
—De tres o cuatro maneras—respondió Preciosa.
—Por vida del Teniente mi señor, me la has de decir,[74] niña
de oro, niña de plata, niña de perlas.*
—Denle, denle la palma* de la mano a la niña, y una moneda
20 con que haga la cruz—dijo la vieja—y verán qué de cosas[75]
dice; porque sabe más que un doctor.
La señora Tenienta se buscó dinero en los bolsillos y no
halló una sola moneda. Pidió a sus criados y aun a la señora
vecina; pero nadie tenía nada. Lo cual visto por Preciosa,
25 dijo:
—Todas las cruces son buenas; pero las de plata o de oro son
las mejores. El señalar la cruz en la palma de la mano con
moneda de cobre disminuye la buenaventura.[76]

---

[66] **alabar** to praise. [67] **¡éste sí que se puede decir cabello de oro!** this
can certainly be called golden hair! [68] **hoyo** dimple. [69] **barba** chin.
[70] **escudero** squire. [71] **barba** beard. [72] **merced** grace; **vuestra merced** your
honor. [73] **sepultura de deseos vivos** tomb of living desires. (A pun:
vivo means both "ardent" and "living"; the implication is that this
charming dimple is fatal to all those who gaze upon it, for Preciosa is
both irresistible and unattainable.) [74] **me la has de decir** you have to tell
mine (*fortune*). [75] **qué de cosas** what a lot of things. [76] **el señalar
. . . disminuye la buenaventura** to mark the cross on the palm of the
hand with a copper coin jeopardizes one's good fortune.

—Tienes gracia,[77] niña—dijo la señora vecina.

Una doncella de las presentes, viendo la escasez[78] de la casa, dijo a Preciosa:

—Niña, ¿podrás hacer la cruz con un dedal[79] de plata?

5 —Con dedales de plata se hacen las cruces muy bien, con tal que los dedales sean muchos—respondió Preciosa.

—Uno tengo yo—replicó la doncella.—Si éste basta, aquí lo tienes, con la condición de que también a mí me has de decir la buenaventura.

10 —¿Por un dedal tantas buenaventuras?—dijo la gitana vieja.—Nieta, acaba pronto, que se hace noche.[80]

Tomó Preciosa el dedal y la mano de la señora Tenienta, y dijo:

> —Hermosita, hermosita,
> 15 La de las manos de plata,
> Más te quiere tu marido
> Que el Rey de las Alpujarras.
> No te lo quiero decir,
> Pero poco importa[81]; vaya:
> 20 Enviudarás,[82] otra vez,
> Y otras dos serás casada.
> No llores, señora mía;
> Que no siempre las gitanas
> Decimos el Evangelio[83];
> 25 No llores, señora, acaba.
> Cosas hay más que decirte;
> Si para el viernes me aguardas,[84]
> Las oirás, que son de gusto,
> Y algunas hay de desgracias.[85]

30 Acabó su buenaventura Preciosa, y todos los presentes querían saber la suya; pero ella les dijo que aguardaran hasta el viernes próximo, prometiéndole las señoras tener

---

[77] **tienes gracia** you are witty. [78] **escasez** scarcity. [79] **dedal** thimble.
[80] **se hace noche** it is getting dark. [81] **poco importa** it matters little.
[82] **enviudarás** you will become a widow. [83] **Evangelio** Gospel (truth).
[84] **aguardar** to await. [85] **que son de gusto y algunas hay de desgracias** for they are pleasant things, although some of them deal with misfortunes.

monedas de plata para hacer las cruces. En esto[86] vino el
señor Teniente, a quien contaron maravillas de Preciosa; él
hizo bailar a las gitanillas,[87] y metiéndose la mano en el bolsillo como para darles algo, la sacó vacía, y dijo:

5   —¡Por Dios que no tengo una sola moneda! La señora doña
Clara le dará un real a la gitanilla y yo se lo pagaré después.
   —¡Bueno es eso, señor! No hemos tenido entre todas nosotras un cuarto para hacer la señal de la cruz, ¿y quiere que
tengamos un real?

10   Por fin se despidieron las gitanas y se juntaron con[88] las
muchas mujeres que a la caída de la tarde[89] suelen salir[90] de
Madrid para sus aldeas;[91] porque la vieja vivía en continuo*
temor de que le robasen a su Preciosa.
   Sucedió, pues, que la mañana de un día en que volvían a

15   Madrid vieron en un valle cercano[92] a la ciudad un joven gallardo,[93] ricamente vestido. Llevaba una brillante* espada, y
sombrero adornado* de plumas. Las gitanas le miraron
asombradas de que a tales horas estuviese en tal lugar, a pie y
solo. Él se acercó a ellas, y hablando con la gitana mayor,

20   dijo:
   —Por vida vuestra, amiga, deseo que vos y Preciosa me
oigáis aquí aparte dos palabras,[94] que serán para vuestro provecho.
   —Con tal que no nos alejemos mucho,[95] ni nos tardemos

25   mucho—respondió la vieja.
   Y llamando a Preciosa, se alejaron unos veinte pasos de las
otras; y así, de pie, como estaban, el joven les dijo:
   —Yo vengo de tal manera rendido a[96] la discreción y belleza
de Preciosa que no he podido menos de[97] seguirla. Yo,

30   señoras mías, soy caballero, como lo puede mostrar este

---

[86] **en esto** at this moment. [87] **hizo bailar a las gitanillas** had the Gypsy
girls dance. [88] **se juntaron con** they joined. [89] **a la caída de la tarde**
at nightfall. [90] **soler: suelen salir** are accustomed to leave. [91] **aldea**
village. [92] **valle cercano** nearby valley. [93] **gallardo** dashing. [94] **que vos y
Preciosa me oigáis aquí aparte dos palabras** you and Preciosa to hear
privately a few words from me. [95] **con tal que no nos alejemos mucho**
provided we do not go very far. [96] **rendido a** overcome (captivated) by.
[97] **no he podido menos de** I could not help.

hábito[98]—y apartando la capa* descubrió en el pecho uno de
los más nobles que hay en España.—Soy hijo de Fulano,[99]
hijo único, que espera una herencia[100] razonable.* A pesar
de ser de la nobleza que he dicho, quisiera ser aún más
5 grande para levantar a mi grandeza la humildad de[101] Preciosa, haciéndola mi igual y mi señora. Sólo quiero servirla
y hacer su voluntad. Mi nombre es éste—y díjoselo;—mi
padre vive en tal calle, y tiene tales y tales señas[102]; tiene
vecinos de quien podéis informaros, y aun de los que no son
10 vecinos también, porque el nombre de mi padre es conocido
en los patios de palacio* y de toda la Corte. Aquí traigo cien
escudos de oro que deseo daros en prenda[103] de lo que os daré
más tarde.

Mientras el caballero hablaba, Preciosa le estaba mirando
15 atentamente,* y no le parecieron mal sus palabras ni su
talle[104]; y volviéndose a la vieja, le dijo:

—Perdóneme,* abuela, de que responda a este enamorado
caballero.

—Responde lo que quieras, nieta.

20 —Yo, señor caballero, aunque soy gitana pobre y humildemente nacida, tengo cierto espíritu dentro de mí que me
lleva a cosas grandes. No me mueven promesas* ni regalos,
y aunque de quince años, soy ya vieja en los pensamientos y
entiendo más de aquello que mi edad promete. Una sola
25 joya tengo: mi honor. Si queréis ser mi esposo,[105] han de
preceder* muchas condiciones y averiguaciones.[106]

Primero he de saber si sois el que decís; luego habéis de
dejar la casa de vuestros padres, tomar el traje de gitano y
cursar[107] dos años en nuestras escuelas, en el cual tiempo nos
30 conoceremos uno al otro. Si vos quedáis contento de mí y yo

---

[98] **hábito** habit (*distinctive attire*). [99] **Fulano** So and So. [100] **herencia**
inheritance. [101] **para levantar a mi grandeza la humildad de** to raise up to
my high rank (*greatness*) the lowly estate of. [102] **tiene tales y tales señas**
has such and such distinguishing marks. [103] **en prenda** as a pledge.
[104] **talle** figure. [105] **esposo = marido.** [106] **averiguación** investigation.
[107] **cursar** to take a course.

de vos, me entregaré por vuestra esposa[108]; pero hasta entonces me trataréis como hermana.

Se asombró el joven al oír las palabras de Preciosa, y se quedó mirando al suelo como si considerase* lo que había de responder. Viendo lo cual Preciosa, le habló así:

—No es este caso de tan poca importancia* para que pueda resolverse[109] en este momento. Volved a Madrid, señor, y considerad despacio lo que os convenga.[110]

—Cuando el cielo me dispuso para quererte,[111] Preciosa mía—dijo el caballero—decidí* hacer por ti lo que me pidieses; aunque nunca pensé que me habías de pedir lo que me pides. Cuéntame por gitano desde luego,[112] y haz de mí todas las experiencias* que quieras. Yo siempre seré el mismo. Dime cuándo quieres que mude de traje[113]; yo quisiera que fuese luego, porque con ocasión de ir a Flandes[114] engañaré a mis padres y sacaré dinero para gastar[115] algunos días. Necesito ocho días para arreglar mi partida.[116]

2

Convinieron en que de allí en ocho días[117] se verían en el mismo sitio, donde él vendría a dar cuenta de sus negocios, habiendo ellas tenido tiempo para informarse de la verdad que les había dicho. Sacó el joven una bolsa, donde dijo que iban[118] cien escudos de oro, y se los dio a la vieja. Preciosa no quería que los tomase, pero la gitana le dijo:

—Calla, niña; ésta es la mejor señal que el caballero ha dado

---

[108] **me entregaré por vuestra esposa** I shall consent to be your wife.
[109] **para que pueda resolverse** that it can be solved. [110] **convenir: lo que os convenga** what suits you. [111] **disponer: el cielo me dispuso para quererte** Heaven destined me to love you. [112] **cuéntame por gitano desde luego** consider me a Gypsy right away. [113] **mudar de traje** to change clothes. [114] **con ocasión de ir a Flandes** with the pretext of going to Flanders. [115] **gastar** to spend. [116] **arreglar mi partida** to arrange my departure. [117] **convinieron en que de allí en ocho días** they agreed that a week from that day. [118] **donde dijo que iban** which he said contained.

de estar enamorado. Además, no quiero yo que por mí
pierdan las gitanas la fama* que de codiciosas[119] han tenido
por largos siglos. ¿Cien escudos de oro quieres tú que des-
precie?[120]   Y si alguno de nuestros hijos, nietos o parientes
5 cae, por alguna desgracia, en manos de la justicia,[121] ¿habrá
favor que me niegue el juez[122] si estos escudos llegan a su
bolsa?   Considera, niña, que nuestra vida es muy peligrosa[123]
y . . .

—Por vida suya, abuela, no diga más; no acabará nunca de
10 alegar tantas leyes en favor de quedarse con[124] el dinero;
quédese con él, y buen provecho le haga.[125]   A estas nuestras
compañeras será menester darles algo; porque hace mucho
que nos esperan,[126] y ya deben de estar enojadas.

—Nada de eso—replicó la vieja.—Este buen señor verá si le
15 ha quedado alguna moneda de plata, o algunos cuartos, y se
los dará.

—Sí traigo—dijo el galán.

Y sacó del bolsillo algunas monedas que repartió[127] entre
las gitanas, las cuales quedaron muy alegres y satisfechas.
20 Se decidió que dentro de ocho días había de venir a aquel
sitio el galán, y que había de llamarse Andrés Caballero.   No
tuvo atrevimiento[128] Andrés (que así le llamaremos de aquí
en adelante)[129] de abrazar a Preciosa antes de marcharse[130]
para Madrid.   Ella, por su parte, deseosa de saber si él había
25 dicho la verdad, entró también en Madrid, y sin detenerse a
bailar en ninguna parte, se fue a la casa del padre de Andrés.
Habiendo andado la mitad de la calle, alzó[131] los ojos hacia
unos balcones* de hierro y vio allí a un caballero de unos cin-

---

[119] **codicioso** greedy.   [120] **despreciar** to scorn.   [121] **de la justicia** of the
authorities (*of the law*).   [122] **negar** to deny; **¿habrá favor que me niegue
el juez** is there perchance a favor that the judge may refuse me?
[123] **peligroso** dangerous.   [124] **alegar tantas leyes en favor de quedarse con**
to cite (*allege*) so many reasons (*laws*) in favor of keeping.   [125] **buen
provecho le haga** may it profit you.   [126] **hace mucho que nos esperan** they
have been waiting for us a long time.   [127] **repartir** to distribute.   [128] **no
tuvo atrevimiento** did not dare (did not have the boldness).   [129] **de aquí
en adelante** from now on, henceforth.   [130] **marcharse = irse**.   [131] **alzar** to
raise, lift.

cuenta años de edad, con hábito de cruz colorada sobre el pecho, de venerable* presencia;* el cual apenas hubo visto a la Gitanilla, dijo:

—Subid, niñas; aquí os darán limosna.

5 A esta voz se asomaron[132] al balcón otros tres caballeros, y entre ellos vino el enamorado Andrés, quien viendo a Preciosa, se puso pálido,[133] y estuvo a punto de perder los sentidos.[134] Subieron todas las gitanillas, y la vieja se quedó abajo para informarse de lo que les había dicho Andrés. Al 10 entrar la Gitanilla en la sala, dijo el caballero anciano[135] a los demás:

—Ésta debe de ser, sin duda, la Gitanilla hermosa.

—Ella es—replicó Andrés;—y sin duda es la más hermosa criatura que jamás se ha visto.

15 —Así lo dicen—contestó Preciosa;—pero en verdad que se engañan en la mitad.[136] Bonita, bien creo que lo soy; pero no tan hermosa como dicen.

—¡Por vida de don Juanico, mi hijo—dijo el anciano;—eres más hermosa de lo que dicen, linda gitana!

20 —¿Y quién es don Juanico, su hijo?—preguntó Preciosa.

—Ese galán que está a vuestro lado—respondió el anciano.

—Yo pensé que hablaba usted de algún niño de dos años. ¡Mirad qué don Juanico! Pudiera ya estar casado, y según las rayas[137] que tiene en la frente[138] no pasarán tres años sin 25 que lo esté.[139]

En esto, las gitanillas que iban con Preciosa se apartaron a un lado para no ser oídas, y dijo Cristina:

—Muchachas, éste es el caballero que nos dio dinero esta mañana.

30 —Así es la verdad; pero no digamos nada.

—Yo sé del señor don Juanico que es enamorado, impetuoso y prometedor[140] de cosas que parecen imposibles—dijo la

---

[132] **asomarse a** to appear at. [133] **se puso pálido** turned pale. [134] **a punto de perder los sentidos** on the point of losing consciousness. [135] **anciano = viejo** (*person*). [136] **se engañan en la mitad** they deceive themselves by half. [137] **raya** line, wrinkle. [138] **frente** forehead. [139] **sin que lo esté** without his being so (*married*). [140] **prometedor** given to making promises.

Gitanilla;—ojalá que no sea mentiroso,[141] porque eso sería lo peor de todo. Un viaje ha de hacer ahora muy lejos de aquí; el hombre propone y Dios dispone; pensará que va a Oñez y llegará a Gamboa.[142]

5 A esto respondió don Juan:

—En verdad, gitanilla, que has adivinado[143] muchas cosas acerca de mí; pero no soy mentiroso. Has adivinado lo del viaje largo,[144] pues dentro de cuatro o cinco días partiré a Flandes, aunque tú dices que no he de llegar allí.

10 —Calle, señorito—respondió Preciosa.—Todo le resultará bien,[145] y sepa que yo no sé nada de lo que digo, aunque algunas veces adivino. Sin embargo, yo quisiera aconsejarle[146] que se quede en casa con sus padres; porque esas idas y venidas[147] a Flandes no convienen a un joven de tan tierna 15 edad.

—Ya te he dicho, niña—respondió el don Juan que había de ser Andrés Caballero—que en todo tienes razón menos en creer que yo sea mentiroso. La palabra que yo doy en el campo, la cumpliré en la ciudad. Ahora mi padre te dará li- 20 mosna por mí, porque esta mañana di cuanto tenía a unas damas muy hermosas, especialmente* una de ellas.

—¡Ay niñas, que me maten si no lo dice por el dinero[148] que nos dio esta mañana!—dijo Cristina en voz baja.

—No es así—dijo una de las otras dos—porque dijo que eran 25 damas, y nosotras no lo somos, y él ha dicho que no es mentiroso.

—No es mentira la que se dice sin hacer daño[149] a nadie, y en crédito* y provecho del que la dice. Pero veo que no nos da nada ni nos manda bailar.

30 Subió en esto la gitana vieja, y dijo:

---

[141] **ojalá que no sea mentiroso** God grant that he be not a liar. [142] **pensará que va a Oñez y llegará a Gamboa** he probably thinks he is going in one direction, but he'll end up by going in the opposite. [143] **adivinar** to foretell. [144] **lo del viaje largo** that matter of the long trip. [145] **le resultará bien** will turn out well for you. [146] **aconsejar** to advise. [147] **idas y venidas** goings and comings. [148] **que me maten si no lo dice por el dinero** may they strike me dead if he isn't referring to the money. [149] **daño** harm.

—Nieta, acaba, porque es tarde, y hay mucho que hacer y
más que decir.

—Por vida de Preciosa—dijo el anciano—os ruego[150] que
bailéis un poco; aquí tengo una moneda de oro.

5 Apenas hubo oído esto la vieja dijo:

—Ea, niñas, dad contento[151] a estos señores.

Tomó las castañuelas Preciosa, y todas las gitanas comenzaron a dar vueltas y a bailar con mucha gracia.   Todos las
miraban encantados, especialmente Andrés, quien tenía los

10 ojos fijos[152] en los pies de Preciosa. | Con los movimientos*
del baile se le cayó a la Gitanilla un papel que alzó uno de los
presentes,[153] y abriéndolo al punto dijo:

—¡Bueno! ¡Soneto* tenemos! Cese el baile y escúchenlo;
porque según el primer verso, parece buen soneto.

15 Preciosa rogó que no lo leyesen por no saber el contenido[154]; pero a pesar de sus ruegos[155] el caballero lo leyó en
voz alta.   Era un soneto en alabanza de la Gitanilla.

—¡Por Dios—dijo el que leyó el soneto;—tiene gracia el
poeta que lo escribió!

20 Al oír el soneto, Andrés perdió el color de tal manera que
su padre, viéndole tan pálido, le dijo:

—¿Qué tienes, don Juan? Parece que te vas a desmayar.

—Espérense—dijo entonces Preciosa;—déjenme decirle
unas ciertas palabras al oído,[156] y verán cómo no se des-

25 maya.[157]

Y acercándose a él, le dijo casi sin mover los labios:

—¡Tienes poco ánimo para gitano!

Y haciéndole media docena[158] de cruces sobre el corazón,
se apartó de él, y entonces Andrés respiró un poco y dio

---

[150] **rogar: os ruego** I beg of you.   [151] **dad contento** please, regale.   [152] **fijo**
fixed.   [153] **se le cayó a la Gitanilla un papel que alzó uno de los presentes**
the Gypsy girl dropped a paper which one of the bystanders picked up.
[154] **por no saber el contenido** on account of not knowing the contents.
[155] **ruegos** pleadings.   [156] **decirle unas ciertas palabras al oído** to whisper
in his ear.   [157] **cómo no se desmaya** that (how) he does not faint.
[158] **docena** dozen.

señales de que las palabras de Preciosa le habían aprovechado.[159]

Se despidieron las gitanas después de recibir la moneda de oro prometida, y al irse, dijo Preciosa a don Juan:

5 —Mire, señor: cualquier día de esta semana es próspero[160] para partidas; salga lo más pronto posible, porque le espera una vida libre y muy amena.[161]

—No es tan libre la vida del soldado que parte para Flandes—respondió Juan.

10 —Dios le lleve y traiga con bien[162]—contestó Preciosa.

Con estas últimas palabras se quedó muy contento Andrés. Las gitanas se fueron, habiéndose repartido entre todas igualmente* el dinero que habían recogido, aunque la vieja tomaba siempre parte y media.

15 Llegó, en fin, el día en que Andrés se apareció una mañana en el lugar convenido, montado en una mula* de alquiler,[163] sin criado alguno. Preciosa y su abuela le recibieron con mucho gusto. Él les dijo que le llevasen al rancho[164] cuanto antes, porque temía ser descubierto; y de allí a poco rato[165] 20 llegaron a las barracas[166] de los gitanos. Entró Andrés en una de las barracas, que era la mayor del rancho, y luego vinieron a verle diez o doce gitanos, todos jóvenes, gallardos y bien hechos,[167] a quienes ya la vieja había dado cuenta del nuevo compañero, sin tener necesidad de recomendarles* que 25 guardasen el secreto,* porque los gitanos guardan siempre los secretos con sagacidad* y fidelidad nunca vistas. Echaron luego ojo a[168] la mula, y dijo uno de ellos:

—Ésta se podrá vender el jueves[169] en Toledo.

—Eso no—dijo Andrés—porque no hay mula de alquiler 30 que no sea conocida de todos los mozos de mulas.

—Aquí la transformaremos* de manera que no la conozca su

---

[159] **le habían aprovechado** had done him good.   [160] **próspero** auspicious.
[161] **ameno** agreeable.   [162] **Dios le lleve y traiga con bien** may God take you and bring you back safely.   [163] **una mula de alquiler** a hired mule.
[164] **rancho** Gypsy camp.   [165] **de allí a poco rato** a short time thereafter.
[166] **barraca** tent, hut.   [167] **bien hechos** with good figures.   [168] **echaron ojo a** cast (covetous) looks at.   [169] **jueves** Thursday.

propia madre, ni el dueño que la ha criado—dijo uno de los
gitanos.

—Por esta vez se ha de seguir mi consejo[170]—replicó
Andrés.—A esta mula se ha de dar muerte,[171] y ha de ser en-
terrada donde aun los huesos no parezcan.

—¡Pecado[172] grande!—dijo otro gitano.—¿A una inocente* se
ha de quitar la vida?[173]   No diga tal cosa el buen Andrés.
Mírela bien ahora, y yo me la llevaré de aquí para transfor-
marla.   Si de aquí a dos horas[174] la conoce . . .

—De ninguna manera consentiré* que la mula no muera—
dijo Andrés.—Yo temo ser descubierto si la mula no está bajo
tierra.   Aquí tengo más dinero del que vale[175] la mula para repartir entre todos.

—Pues así lo quiere el señor Andrés Caballero, que muera la
inocente—dijo otro gitano;—y Dios sabe cuánto me pesa,[176]
pues es joven y no tiene muchos defectos, cosa rara en una
mula de alquiler.

La muerte de la mula tuvo lugar por la noche, y ese mismo
día se hicieron las ceremonias para iniciar a Andrés, a las
cuales se hallaron presentes Preciosa y otras muchas gitanas,
viejas y jóvenes, que le miraban, unas con maravilla, otras
con amor.

Hechas pues las ceremonias,[177] un gitano viejo tomó por la
mano a Preciosa, y puesto delante de Andrés, dijo:

—Esta muchacha, que es la flor de toda la hermosura de las
gitanas, te la entregamos por esposa o por amiga.   Nuestra
vida es ancha[178] y libre, y no está sujeta a[179] muchas ceremonias.   Si no te agrada esta doncella, escoge[180] entre las
otras que aquí están la que te agrade; pero has de saber que
una vez escogida, no la has de dejar por otra.   Nosotros guar-

---

[170] **se ha de seguir mi consejo** my advice must be followed.   [171] **a esta
mula se ha de dar muerte** this mule must be killed.   [172] **pecado** sin.
[173] **se ha de quitar la vida** must they take the life.   [174] **si de aquí a dos
horas** if within two hours from now.   [175] **más dinero del que vale** more
money than the mule is worth.   [176] **cuánto me pesa** how much it grieves
me.   [177] **hechas las ceremonias** the formalities having been complied
with.   [178] **ancho** broad (*easy*).   [179] **sujeto a** subject to.   [180] **escoger** to
choose, select.

damos inviolablemente* la ley de la amistad,[181] y vivimos libres de la amarga[182] pestilencia* de los celos.[183] Nosotros mismos somos los jueces y los verdugos[184] de la mujer infiel[185]; las matamos y las enterramos por las montañas y de-
5 siertos* como si fuesen animales. Con este temor, nuestras mujeres procuran[186] ser buenas y fieles, y nosotros vivimos seguros. Dos cosas pueden causar* entre nosotros el divorcio*: la muerte y la vejez. El que quiere, puede dejar a la mujer vieja, si él es joven, y escoger otra que corresponda al
10 gusto de sus años.[187] Con éstas y otras leyes nos conservamos* alegres; somos dueños de los campos, de los montes, de los bosques, de las fuentes y de los ríos. Los montes nos dan leña de balde[188]; los árboles, frutas; las fuentes, agua; las cuevas, casas. De día trabajamos, y de noche hurtamos. En
15 conclusión,* vivimos por nuestra industria,* y tenemos lo que queremos. Te he dicho todo esto para que no ignores[189] la vida a que has venido, y con el tiempo descubrirás otras cosas no menos dignas[190] de consideración que las que has oído.

20 Calló el elocuente* y viejo gitano, y Andrés, que se alegraba mucho de haber oído todo aquello, declaró que desde aquel momento renunciaba[191] la profesión de caballero y se ponía debajo de las leyes de los gitanos, tomando a la divina* Preciosa.

25 —Aunque estos señores—dijo entonces Preciosa—han hallado por sus leyes que soy tuya, yo he hallado por lay ley de mi voluntad, que es la más fuerte de todas, que no quiero serlo, si no es con las condiciones que antes dije. Has de vivir dos años en nuestra compañía, antes de que yo sea tu
30 esposa. Estos señores bien pueden entregarte mi cuerpo, pero no mi alma, que es libre, nació libre y ha de ser libre mientras yo quiera.

---

[181] **amistad** friendship. [182] **amargo** bitter. [183] **celos** jealousy. [184] **verdugo** executioner. [185] **infiel** unfaithful. [186] **procurar** to try. [187] **gusto** taste; **que corresponda al gusto de sus años,** in keeping with the inclinations of his age. [188] **los montes nos dan leña de balde** the woodlands provide us with firewood free of charge. [189] **ignorar** to be unaware of. [190] **digno** worthy. [191] **renunciar** to renounce.

—Tienes razón, ¡oh Preciosa!—exclamó a este punto Andrés.—Dime qué juramento[192] quieres que haga, o qué otra seguridad[193] puedo darte.

—Los juramentos y promesas pocas veces se cumplen. No, señor Andrés; no quiero juramentos ni promesas; sólo quiero dejarlo todo a la experiencia de estos dos años.

—Así sea[194]—dijo Andrés.—Sólo una cosa pido a estos señores y compañeros míos, y es que no me obliguen* a hurtar durante un mes; porque me parece que no he de a-prender a ser ladrón si antes no preceden* muchas lecciones.

—Calla, hijo—dijo el gitano viejo;—aquí te enseñaremos el oficio,[195] y cuando lo sepas, has de gustar mucho de él.[196] ¡Bonita cosa es salir vacío por la mañana y volver cargado por la noche al rancho!

—Pues para recompensar[197]—dijo Andrés—lo que yo había de hurtar en este tiempo, quiero repartir doscientos (200) escudos de oro entre todos los del rancho.

Apenas hubo dicho esto cuando los gitanos le levantaron en hombros gritando: «¡Viva, viva el gran Andrés! ¡Viva, viva Preciosa, su amada!»

Las gitanas hicieron lo mismo con Preciosa, no sin envidia de Cristina; porque la envidia anda[198] lo mismo en las casas de los pobres que en los palacios* de los reyes.

Llegó la noche, enterraron la mula, y así quedó Andrés seguro de no ser descubierto. Al otro día, por consejo de Andrés, levantaron el rancho[199] para alejarse de Madrid, y a los cuatro días llegaron a una aldea cerca de Toledo donde establecieron su rancho.[200] Los gitanos se esparcieron[201] por todos los pueblos cercanos y trataron de dar a Andrés la primera lección de ladrón, mas al fin él les dijo que quería hurtar por sí sólo, sin compañía de nadie. Tenía la intención de apartarse de ellos para comprar alguna cosa, y

---

[192] **juramento** oath.   [193] **seguridad** guarantee.   [194] **así sea** so be it.   [195] **oficio** trade.   [196] **cuando lo sepas has de gustar mucho de él** when you learn it you are bound to be very fond of it.   [197] **para recompensar** to compensate for.   [198] **la envidia anda** envy lurks.   [199] **levantaron el rancho** they broke camp.   [200] **establecer** to establish; **establecieron su rancho** they pitched their tents.   [201] **esparcir** to scatter.

decir que la había hurtado. Haciendo esto, trajo en un mes más ganancia[202] a la compañía que cuatro de los más experimentados.[203]

Poco más de un mes se estuvieron cerca de Toledo, y de allí se fueron a Extremadura, tierra caliente y rica. No había lugar donde no se hablase de la gracia y hermosura de la Gitanilla, y de las habilidades del gitano Andrés Caballero, y no había aldea ni pueblo donde no los llamasen para celebrar fiestas públicas* o particulares.[204] De Extremadura se fueron a la Mancha, y poco a poco se fueron caminando[205] hacia Murcia.

En Murcia le sucedió a Andrés una desgracia en que estuvo a punto de perder la vida. Preciosa, su abuela, Cristina con otras dos gitanillas, Andrés y otro gitano, se alojaron[206] en una posada de una viuda[207] rica, la cual tenía una hija de dieciocho años de edad, llamada Juana Carducha. Ésta, habiendo visto bailar a los gitanos, se enamoró de[208] Andrés tan fuertemente que decidió tomarle por marido. Se acercó a él, con prisa para no ser vista, y le dijo:

—Andrés, soy hija única y rica; esta posada es de mi madre, y además de ella, posee muchas tierras y cuatro casas. Me has parecido bien;[209] dime si me quieres por esposa; quédate, y verás qué vida nos damos.[210] Respóndeme pronto.

Andrés se quedó asombrado de la resolución de la Carducha, y con la prontitud[211] que ella pedía le respondió:

—Señora, ya estoy comprometido para casarme,[212] y los gitanos no nos casamos sino con gitanas. Dios la guarde por el honor que me quería hacer, del cual yo no soy digno.

La Carducha estuvo para caerse muerta[213] con la respuesta de Andrés, y le habría contestado si en aquel momento no hubieran entrado en el corral otras gitanas. Se fue humi-

---

[202] **ganancia** gain, profit. [203] **experimentado** experienced. [204] **particulares** private. [205] **se fueron caminando** they kept traveling. [206] **alojarse** to lodge. [207] **viuda** widow. [208] **enamorarse de** to fall in love with. [209] **me has parecido bien** you have made a good impression on me. [210] **qué vida nos damos** what a life we'll have together. [211] **prontitud** promptness. [212] **comprometido para casarse** engaged to be married. [213] **estuvo para caerse muerta** was ready to drop dead.

llada²¹⁴ y con deseos de venganza. Andrés, como hombre discreto, decidió huir de aquella ocasión que el diablo le
ofrecía, y rogó a los gitanos que aquella misma noche par-
tiesen de aquel lugar. Ellos, que siempre le obedecían,²¹⁵
5 así lo hicieron.
La Carducha, viendo que con Andrés se le iba la mitad de
su alma,²¹⁶ decidió detenerle por fuerza; y para llevar a
cabo²¹⁷ su mala intención, puso dentro de la maleta de
Andrés unos ricos corales,²¹⁸ dos joyas de plata y otros objetos
10 de valor. Apenas habían salido de la posada los gitanos, comenzó ella a dar voces,²¹⁹ diciendo que le habían robado sus
joyas; y a las voces vinieron la justicia y toda la gente del
pueblo. Los gitanos hicieron alto,²²⁰ y todos juraban²²¹ que
no llevaban ninguna cosa hurtada, ofreciendo abrir todas sus
15 maletas para probarlo. La gitana vieja temía que en aquel
escrutinio²²² saliesen a luz las joyas de Preciosa y los vestidos
de Andrés que ella guardaba con sumo²²³ cuidado; mas la
Carducha le quitó ese temor, porque a la segunda maleta que
abrieron dijo que preguntasen cuál era la de aquel gitano,
20 gran bailador, a quien ella había visto entrar dos veces en su
cuarto; acaso él tuviese las joyas. Entendió Andrés que por
él lo decía,²²⁴ y riéndose, dijo:
—Señora, ésta es mi maleta y éste es mi burro. Si se halla en
él o en ella lo que se ha perdido, yo pagaré siete veces su
25 valor, además de sufrir el castigo que la ley da a los ladrones.
Abrieron, pues, la maleta de Andrés, y al punto hallaron las
joyas de la Carducha; de lo cual quedó el joven tan espantado
que parecía estatua sin voz, de piedra dura.²²⁵
—¿No sospeché yo bien?—dijo entonces la Carducha.—
30 ¡Mirad qué buena cara para un ladrón tan grande!
El Alcalde,²²⁶ que estaba presente, comenzó a decir mil in-

---

²¹⁴ **se fue humillada** went away humiliated. ²¹⁵ **obedecer** to obey. ²¹⁶ **se
le iba la mitad de su alma** half of her heart (*soul*) was being taken away
from her. ²¹⁷ **llevar a cabo** to carry out. ²¹⁸ **corales** string of coral
beads. ²¹⁹ **dar voces** to shout. ²²⁰ **hacer alto** to halt. ²²¹ **jurar** to swear,
vow. ²²² **escrutinio** scrutiny. ²²³ **sumo** great, extreme. ²²⁴ **que por él
lo decía** that she was referring to him. ²²⁵ **piedra dura** hard stone.
²²⁶ **alcalde** mayor.

jurias[227] a Andrés y a todos los gitanos. A todo callaba
Andrés, y no acababa de comprender la traición[228] de la Carducha. En esto, se le acercó un soldado, sobrino[229] del Alcalde, diciendo:

5   —¿No ven qué pálido se ha puesto[230] el gitano? Apostaré yo
que niega el hurto,[231] a pesar de habérselo cogido en las
manos.[232] Este bribón debería estar en la cárcel en vez de
andar bailando de lugar en lugar y hurtando de posada en posada. Estoy por darle una buena bofetada . . .[233]

10   Y diciendo esto, alzó la mano y le dio una bofetada tal que
le hizo recordar que no era Andrés Caballero, sino don Juan
y *caballero;* y arrojándose sobre el soldado con mucha
fuerza y más cólera,[234] le arrebató[235] su misma espada y se la
metió en el cuerpo, dejándole muerto.

15   La gente gritaba, el Alcalde juraba, Preciosa se desmayó, y
Andrés estaba asustado de verla desmayada. Por fin, todos
se arrojaron sobre el homicida. Creció la confusión, cre-
cieron también los gritos; y Andrés, por ayudar a Preciosa,
dejó de defenderse.[236] Le prendieron y le cargaron de ca-

20   denas.[237] El Alcalde hubiera querido ahorcarle immedia-
tamente, pero se vio obligado a llevarle a la jurisdicción* de
Murcia. No le llevaron a Murcia ese día, sino el siguiente, y
entretanto Andrés sufrió mucho en la cárcel del lugar. El
Alcalde prendió a cuantos[238] gitanos y gitanas pudo, porque

25   los más huyeron, y con mucha gente armada se los llevó a
todos a Murcia. Salió toda Murcia a verlos, porque ya se tenía
noticia de la muerte del soldado. Entre los presos[239] iba
también Preciosa, cuya hermosura aquel día fue tanta, que
todos la miraban y la bendecían; y llegó la fama de su belleza a

---

[227] **injuria** insult. [228] **no acababa de comprender la traición** did not fully
understand the treachery. [229] **sobrino** nephew. [230] **se ha puesto** has
turned. [231] **apostaré yo que niega el hurto** I'll wager that he denies the
theft. [232] **a pesar de habérselo cogido en las manos** in spite of having
caught him red-handed. [233] **estoy por darle una buena bofetada** I am
inclined to give him a good slap. [234] **cólera** anger. [235] **le arrebató**
snatched from him. [236] **por ayudar a Preciosa dejó de defenderse** on
account of taking care of Preciosa, he ceased to defend himself. [237] **cadena**
chain. [238] **cuantos** all. [239] **preso** prisoner.

los oídos de la señora Corregidora,[240] quien por curiosidad* de
verla, hizo que el Corregidor, su marido, mandase que aquella
gitanilla no entrase en la cárcel.

EXERCISES

1

A. *Make a significant statement in Spanish about each of the following items about* **la gitanilla** *using the suggestions in
parentheses:*

1. *her name* (La Gitanilla se llamaba . . .)
2. *her dancing ability* (Era la mejor . . .)
3. *her beauty* (Era . . .)
4. *her manners* (Era . . . *or* Sus modales eran . . .)
5. *her deportment* (Era tan honesta que . . .)
6. *the mode of living taught her by her grandmother* (La
   abuela la . . .)
7. *her first entry into Madrid*
8. *she danced accompanied by the castanets* (Bailó . . .
   [*where?*] . . .)
9. *what she was especially renowned for*
10. *the grandmother's care over her* (La abuela nunca . . .)
11. *how Preciosa regarded the old Gypsy woman* (La tenía . . .)
12. *the old woman's method of collecting money* (Pedía . . .
    mientras . . .)
13. *what those in the circle shouted at the top of their voices*
14. *the shower of coins*
15. *the number of onlookers*
16. *the lieutenant's proposal* (El teniente quiso que . . . [*use
    imperfect subjunctive*])
17. *what Preciosa saw through the window grating* (Vio
    muchos . . .)
18. *how the gentlemen were amusing themselves* (Se entre-
    tenían . . .)
19. *what she asked them to give her*

---

[240] **corregidor** magistrate; **corregidora** magistrate's wife.

20. *what they did on hearing her voice* (Todos se acercaron a . . .)
21. *the suggestion that Preciosa go in* (Si quieres . . .)
22. *Preciosa's reply*

B. *Make statements, as for exercise A, about the following:*

1. *the two things asked for with which to tell the fortune* (La vieja pidió . . .)
2. *the amount of money Doña Clara gave the fortune teller*
3. el resultado de señalar la cruz con una moneda de cobre
4. *the use of the thimble*
5. la buenaventura de la señora Tenienta: (*a*) el amor de su marido (Su marido la quiere . . . ¿mucho? o ¿poco?); (*b*) lo de la muerte de su marido (Su marido iba a . . . y ella iba a casarse . . .); (*c*) *the advice concerning the rest of the fortune*
6. la promesa de las señoras para el viernes próximo (Todas le prometieron . . .)
7. la llegada del señor Teniente
8. *the reason why he did not give them any money*
9. *what usually took place at nightfall*
10. el encuentro con el joven gallardo (Vieron . . . ¿a quién? ¿dónde?)
11. *how the dashing young man was dressed* (Llevaba . . .)
12. *what he wanted of Preciosa and her grandmother* (Quería que . . . [*imperfect subjunctive*])
13. la respuesta de la vieja (Le oiremos con tal que . . . [*present subjunctive*])
14. *the young man's excuse for following them* (Estaba tan rendido a la . . . que no podía menos de . . .)
15. *the young man's description of himself:* (*a*) his social standing (Era . . .); (*b*) sus padres (Era hijo . . .); (*c*) lo que quería él (Quería casarse . . .)
16. la cantidad de dinero que llevaba
17. *the impression he made on Preciosa*
18. la respuesta de Preciosa: (*a*) tocante a su pobreza y su nacimiento (Soy . . .); (*b*) tocante a su edad (Tengo . . .); (*c*) tocante a su única joya
19. *the conditions under which she will marry him:* (a) *what must precede;* (b) *what he must do* (Ha de dejar . . .); (c) *how long he must study in their schools;* (d) *what she will do then*

2

A. *Answer in Spanish*

1. Al ver a Preciosa ¿cómo se puso Andrés?
2. ¿Por qué no subió también la vieja?
3. ¿Cómo creía ser Preciosa? ¿bonita? ¿hermosa? ¿fea?
4. ¿Quién era don Juanico?
5. ¿Le reconocieron las gitanas?
6. ¿A dónde había de ir dentro de unos días?
7. ¿Qué le aconsejó Preciosa?
8. ¿Era mentiroso don Juan (Andrés)?
9. ¿Qué quería el anciano?
10. ¿Por qué no quería irse la vieja?
11. ¿En dónde tenía fijos los ojos Andrés?
12. ¿Qué se le cayó a Preciosa?
13. ¿Quién lo alzó?
14. ¿Qué rogó Preciosa al caballero?
15. ¿Sabía Preciosa el contenido del papel?
16. ¿A quién se alababa en aquel soneto?
17. ¿Qué le dijo al oído Preciosa a Andrés?
18. ¿Qué le hizo sobre el corazón?
19. ¿Quién les dio a las gitanas la moneda de oro?
20. ¿Sabía el padre que Andrés estaba enamorado de Preciosa?
21. Al llegar al rancho ¿quiénes recibieron a Andrés?
22. ¿Cómo le recibieron?
23. ¿Qué dijeron de la mula los gitanos?
24. ¿Qué temía Andrés?
25. ¿Por qué mataron a la mula?

B. *Prepare one or more simple Spanish sentences about each item below:*

1. La mujer infiel entre los gitanos.
2. El divorcio entre ellos.
3. Las ocupaciones de los gitanos de día y de noche.
4. La opinión de Preciosa tocante a sus relaciones con Andrés.
5. La respuesta de Andrés.
6. Lo que Preciosa creía de los juramentos.
7. La envidia entre los gitanos.
8. La hija de la viuda rica.
9. Lo que él respondió.
10. El resultado inmediato de esta respuesta.
11. El escrutinio de la maleta.

12. Las joyas.

13. El soldado y Andrés.

14. El homicida.

15. Andrés en la cárcel.

3

Metieron, pues, a Andrés en una oscura prisión,* mas a Preciosa la llevaron con su abuela para que la Corregidora la viese, y luego que la vio dijo:

—Con razón la alaban de hermosa.[1]

5 Y la abrazó tiernamente y no se cansaba de mirarla. Preguntó a la abuela qué edad tenía la niña.

—Quince años—respondió la gitana—dos meses más o menos.

—Esa misma edad tuviera ahora mi desdichada hija[2] Cons-
10 tanza. ¡Ay, amigas, esta niña me recuerda mi desventura![3] —dijo la Corregidora.

Tomó Preciosa las manos de la Corregidora, y besándoselas muchas veces, se las bañaba con lágrimas[4] y le decía:

—Señora mía, el gitano que está preso no tiene culpa,[5]
15 porque le provocaron.* Le llamaron ladrón, y no lo es; le dieron una bofetada en el rostro. Por Dios, señora, haced que se le haga justicia,[6] y que el señor Corregidor no se dé prisa a ejecutar[7] en él el castigo con que las leyes le amenazan. Mi vida depende* de la suya; él ha de ser mi esposo, y
20 justos* motivos* lo han impedido[8] hasta ahora. Señora mía, si sabéis lo que es amor, y si alguna vez lo habéis sentido, y ahora amáis a vuestro esposo, tened piedad de mí, que amo tiernamente al que ha de ser mío.

En todo el tiempo que esto decía, no le soltó[9] las manos, ni
25 apartó de ella los ojos. La Corregidora la miraba también

---

[1] con razón la alaban de hermosa rightly they praise her for her beauty.
[2] esa misma edad tuviera ahora mi desdichada hija my lamented daughter would be now that same age.   [3] me recuerda mi desventura reminds me of my misfortune.   [4] se las bañaba con lágrimas bathed them with her tears.   [5] no tiene culpa is not (at all) to blame.   [6] haced que se le haga justicia cause justice to be done to him.   [7] que no se dé prisa a ejecutar that the Corregidor be in no hurry to carry out.   [8] impedir to hinder.
[9] soltar to let go.

atentamente y con no pocas lágrimas. Estando en esto entró el Corregidor, quien viendo a su mujer y a Preciosa cogidas de las manos[10] y llorando, quedó admirado[11] tanto de las lágrimas como de la hermosura. Preguntó la causa de aquel
5 sentimiento,* y la respuesta que dio Preciosa fue soltar las manos de la Corregidora y echarse a los pies del Corregidor, diciéndole:

—¡Señor, misericordia,[12] misericordia! ¡Si mi esposo muere, yo moriré también! ¡El no tiene culpa; pero si la tiene,
10 denme a mí el castigo!

El Corregidor se conmovió[13] y estuvo a punto de acompañarla en sus lágrimas; y en tanto que[14] esto pasaba, la gitana vieja considerando grandes, muchas y diversas cosas, dijo al cabo de unos instantes:
15 —Espérenme, señores míos, un poco; que yo haré que estas lágrimas se conviertan en risa,[15] aunque a mí me cueste la vida.

Y así con ligero[16] paso se salió de donde estaba, dejando a los presentes confusos* con lo que había dicho. Mientras
20 que ella volvía, no dejó Preciosa las lágrimas ni los ruegos para que se dilatase la causa[17] de su futuro* esposo, con intención de avisar[18] a su padre para que viniese a sacarle del peligro.

Volvió la gitana con un pequeño cofre[19] debajo del brazo, y
25 dijo al Corregidor que tenía grandes cosas que decirles en secreto. El Corregidor, creyendo que le quería descubrir algunos hurtos de los gitanos, al momento se retiró con ella y con su mujer a otro cuarto, donde la gitana, poniéndose de rodillas ante los dos, les dijo:
30 —Si las buenas nuevas que os voy a dar, señores, no merecen alcanzar[20] el perdón* de un gran pecado mío, aquí estoy para

---

[10] **cogidas de las manos** holding hands. [11] **quedó admirado** was astonished. [12] **misericordia** mercy. [13] **conmoverse** to be moved. [14] **en tanto que** while. [15] **haré que estas lágrimas se conviertan en risa** I'll have these tears changed to laughter. [16] **ligero** light, nimble. [17] **que se dilatase la causa** that the prosecution of the case be delayed. [18] **avisar** to warn, notify. [19] **cofre** chest, box. [20] **no merecen alcanzar** are not enough to obtain.

recibir el castigo; pero antes de confesar* mi pecado quiero que digáis, señores, si conocéis estas joyas.

Y descubriendo un cofre en que venían las joyas de Preciosa, lo puso en las manos del Corregidor, quien, abriéndolo, vio unas joyas de niña; pero no entendió lo que podían significar.* Las miró también la Corregidora, pero tampoco cayó en la cuenta,²¹ y sólo dijo:

—Estos son adornos²² de alguna pequeña criatura.

—Así es la verdad—dijo la gitana;—y lo escrito en ese papel doblado²³ explica* quién sea la criatura.

El Corregidor abrió el papel y leyó: «Se llamaba la niña Constanza de Acevedo y de Meneses; su madre doña Guiomar de Meneses, y su padre, don Fernando de Acevedo, caballero del hábito²⁴ de Calatrava. La hice desaparecer el día de la Ascensión* del Señor,²⁵ a las ocho de la mañana, del año mil quinientos noventa y cinco (1595). Traía la niña puestos²⁶ los adornos que están guardados ²⁷ en este cofre.»

Apenas hubo oído la Corregidora estas palabras, cuando reconoció las joyas, se las puso a la boca, y dándoles infinitos* besos, cayó desmayada. Cuando volvió en sí, preguntó:

—Mujer buena, ángel más bien que gitana, ¿dónde está la criatura a quien pertenecen estas cosas?

—¿Dónde, señora?—respondió la gitana.—En vuestra casa la tenéis; aquella gitanilla que os sacó las lágrimas de los ojos²⁸ es la criatura a quien pertenecen estos adornos; y sin duda alguna es vuestra hija; porque yo la hurté en Madrid, de vuestra casa, el día y hora que ese papel dice.

Oyendo esto la señora, salió corriendo²⁹ a la sala donde había dejado a Preciosa, a quien halló rodeada de sus doncellas y criadas, todavía llorando; se acercó a ella, y sin decirle nada, con gran prisa le desabrochó³⁰ el pecho para mirar

---

²¹ **tampoco cayó en la cuenta** neither did she grasp the situation.
²² **adorno** ornament, trinket. ²³ **doblado** folded. ²⁴ **caballero del hábito de** knight of the order of. ²⁵ **Ascensión del Señor** Ascension (of the Lord).
²⁶ **traía . . . puestos** was wearing. ²⁷ **guardado** kept, stored. ²⁸ **os sacó las lágrimas de** wrung tears from your eyes. ²⁹ **salió corriendo** ran out. ³⁰ **desabrochar** to unbutton, unfasten.

si tenía una señal blanca con que había nacido, y la halló ya
grande, porque con el tiempo había crecido. Luego, con la
misma prisa, le quitó los zapatos y encontró lo que buscaba:
los dos dedos[31] últimos del pie derecho estaban unidos uno
con el otro con un poquito de carne.[32] El pecho, los dedos,
las joyas, el día del hurto, la confesión de la gitana y la alegría
que habían recibido sus padres cuando la vieron, confir-
maron* en el alma de la Corregidora ser Preciosa su hija[33]; y
así, cogiéndola en sus brazos, se volvió con ella a donde el
Corregidor y la gitana estaban.

Iba Preciosa confusa[34] sin entender la razón de aquellas
diligencias,[35] y mucho más viéndose llevar en brazos de la
Corregidora, quien le daba cien besos. Llegó, por fin, doña
Guiomar a la presencia* de su marido, y pasándola de sus
brazos a los del Corregidor, le dijo:

—Recibid, señor, a vuestra hija Constanza, que ésta es sin
duda; no lo dudéis, señor, de ningún modo, porque he visto
la señal blanca en su pecho, y tiene juntos los dos últimos
dedos del pie derecho; y además, a mí me lo está diciendo el
alma desde el instante* que mis ojos la vieron.

—No lo dudo—contestó el Corregidor, teniendo en sus
brazos a Preciosa;—porque los mismos pensamientos han
pasado por mi alma[36] que por la vuestra; y además, tantas
señales juntas, ¿cómo podrían suceder si no fuera por milagro?[37]

Toda la gente de casa estaba asombrada, preguntándose
unos a otros qué sería aquello. ¿Quién había de imaginar[38]
que la Gitanilla era hija de sus señores?

El Corregidor dijo a su mujer, a su hija y a la gitana vieja
que aquel caso estuviese secreto hasta que él lo descubriese.[39] Dijo, además, a la vieja que la perdonaba; pero que

---

[31] **dedo del pie** toe.   [32] **un poquito de carne** a little bit of flesh.   [33] **en el
alma de la Corregidora ser Preciosa su hija** in the mind of the Corregidora
that Preciosa was her daughter.   [34] **iba Preciosa confusa** Preciosa was
perplexed.   [35] **diligencia** investigation.   [36] **han pasado por mi alma** have
crossed my mind.   [37] **por milagro** as a miracle.   [38] **¿quién había de
imaginar?** who would have suspected?   [39] **hasta que él lo descubriese**
until he should disclose it.

sólo sentía una cosa:[40] que ella, sabiendo la calidad[41] de Preciosa, la hubiese desposado[42] con un gitano ladrón y homicida.

—¡Ay! señor mío—dijo a esto Preciosa;—Andrés no es gi5 tano ni ladrón, aunque es matador.[43] Pero mató a quien le quitó su honra, y no pudo hacer menos de[44] mostrar quién era, y matarle.

—¿Cómo que no es gitano,[45] hija mía?—dijo doña Guiomar.

Entonces la gitana vieja contó brevemente[46] la historia de
10 Andrés Caballero, quien era hijo de don Francisco de Cárcamo, caballero del hábito de Santiago, y que se llamaba don Juan de Cárcamo, y era también caballero del mismo hábito, cuyos vestidos ella tenía. Contó también el concierto[47] que entre Preciosa y don Juan estaba hecho de aguardar dos años
15 de aprobación* para casarse o no; habló de las virtudes de ambos y la agradable condición de don Juan. Se admiraron tanto de esto[48] como de haber hallado a su hija, y el Corregidor mandó a la gitana que fuese por los vestidos de don Juan.

20   En tanto que ella iba y volvía,[49] hicieron sus padres a Preciosa cien mil preguntas, a las que respondió con tanta gracia y discreción, que aunque no la hubieran reconocido por hija, se hubieran enamorado de ella. Le preguntaron si tenía cariño a don Juan, y ella respondió que estaba agradecida a él
25 por haberse humillado[50] a ser gitano por ella; pero que su agradecimiento no se extendería a más de aquello que[51] sus señores padres quisiesen.

—Calla, Preciosa—dijo su padre;—te casaremos con alguien digno de ti.

---

[40] **sólo sentía una cosa** regretted only one thing.   [41] **calidad** rank.
[42] **desposar** to betroth.   [43] **matador** killer.   [44] **no pudo menos de** could not help.   [45] **¿cómo que no es gitano?** what do you mean he is not a Gypsy?
[46] **brevemente** briefly.   [47] **concierto** agreement.   [48] **se admiraron tanto de esto** they were as much surprised at this.   [49] **en tanto que ella iba y volvía** while she was going and coming.   [50] **agradecida a él por haberse humillado** grateful to him for having humbled himself.   [51] **su agradecimiento no se extendería a más de aquello que** her gratitude would not go beyond the point that.

Suspiró Preciosa, y su madre entendió que suspiraba de amor por don Juan, y dijo a su marido:

—Siendo don Juan de Cárcamo tan noble, y queriendo tanto a nuestra hija no nos estaría mal[52] dársela por esposa.

—La acabamos de hallar ¿y ya queréis que la perdamos? Gocémosla[53] algún tiempo; después no será nuestra sino de su marido.

—Tenéis razón, señor—respondió ella;—pero entretanto dad orden de sacar a don Juan, que debe de estar en algún calabozo.[54]

—Sí—dijo Preciosa;—porque a un ladrón, matador, y sobre todo gitano, no le habrán dado mejor sitio.[55]

—Yo quiero ir a verle—respondió el Corregidor,—y de nuevo mando que nadie sepa esta historia hasta que yo lo quiera.

Entró solo en el calabozo donde estaba don Juan, y le halló cargado de cadenas. El calabozo era oscuro, pero hizo que abriesen una ventanilla por donde entraba una luz muy escasa.[56]

—¿Cómo está el gitano?—dijo el Corregidor a don Juan.— Así quisiera yo tener a cuantos gitanos hay en España para acabar con[57] ellos en un día como Nerón con Roma, sin dar más de un golpe. Sabe, ladrón, que yo soy el Corregidor, y vengo a preguntarte si es verdad que vas a casarte con la Gitanilla.

Oyendo esto Andrés, imaginó que el Corregidor se había enamorado de Preciosa, y respondió:

—Si ella ha dicho eso, es mucha verdad; y si ha dicho lo contrario, también es verdad; porque no es posible que Preciosa diga mentira.

—¿Tan verdadera es?—replicó el Corregidor. No es poco serlo, para ser gitana.[58] Bueno, muchacho; ella ha dicho que

---

[52] **no nos estaría mal** it would not be unbecoming of us. [53] **gocémosla** let us enjoy her. [54] **que debe de estar en algún calabozo** for he must be in some dungeon. [55] **no le habrán dado mejor sitio** they have not likely given him a better place. [56] **escaso** scant. [57] **para acabar con** to make short work of. [58] **no es poco serlo, para ser gitana** to be so is no small accomplishment for a Gypsy.

va a ser tu esposa, y sabiendo que tú has de morir, me ha pedido que antes de tu muerte la case contigo.

—Pues hágalo usted, señor Corregidor; con tal que yo me
case con ella, iré contento a la otra vida.

5   —¡Mucho la debes de querer![59]—exclamó el Corregidor.

—Tanto—respondió el preso—que no lo puedo expresar con
palabras.   Es verdad, señor Corregidor, que yo maté al que
me quiso quitar la honra; yo adoro* a esa gitana; moriré contento si muero en su gracia; ambos hemos cumplido lo que
10 nos prometimos.

—Esta noche enviaré por ti—dijo el Corregidor,—y en mi
casa te casarás con Preciosa, y mañana a mediodía morirás.
De esta manera yo habré cumplido con lo que pide la justicia
y con el deseo de ambos.

15 Andrés le dio las gracias, y el Corregidor volvió a su casa
para dar cuenta a su mujer de su visita a don Juan y de otras
cosas que pensaba hacer.   Preciosa por su parte relató toda
su vida a su madre, diciéndole que siempre había creído ser
gitana[60] y ser nieta de aquella vieja; pero que siempre se
20 había estimado en mucho más.[61]

Su madre le preguntó si en verdad quería bien a don Juan
de Cárcamo.   Ella bajó los ojos, y contestó que por haberse
considerado[62] gitana, y porque mejoraba[63] su suerte casán-
dose con un caballero tan noble como don Juan, y por haber
25 visto sus buenas cualidades,* le había mirado con buenos
ojos;[64] pero que en todo haría la voluntad de sus señores
padres.

A las diez de la noche sacaron a Andrés del calabozo,
cargado de una gran cadena.   De este modo entró sin ser
30 visto de la gente en casa del Corregidor, y le dejaron un rato

---

[59] **mucho la debes de querer** you must love her a great deal.   [60] **que
siempre había creído ser gitana** that she had always thought she was
a Gypsy.   [61] **se había estimado en mucho más** had esteemed herself
much more highly.   [62] **por haberse considerado** on account of having
considered herself.   [63] **mejoraba su suerte** improved her position (*chance*).
[64] **le había mirado con buenos ojos** had looked upon him with favor.

solo en un cuarto. Al poco rato entró un clérigo[65] quien le dijo
que se confesase,* porque había de morir al día siguiente.

—De muy buena gana me confesaré—dijo Andrés;—pero,
¿cómo no me casan primero?

5   Doña Guiomar dijo a su marido que ya eran demasiados los
sustos[66] para Andrés; y que podría perder la vida. Entonces
el Corregidor entró a llamar al clérigo y le dijo que primero
habían de casar al gitano con Preciosa.

Salió Andrés a una sala donde estaban solamente doña
10   Guiomar, el Corregidor, Preciosa y dos criados. Cuando Preciosa le vio con aquella cadena tan pesada,[67] el rostro pálido y
los ojos con señales de haber llorado, estuvo a punto de desmayarse.

—Vuelve en ti,[68] niña,—le dijo doña Guiomar;—todo lo que
15   ves ha de ser para tu gusto y provecho.

—Señor cura,[69] este gitano y esta gitana son los que usted ha
de casar.

—No lo podré yo hacer—contestó el cura—si no preceden
primero las circunstancias* que para tal caso se requieren.*
20   ¿Dónde se han hecho las amonestaciones?[70] ¿Dónde está la
licencia* de mi superior?

—Se me había olvidado—respondió el Corregidor;—pero yo
haré que el Vicario la dé.[71]

—Pues hasta que yo la vea—replicó el cura—no será el casa-
25   miento.[72]

Y sin decir más, se salió de casa y los dejó a todos confusos.

—El cura ha hecho muy bien—dijo entonces el Corregidor.—
La Providencia quiere que se dilate el tormento de Andrés;[73]
porque, en efecto, para el casamiento han de preceder las
30   amonestaciones. Entretanto, yo quisiera saber de Andrés si,

---

[65] **clérigo** clergyman. [66] **ya eran demasiados los sustos** there had been too
many scares. [67] **pesado** heavy. [68] **vuelve en ti** come to your senses.
[69] **cura** priest (*curate*); **señor cura** Reverend Father. [70] **amonestación**
marriage ban. [71] **yo haré que el Vicario la dé** I'll have the vicar give it.
[72] **no será el casamiento** the marriage will not take place. [73] **que se dilate
el tormento de Andrés** that Andrés' punishment (*torture*) be prolonged.

como esposo de Preciosa, se sentiría más feliz siendo Andrés
Caballero o siendo don Juan de Cárcamo.

Al oír Andrés su verdadero nombre, dijo:

—Ya que Preciosa ha descubierto quién soy, ahora digo que
5 aunque yo fuese monarca* del mundo, no desearía otra
dicha[74] mayor que el casarme con ella.

—Pues por el buen ánimo[75] que habéis mostrado, señor don
Juan de Cárcamo, a su tiempo haré que Preciosa sea vuestra
legítima* esposa; por ahora os la entrego como la más rica
10 joya de mi casa, de mi vida y de mi alma. Estimadla como
decís, porque en ella os doy a doña Constanza de Meneses,
mi única hija, la cual, si os iguala[76] en el amor, también os
iguala en nobleza.[77]

Asombrado se quedó Andrés viendo el amor que le mos-
15 traban, y en pocas palabras doña Guiomar contó la pérdida
de su hija, y cómo la había hallado, con lo cual se quedó don
Juan aun más admirado, pero también muy alegre. Abrazó al
Corregidor y a la Corregidora; los llamó padres y señores
suyos; besó las manos a Preciosa, que con lágrimas le pedía
20 las suyas.[78]

Se rompió el secreto,[79] salió la nueva del caso con la salida[80] de los criados que habían estado presentes. Cuando lo
supo el Alcalde tío del muerto, vio que era imposible perseguir al yerno[81] del Corregidor.

25 Don Juan se puso los vestidos que había traído la gitana;
las prisiones y cadenas de hierro se convirtieron en libertad*
y cadenas de oro; la tristeza de los gitanos presos se convirtió
en alegría. El tío del muerto recibió la promesa de dos mil
ducados, y así quedó muy satisfecho.

30 El Corregidor dijo a don Juan de Cárcamo que sería bien
esperar a su padre don Francisco de Cárcamo para que con
su consentimiento* se hiciesen las bodas.[82] El Arzobispo

---

[74] **dicha** happiness. [75] **por el buen ánimo** because of the good spirit. [76] **si
os iguala** if she equals you. [77] **nobleza** nobility. [78] **le pedía las suyas**
asked for his (*hands*). [79] **romperse** to break; **se rompió el secreto**
the secret leaked out. [80] **salida** departure. [81] **perseguir al yerno** to
prosecute the son-in-law. [82] **para que . . . se hiciesen las bodas** in order
that . . . the wedding might take place.

dio licencia para que con una sola amonestación se hiciesen. Hubo muchas fiestas en la ciudad, donde el Corregidor era muy querido de todos, y la gitana vieja se quedó en casa porque no quiso apartarse de su nieta Preciosa.

5 Llegaron las nuevas de todo esto a la Corte, donde don Francisco de Cárcamo supo que el gitano era su hijo, y Preciosa la gitanilla que él había visto y cuya hermosura había admirado tanto. Perdonó a su hijo el engaño de no haberse ido a Flandes, y se alegró mucho de que Preciosa fuese la 10 única hija de tan gran caballero y tan rico como era don Fernando de Acevedo. Se dio prisa por llegar[83] a Murcia, y dentro de veinte días ya estaba en ella. Con su llegada se renovaron los gustos,[84] se hicieron las bodas, se contaron las vidas,[85] y los poetas de la ciudad hicieron versos a la sin 15 igual[86] belleza de la Gitanilla.

Se me olvidaba decir que la enamorada Carducha descubrió a la justicia no ser verdad lo del hurto[87] de Andrés el gitano; confesó su amor y su culpa, pero no se le dio castigo alguno, porque en la alegría se enterró la venganza y resucitó 20 la clemencia.

EXERCISES

A. *Answer in Spanish:*

1. ¿Fue presa también Preciosa? 2. ¿Por qué no entró ella en la cárcel? 3. ¿A dónde la llevaron? 4. ¿Cómo la recibió la Corregidora? 5. ¿Cuántos años tenía entonces la Gitanilla? 6. ¿Cómo se llamaba la hija de la Corregidora? 7. ¿Qué pidió Preciosa a la Corregidora? 8. ¿Por qué se lo pidió? 9. ¿Quién entró y las vio cogidas de las manos? 10. ¿Qué hizo Preciosa? 11. ¿Qué le dijo ella? 12. ¿Qué le contestó él? 13. ¿Qué dijo la vieja? 14. ¿A dónde fue ella? 15. ¿Qué llevaba debajo del brazo al volver? 16. ¿Abrió el cofre en aquel mismo cuarto?

---

[83] **se dio prisa por llegar** hastened to arrive. [84] **se renovaron los gustos** pleasures were resumed. [85] **se contaron las vidas** they told each other their life history. [86] **la sin igual** the incomparable. [87] **no ser verdad lo del hurto** that her story about the theft was not true.

17. ¿Qué contenía el cofre? 18. ¿Reconocieron las joyas el Corregidor y la Corregidora? 19. ¿Qué estaba escrito en el papel doblado? 20. ¿En qué año había desaparecido Constanza? 21. ¿Supo en seguida la Corregidora quién era Preciosa? 22. ¿Confesó el hurto la vieja? 23. ¿Cómo confirmó la Corregidora que la niña era su hija? 24. ¿Perdonaron a la vieja?

B. *Use the following idiomatic expressions in simple Spanish sentences:*

ir preso	ponerse de rodillas
tener (tantos) años	caer en la cuenta
no tener culpa	caer desmayado
darse prisa	volver en sí
tener piedad de	salir corriendo
cogidos de las manos	

C. *In the following sentences substitute* **dudar** *for* **decir** *and make all other necessary changes:*

1. La gitana vieja decía que Preciosa era la mejor bailarina.
2. Las otras gitanas decían que Preciosa podía cantar mejor.
3. Se dice que la hermosura despierta la caridad dormida.
4. Los otros decían que cantaría por dos cuartos.
5. Cristina dice que Preciosa sabe más que un sabio.
6. Doña Clara dice que el teniente vendrá.
7. El teniente dijo que no tenía ni una sola moneda.
8. Se decía que el cofre tenía joyas preciosas.
9. La Corregidora no decía que Preciosa era su hija.
10. Andrés no decía que estaba enamorado.

D. *Write a story, using any twenty of the idioms listed at the end of the Exercises.*

E. *Use the following idiomatic expressions in brief Spanish sentences:*

dar muerte a	tener razón
tener lugar	por la noche
agradar a	a los cuatro días
de día	tratar de
de noche	al fin
alegrarse de	por sí sólo

apartarse
poco a poco
estar a punto de
alojarse en
enamorarse de

acercarse a
darse buena vida
estar comprometido a casarse
casarse con

Idioms Used in the Text

vivir por sus uñas	to live by one's wits
aprender de memoria	to learn by heart
de allí en quince días	two weeks from that time
la tenía por	considered her as
Dijeron a voces.	They shouted.
al anochecer	at dusk
Contestó que sí.	He answered yes.
calle adelante	up the street
huir de las ocasiones	to flee from temptation
¿Quién me lo ha de enseñar?	Who need teach it to me?
dar contento	to please
éste sí que se puede decir	this can certainly be called
¡Qué de cosas!	What a lot of things!
Poco importa.	It matters little.
Se hace noche.	It is getting dark.
entre todos nosotros	among all of us
a la caída de la tarde	at nightfall
no pude menos de	I could not help
dos palabras	a few words
desde luego	at once
mudar de traje	to change clothes
quedarse con	to keep, retain
Buen provecho le haga.	May it profit you.
nada de eso	nothing of the kind.
de aquí en adelante	from now on
Todo resultará bien.	Everything will turn out all right.
Perdió el color.	He turned pale.
echar ojo a	to cast looks at
Se ha de seguir mi consejo.	My advice must be followed.
levantar el rancho	to break camp
enamorarse de	to fall in love with
Verás qué vida nos damos.	You will see what a life we'll have together.

Se le iba la mitad de su alma.	Half of her life was being taken away from her.
para llevar a cabo	in order to carry out
dar voces	to shout
hacer alto	to halt
no acababa de comprender	did not fully understand
cogido con el hurto en las manos	caught red-handed
Estoy por darle una bofetada.	I am inclined to give him a good slap.
Dejó de defenderse.	Ceased to defend himself.
No tiene culpa.	He is not (*at all*) to blame.
cayó en la cuenta	understood, caught on
traía puestos	was wearing
acabar con	to make short work of
mirar con buenos ojos	to look upon with favor

Vocabulary

With the exception of obvious cognates, such as **piano, conversación, acento** etc., this vocabulary contains not only the basic words used in the text but all derived forms as well, entered according to the following system: (1) irregular verb forms used in the text are listed under the third person singular if the whole tense is irregular, otherwise under the separate irregular form; (2) present subjunctive forms are listed only when not based on the first person singular of the present indicative; (3) imperfect subjunctives and conditional forms are not listed, except when occurring in listed idioms; (4) adverbs ending in –**mente** are not listed when the corresponding adjectives are used; (5) adjectives ending in –**ado** are omitted (unless they have a special meaning) if the corresponding verb is listed. Idioms are listed under the noun if the expression contains a noun, otherwise under the word around which the difficulty seems to center. Masculine nouns are designated by *m.* and feminine nouns by *f.* Adjectives ending in –**o** are followed by the feminine ending –**a**.

a to, at
abajo down
abanico *m.* fan; **abanico de plumas** feather fan
abierto *see* **abrir**
abrazar to embrace; accept
abrazo *m.* embrace, hug; **dar un abrazo** to hug
abrir to open; **abierto** open(ed)
abuela *f.* grandmother
acabar to end, finish; **acaba de** has just; **acababa de** had just; **acabar con** put an end to
acaso perhaps, by chance
aceite *m.* oil
aceptar to accept
acerca de concerning
acercarse (a) to approach, draw near
acompañar to accompany
aconsejar to advise
acontecimiento *m.* event, happening
acordar(se) to remember; **no me acuerdo** I do not remember
acostar to put to bed; **acostarse**

go to bed; **se ha acostado** has lain down; **se acuestan** they go to bed; **para que te acuestes** so that you may go to bed
acostumbrar to accustom
acuerdo *m.* agreement; *see also* **acordar; quedamos de acuerdo** we are agreed.
adelante ahead, forward; **de aquí en adelante** from now on, henceforth; **más adelante** farther on
además besides; **además de ser** besides being
adiós goodbye; **sin decirles adiós** without bidding them good-bye
adivinar to foretell, divine
admiración *f.* astonishment
admirar to admire; **admirarse de** be astonished at
adonde [a + donde] to where, to which; **adónde** where to
adornado –**a** decorated, adorned

adorno *m.* adornment
agosto *m.* August
agradable agreeable, pleasing
agradar to please
agradecido –a grateful
agradecimiento *m.* gratitude
agua *f.* (*but* **el agua**) water; **agua de mayo** May rain(s)
aguardar to wait for, await
aguardiente *m.* brandy, liquor
agudo –a keen, clever-witted
ahí there (*near the person addressed*)
ahora now
ahorcar to hang (*on the gallows*)
aire *m.* air
ajeno –a another's; **lo ajeno** what belongs to another
al (**a** + **el**) to the, on the
Alá Allah (*the one supreme God according to the Mohammedans*)
alabanza *f.* praise, eulogy
alabar to praise
albañil *m.* mason, bricklayer
Albión *figurative name for Great Britain*
alcalde *m.* mayor
alcanzar to merit, obtain; overtake
aldea *f.* village, hamlet
aldeana *f.* small-town girl
alegar to allege
alegrarse (**de**) to be glad (of); **se alegró** he rejoiced
alegre merry, joyous, gay; **alegremente** joyfully
alegría *f.* joy
alejarse to draw aside, move away
alemán –ana German
alfiler *m.* pin
algo something; *adv.* somewhat
alguien someone, somebody
algún (**alguno**) –a some, some one

alma *f.* (*but* **el alma**) soul; heart, mind; **alma enamorada** soul in love
alojarse to take lodgings
Alpujarras *region in southern Spain*
alquiler *m.* rent; **una mula de alquiler** a hired mule
alrededor (**de**) around
alternativamente alternatively
alto –a high, tall; loud; **hicieron alto** halted
alumbrado, –a lighted
alzar to raise, lift
allí there
amablemente kindly, graciously
amada *f.* sweetheart, beloved
amado, *m.* beloved
amador *m.* lover
amante *m. or f.* lover, beloved
amar to love
amargo –a bitter
amarillo –a yellow
ambos –as both
amenazar to threaten
ameno –a agreeable, pleasing
amigo *m.*, **amiga** *f.* friend; **amigos míos** my friends; **amiguito** dear little friend; **nos hicimos amigos** we became friends
amistad *f.* friendship
amonestación *f.* marriage ban
amor *m.* love
anciano –a old; **el anciano** the old man
ancho –a wide, of great range
andar to walk, to move about by foot; **anda** hurry, come on
animado –a animated
anochecer: al anochecer at nightfall
ante before, in the presence of
anterior preceding, previous
antes (**de**) before, formerly

antorcha f. torch
año m. year; **al año** by the year; **tiene (catorce) años** he is (fourteen) years old; **hace (muchos) años** (many) years ago
aparecer(se) to appear, show up
apartar to push aside; take off; **apartarse** draw aside; get away from
aparte aside, to one side
apellido m. surname
apenas barely, scarcely
apoderarse (de) to take possession (of)
apostar to bet; **apuesto** I bet
apreciar to esteem
aprender to learn; **aprendí** I learned
apretar to clasp, squeeze
aprisa fast, quickly
aprobación f. approval
aprobar to approve
aprovechar to profit by, make use of
apuesto see **apostar**
apuntar to aim, point at
apuro m. difficulty; worry
aquel, aquella that (at a distance); **aquél, aquélla** that one
aquí here
árbol m. tree
argumentar to argue
arma f. (but **el arma**) arm, weapon
armado –a armed; **iba armado** was armed
arrebatar to snatch away
arreglar to arrange
arriba up; **boca arriba** face up
arriero m. muleteer
arrojar to hurl, throw; **arrojarse a** leap upon, pounce upon
asegurar to assure, insure

asesinar to murder
así thus, in this manner, so
asiento m. seat, chair; place
asomarse a to appear at, show oneself at
asombrar(se) to astonish, be astonished
asombro m. astonishment, amazement
astuto –a cunning, sly, crafty
asustado –a frightened
atacar to attack
atar to tie, fasten
ataúd m. coffin, casket
atentamente attentively, closely
atraer to attract, draw
atrás back, backward; **hacia atrás** backward
atreverse a to dare to
atrevimiento m. daring
atribuir to attribute
aun even; **aún** yet, still
aunque although, even though
autor m. author
avanzar to advance
aventura f. adventure
averiguación f. investigation, inquiry
avisar to warn, notify
aviso m. warning, notice
ay ouch, oh
ayer yesterday; **como ayer** as (they did) yesterday
ayuda f. help, assistance
ayudar to help, assist
azul blue

bailador, bailadora dancer
bailar to dance
bailarín, bailarina dancer
baile m. dance, dancing
bajar to go down, come down, get off; **baja un poco la voz**

lower your voice a little; **se bajan** they get out *or* off

bajo –a low, short (*of stature*); soft (*of voice*); *adv.* under, underneath

bala *f.* bullet, shot; **disparó dos balas** fired two shots

balcón *m.* balcony

balde: de balde gratis, free of charge

bálsamo *m.* balm, healing ointment

bandido *m.* bandit

banquero *m.* banker

bañar to bathe, wash oneself

barato *m. money given by winning gamblers to bystanders; adj.* cheap

barba *f.* chin; beard

barraca *f.* hut, tent

bastante enough, sufficient; **bastante bien** rather well

bastar to be sufficient, suffice

batalla *f.* battle

beber to drink; **les da de beber** gives them water to drink

belleza *f.* beauty

bello –a beautiful, fine, fair

bendecir to bless; **Dios te bendiga** may God bless you

bendición *f.* blessing

bendito –a blessed

Bermejo: el Mar Bermejo the Red Sea

besar to kiss; **se besan** they kiss each other

beso *m.* kiss

biblioteca *f.* library

bien *m.* good, benefit; **de bien** honest; *adv.* well; **no bien** *conj.* no sooner . . . than

biftec *m.* (beefsteak), steak

billete *m.* ticket

blanco –a white

bobo *m.* fool; *adj.* stupid, silly

boca *f.* mouth

bocado *m.* mouthful; **entre bocado y bocado** between mouthfuls

boda *f.* wedding (*ceremony*); **se hicieron las bodas** the wedding took place

bodega *f.* cellar, storeroom

bofetada *f.* slap, smack

bolsa *f.* purse, bag, pouch

bolsillo *m.* pocket; purse

bondad *f.* kindness, goodness; **tenga la bondad de** please

bonito –a pretty, dainty

borrado –a erased

bosque *m.* forest, woods

botella *f.* bottle

brazo *m.* arm; **de un brazo** in one arm

brevemente briefly

bribón *m.* rascal, scoundrel

brillante shining, bright

brillar to shine, gleam

buenaventura *f.* fortune (*as told by fortune tellers*)

buen(o) –a good

burla *f.* joke, jest; **hacer una burla** to play a joke

burlarse de to make fun of

burro *m.* donkey

busca *f.* search; **en busca de** in search of

buscar to look for, seek

caballeriza *f.* stable

caballero *m.* gentleman; knight; **caballerito** young gentleman

caballo *m.* horse; **andar a caballo** to ride on horseback

cabaña *f.* cabin, hut

cabello *m.* hair; **cabellos** head of hair, locks

cabeza *f.* head

cabo *m.* end; **al cabo de** at the end; **llevar a cabo** to carry out
cada each; **cada cual** each one
cadáver *m.* corpse
cadena *f.* chain; **cargado de cadenas** bound in chains
caer to fall; **caigo** I fall; **cayó** fell; **cayéndose** falling; **dejaron caer** dropped, let fall; **se le cayó** let go, dropped
café *m.* coffee; **café con leche** *a mixture of hot coffee and hot milk;* **café solo** black coffee
caída *f.* fall
caja *f.* box; **caja de muertos** coffin
calabozo *m.* dungeon
calavera *f.* skull
calidad *f.* quality, rank
caliente hot, warm
calor *m.* heat; **de mucho calor** very hot; **tengo mucho calor** I am very warm; **hace mucho calor** it is very hot (*weather*)
callar to grow silent, keep still
calle *f.* street
cama *f.* bed
cambiar to change; **cambiar de piernas** get a new set of legs
cambio: en cambio on the other hand
caminar to walk
camino *m.* road; **se puso en camino** set out; **camino de** on the road to
camisa *f.* shirt
campana *f.* bell
campo *m.* country, field
canción *f.* song
cansar to tire; **cansarse** get tired; **no se cansaba** did not grow tired; **se cansa de leer** gets tired of reading
cantar to sing; *m* song; **cantarcillo** *m.* carol

cantidad *f.* quantity
canto *m.* song, singing
capaz capable
capitanía *f.* headquarters of a captain
cara *f.* face; **le miró la cara** looked at his face; **poniendo la cara más alegre que pudo** assuming as joyous an expression as possible; **tenía la cara pálida** her face was pale
carácter *m.* character
caramba heavens!
carcajada *f.* guffaw, loud laughter; **dieron grandes carcajadas** burst out laughing loudly
cárcel *f.* prison, jail
carcelero *m.* jailer
cargar to load
caridad *f.* charity
cariño *m.* affection, love
carne *f.* meat, flesh
caro −a expensive
carrera *f.* race
carta *f.* letter
casa *f.* **house;** **en casa** at home; **ésta es su casa** we welcome you to our home; **de casa en casa** from house to house; **casita** little house
casamiento *m.* marriage
casar to marry (off); **casarse (con)** get married (to)
casi almost, nearly
caso *m.* case, affair; **sin hacerle caso** without paying any attention to him; **no hizo caso de mí** paid no attention to me
castañuela *f.* castanet
castellano −a Castilian
castigado −a punished
castigo *m.* punishment
Castilla Castile

catedral *f.* cathedral
catorce fourteen
causa *f.* cause; lawsuit, case; **a causa de** on account of
celebrar to applaud, rejoice at; commemorate; **celebrado** renowned
celos *m. pl.* jealousy
cena *f.* supper; **acabada la cena** when the supper was finished
cenar to eat supper; **cena mucho** eats a hearty supper; **todos cenan algo** everybody eats a little; **pedir de cenar** order supper; **nos dieron de cenar** gave us supper
cerca (de) near (to); **muy de cerca** at close range; **cerquita** quite near
cercano –a near, nearby
cerquita *see* **cerca**
cerrar to close, shut
cesar to cease, stop; **sin cesar** incessantly
cielo *m.* heaven, sky
cien(to) one hundred
cierto –a certain, sure; **es lo cierto** it is a fact
cigarro *m.* cigarette; **cigarrillo** cigarette
cinco five
ciudad *f.* city
claro –a clear
clase *f.* class, kind
clérigo *m.* clergyman
cobre *m.* copper
cocer to cook, boil, stew
cocina *f.* kitchen
cocinera *f.* cook
coche *m.* carriage
codicioso –a covetous, greedy
cofre *m.* chest
coger to catch, seize, pick up; gather

cola *f.* tail
coleccionar to collect
coleccionista *m.* collector *(of curios)*
colegio *m.* school
cólera *f.* anger, rage
colgado –a hanging, suspended
colina *f.* hill, knoll
colmo *m.* highest point, limit
colocación position, location
colorado –a red, ruddy; **se puso colorado** blushed
comedor *m.* dining room
comenzar to commence, begin; **comienza** begins; **comencé** I began
comer to eat; **comerse** eat up, devour; **dar de comer** feed
comida *f.* dinner, meal
como as, like; **cómo** how
cómodo –a comfortable
compañero *m.* companion
compasión *f.* pity; **por compasión** for pity's sake
comprar to buy
comprender to understand, comprehend
comprometido, –a engaged, compromised
con with
concierto *m.* agreement
conciudadano *m.* fellow citizen
conde *m.* count *(title)*
conducir to conduct, lead; **nos condujeron** they led us; **hice que los condujesen a** I had them taken to
confianza *f.* confidence
confuso –a confused, perplexed
conmigo with me
conmover to move, stir up
conocer to know, meet; **conoció** knew, met; **ya le conozco** I already know him; **se conocían** they knew each other;

nos conocemos we know each other
conocido m. acquaintance
conocimiento m. knowledge
consejo m. piece of advice; **consejos** advice; **Consejo del Estado** Council of State
consentimiento m. consent
conservar to preserve, keep, retain; **se ha conservado perfectamente** has been kept wholly unimpaired
construir to build; **construyeron** built
consuelo m. consolation
contar to count; relate, tell; **cuente** tell(s)
contener to contain; restrain
contenido m. contents
contento m. pleasure; adj. glad
contestación f. answer, reply
contestar to answer, reply; **contesta que sí** answer yes
contigo with you
contra against
contrario –a opposite; **al contrario** on the contrary
contribuir to contribute
convenir to suit, be proper or suitable: **lo que os convenga** what suits you; **convinieron** they agreed; **convenido** agreed upon
convertir to change, make into; **se convierten** are changed into
convidar to invite
copa f. wineglass, drink of liquor
copiar to copy
corazón m. heart
corbata f. necktie
corcho m. cork
corona f. crown
corral m. corral, enclosure

corregidor m. magistrate; **corregidora** magistrate's wife
corregir to correct; **corrigió** corrected
correo m. post office; mail
correr to run; **vamos a correr** let's run; **echó a correr** started to run away; **salió corriendo** came running out; **hacerla correr** make her run
corresponder to correspond; suit
cortar to cut; **cortarte la cabeza** cut off your head; **bien cortado** well-fitting
corte f. court; **Corte** Court (refers to Madrid)
cortés polite, courteous
cortesano m. courtier
cortesía f. courtesy; **con toda cortesía** with all due respect
corto–a short, scant
cosa f. thing; **cosa rara** strange to say; **qué de cosas** what a lot of things; **tan poca cosa** such a slight thing; **que las cosas pasen más adelante** that matters go farther; **cosita** little thing
costar to cost; **cuesta** cost(s)
costo, m. cost, expense; **a costa de** at the expense of
costumbre f. custom; **como de costumbre** as usual
crecer to grow, increase
creer to believe; **ya lo creo** I should say so; **creyendo** believing; **creyó** believed
criado m. servant; **criada** f. maid
criar to rear, bring up
criatura f. creature; baby **cristiano** –a Christian; **cristianamente** like a Christian
crucifijo m. crucifix, cross

cruz *f.* cross
cruzado –a crossed, cross wise
cuadro *m.* picture, painting
cual such as; **el cual** who, which: **cuál** which, what
cualidad *f.* quality
cualquiera any (whatsoever)
cuando, cuándo when
cuanto –a all that; **cuánto** how much; **cuanto antes** as soon as possible; **unos cuantos** a few; **en cuanto** as soon as; **cuantos** all who
cuarto *m.* room; *adj.* fourth, quarter
cuatro four
cubrir to cover; **cubierto** covered
cuenta *f.* bill, account, dinner check; **dar cuenta de** to make a report on; **cayó en la cuenta** caught on
cuente *see* **contar**
cuento *m.* story, account
cuerda *f.* rope; **había dado en la cuerda** had struck the rope
cuerpo *m.* body, figure; **bajo de cuerpo** low of stature
cuestión *f.* question, problem
cueva *f.* cave
cuidado *m.* care; **ten—(***or* **tenga Vd.)—**be careful
cuidar a to take care of
culpa *f.* blame, fault; **no tiene la culpa** is not to blame
culpable guilty
culto –a lightened, educated
cumplir to comply with, keep
cura *m.* priest
curar to cure, heal, treat
cursar to take a course (of study)
cuyo –a whose
chico *m.* little boy, lad; **chica** *f.* little girl; **chicos** (small) children; *adj.* little

chispa *f.* spark; **echar chispas** to rave; **echando chispas por los ojos** her eyes sparkling with fury
chiste *m.* joke, jest
chistoso –a witty, funny
choque *m.* collision

daga *f.* dagger
dama *f.* lady
daño *m.* harm, damage; **hacer daño** to harm
dar to give; **dar a conocer** make known; **dar de comer** feed; **doy** I give; **dio** gave; **dé** give(s); **le dé Dios** may God give you; **le doy el sí** I'll give my consent to
de of, from, about
debajo (de) under, underneath
deber *m.* duty
deber ought, must; **debe de ser** must be; **deberán** will have to; **que debían salir** who were to leave
decir to say, tell; **digo** I say; **dice** says; **dijo, dijeron** said; **dirá** will tell; **diciendo** saying; **di** say, tell; **dime, dígame** tell me; **dicho** said; **mejor dicho** rather; **dicho y hecho** no sooner said than done; **he dicho** I have said; **no digamos nada** let's not say anything; **dijese** should say; **¿cómo he de decir?** how must I say (it)?
declaración *f.* deposition, statement
dedal *m.* thimble
dedo *m.* finger, toe
dejar to leave, let; **dejar de** cease to; **no deje Vd. de** do not fail to
del (de + el) of the

delante (de) in front, ahead
demás: los demás the others, the rest
demasiado too, too much
demoniu m. devil, demon
dentro (de) inside, within
departamento m. compartment (*of a train*)
derecho m. right; *adj.* straight, direct
desabrochar to unfasten, unbutton
desaparecer to disappear
desayunarse to have breakfast
desayunar to have for breakfast; **desayuna pan** has bread for breakfast
desayuno m. breakfast
descansar to rest
desconfiar to distrust, lack confidence in
desconocido –a unknown
descubrimiento m. discovery
descubrir to discover, reveal; **descubierto** discovered
desde from, since; **desde hace** for (*a period of time*); **desde que** since
desdichado –a unfortunate
desear to desire, wish
desengaño m. disillusion
deseo m. desire
deseoso –a desirous
desesperación f. despair
desesperado –a desperate
desesperar to despair
desgracia f. misfortune
desgraciado –a unfortunate
deshacerse de to get rid of; **deshecho de** gotten rid of
desierto m. wilderness, desert
desmayarse to faint, swoon; **cayó desmayado** fell in a faint
despacio slow, slowly
despachar to attend to, sell

despacho m. office
despedirse to take leave; **se despidió** took leave
despertar(se) to awaken, wake up
desposar to betroth
despreciar to scorn, despise
después (de) after; **después (de) que** after
desventura f. misfortune
detener(se) to stop, halt; **me detuve** I stopped
detrás (de) behind
deuda f. debt
devolver to return, give back
di *see* **decir** *and* **dar**
día m. day; **todo el día** all day long; **todos los días** every day; **buenos días** good morning; **de día** by day; **hace (quince) días** (two weeks) ago; **(quince) días después** (two weeks) afterwards; **de día en día** from day to day; **de allí en (ocho) días** (a week) from that day
diablo m. devil
diario –a daily
dice, digo, diciendo, dicho *see* **decir**
dicha f. happiness
diez ten
difícil difficult, hard
difunto m. dead man; **difunta** f. dead woman
digno –a worthy
dije, dijo, dijese *see* **decir**
dilatar to postpone, delay
diligencia f. activity, investigation
dime *see* **decir**
dinero m. money
dio, dieron *see* **dar**
Dios God; **¡Dios mío!** **¡por Dios!** heaven's sake!
diré, dirá *see* **decir**

dirigirse to address; betake oneself
discípulo m. disciple, pupil
discreción f. cleverness, prudence
discreto −a clever, sensible
discurso m. speech
disminuir to diminish; jeopardize; disminuye diminishes
disparar to fire (a shot)
disponer to dispose; dispuso foreordained
distinguido −a distinguished
distinto −a different
diverso −a diverse, various
divertir to amuse, entertain; divertirse have a good time; se divirtieron mucho were greatly amused
doblado −a folded
doble double
doce twelve
docena f. dozen
dócil docile, obedient
dolor m. pain, sorrow
dominar to dominate, rule
domingo m. Sunday; los domingos on Sunday; el domingo por la tarde Sunday afternoon
don, doña title used before the Christian name of persons
donde, dónde where
dormir to sleep; duerme sleeps; se duerme falls asleep; durmió slept; dormido asleep
dos two
ducado m. ducat (ancient gold coin worth about a dollar)
duda f. doubt; sin duda doubtless
dudar to doubt
dueña f. chaperon, duenna
dueño m. owner, master
dulce sweet, gentle, pleasing
durante during

durar to last
durmió see dormir
duro m. dollar (five pesetas); adj. hard

e and (replaces conj. y only before i and in some cases hi)
echar to throw out; se echó a reír burst out laughing
edad f. age; años de edad years old
educado −a educated, trained
efecto: en efecto in fact
ejecutar to execute, carry out
ejemplo m. example; por ejemplo for instance
ejército m. army
el, la, los, las the; el de that of
él he, it; (para) él (for) him
elegir to choose, select; elijo I choose; el elegido the chosen one
elocuente eloquent
ella she; it; ellos, ellas they
embargo: sin embargo nevertheless
embustero, −a tricky, deceitful
empeñar to pawn
empeorar to grow worse
empezar to begin; empieza begins
empleado m. employee
empleo m. position, employment
en in, into; on, upon
enamorarse de to fall in love with
encantado −a charmed
encerrar to lock up, enclose
encontrar to find; encontrarse be; encuentra finds; encontrarse con meet with; se encuentran are found
encuentro m. meeting, encounter
enemigo m. enemy

enfadado −a angry, vexed

enfermedad *f.* sickness, illness

enfermo −a sick, ill; **los enfermos** the sick

enfrente (de) in front of, facing

engañar to deceive; **no se deje engañar** do not let yourself be deceived

engaño *m.* deception, fraud

ennui (*French*) boredom

enojado −a angry, annoyed

enorme huge, massive

enseñar to teach, show; **se enseña** is taught; **¿quién me lo ha de enseñar?** who would teach it to me?

entender to understand; **entiende** understands; **se entienden** they understand one another

entero −a whole, entire

enterrar to bury

entonces then; **en aquel entonces** at that time

entrada *f.* entrance, entry

entrar to enter; **vimos entrar al (arriero)** we saw (the muleteer) go in; **que entren** let them come in

entre between, among; **por entre** among

entreabierto −a half-open, parted

entregar to deliver, hand over; **entregado** −a a prey to

entretanto in the meanwhile

entretener to entertain, amuse

entusiasmo *m.* enthusiasm

enviar to send

envidia *f.* envy; **la envidia anda** envy stalks

enviudar to become a widow

era, eres *see* **ser**

erizo *m.* hedgehog

es *see* **ser**

escalera *f.* stairway; **escalera abajo** downstairs

escaparse to run away, escape

escasez *f.* scarcity

escaso −a scant, scarce

escena *f.* scene

esclavo −a *m. or f.* slave

esconder to hide, conceal

escopeta *f.* shotgun

escribir to write; **escrito** written; **lo escrito** what is written

escritura *f.* writing, penmanship

escrutinio *m.* scrutiny

escuchar to listen (to)

escudero *m.* squire

escudo *m.* shield; *also ancient coin worth about sixty cents*

escuela *f.* school; **escuela de niñas** girls' school

ese, esa that; **ése, ésa** that one; **ésos, ésas** those

esmeralda *f.* emerald

eso that (*referring to an idea*); **a eso de** about

espada *f.* sword

espalda *f.* back, shoulder; **de espaldas** on one's back; **me volvió la espalda** he turned his back on me.

espantar to frighten away; **se espantaron** they got frightened

España Spain

español −ola Spanish

esparcir to scatter

especie *f.* species, kind, sort

espectáculo *m.* spectacle, sight, show

espejo *m.* mirror

esperanza *f.* hope

esperar to expect, wait for, hope; **me esperaban cenando**

were waiting for me at the supper table; **¿hace mucho que me esperan?** have you been waiting long for me?

espíritu *m.* spirit

esposa *f.* wife; **esposo** *m.* husband

establecer to establish

estación *f.* season (*of the year*); station (*of a railway*)

estado *m.* state, condition

Estados Unidos United States

estar to be (*expressing place or state*); **¿cómo está usted?** how are you? **estoy** I am; **no se está quieto** does not keep still; **estamos a (dos de junio)** today is (the second of June); **esté** be, is; **estábamos para salir** we were about to leave; **estuvo** was; **estoy por** I am in favor of

estatua *f.* statue

este, esta this; **éste, ésta** this, this one; **éstos, éstas** these

estilo *m.* style

estimar to esteem, honor; **se había estimado en mucho más** she had thought much more highly of herself

esto: en esto at this point

estómago *m.* stomach

estrella *f.* star

estudiante *m, or f.* student

estudiar to study

estudios *m, pl.* studies

estuvo, estuviese *see* **estar**

evangelio *m.* gospel; **decir el evangelio** to speak the gospel truth

excepto except

experiencia *f.* experience, trial; **haz de mí todas las experiencias** submit me to all tests

experimentado, –a experienced

extranjero *m.* foreigner; *adj.* foreign

extraño –a strange, foreign

Extremadura *Spanish province bordering on Portugal*

extremo *m.* end

fácil easy; **fácilmente** easily

faltar to lack, be lacking; **no faltarán cuartos** pennies will not be lacking

felicidad *f.* happiness

felicitar to congratulate

feliz happy

feo –a ugly

fiel faithful

fiesta *f.* festival; **celebrar una fiesta** to commemorate an event, engage in group activities

fijarse en to notice, heed

fijo –a fixed

fin *m.* end, purpose; **por fin, al fin** at last; **en fin** in short

fingir to pretend, sham

fino –a fine; **finísimo** unusually fine, select

flaco –a lean, thin

Flandes Flanders

flotar to float

flor *f.* flower; **en la flor de su edad** in the prime of his life

fondo *m.* back, rear, background

formación: a la formación fall in (line)

formidable huge, immense, tremendous

fortuna: por fortuna fortunately

frente *f.* forehead; front

fresco –a cool; fresh

frescura *f.* coolness; frankness

frío –a cool; **tengo frío** I am

cold; **hace (mucho) frío** it is (very) cold; **fríamente** coolly

frontera f. frontier

fue, fui, fuese see **ir** and **ser**

fuente f. fountain

fuera de outside of; **fuera de sí** beside himself

fuerte strong

fuerza f. force; **fuerzas** strength

Fulano So-and-So

fumar to smoke

fundador m. founder

fundar to found

gaceta f. gazette, newspaper

galán m. suitor

galope: a galope at a gallop

gallardo –a dashing, gallant

gallego –a Galician

gana f. appetite, craving; **ganas** urge, desire; **tenemos (muchas) ganas** we feel (strongly) inclined to; **nadie tiene ganas de cenar** no one feels like eating supper; **tuvo ganas de saber** took it into his head to find out; **de buena gana** willingly, gladly

ganancia f. profit, earnings

ganar to earn, win

garganta f. throat

gastar to spend

gastos m. pl. expenses

gato m. cat

genio m. genius

gente f. people

gesto m. grimace, facial expression

girar to revolve; **al girar de una pupila** at the turn of an eye

gitanería f. Gypsy trick

gitano, gitana Gypsy; **gitanilla** little Gypsy girl

gobernador m. governor

gobierno m. government

golpe m. blow, rap; **dio un golpe** struck; **golpecito** tap, light blow

gordo –a fat, stout; **algo gordo** somewhat stout

gota f. drop

gozar (de) to enjoy; **gocémosla** let us enjoy her

gracia f. charm, grace; **tienes gracia** you are witty; **gracias** thanks; **doy gracias** I thank

gran(de) large, big, great; **los grandes** noblemen, grandees; **grandísimo, -a** very great

grandeza f. greatness; high rank

Grecia Greece

griego –a Greek

gritar to shout, cry out

grito m. shout, cry; **dar gritos** to shout

guapo –a good-looking, handsome; **muy guapito** quite stunning

guardar to guard, keep

guerra f. war

guiar to guide, direct, drive (a car)

gustar to like, be pleasing to; **me gusta(n)** I like; **nos gusta(n)** we like; **le gusta(n)** he likes; **has de gustar de él** you are bound to like it (him)

gusto m. pleasure, joy; **con mucho gusto** gladly; **qué gusto tengo de** how glad I am to: **a su gusto** as he would, to his taste

haber to have (used principally as an auxiliary verb); **he** I have; **he de sacarte de aquí** I must get you out of here; **ha** has; **haya** has, have; **hube** had; **si hubiese** if I had; **habrá** will have; **aquí hemos de**

vivir we are to live here; **había** had; there was, there were; **yo le había de pagar** I was to pay him

hábil able, skillful, capable

habilidad f. ability; **habilidades** accomplishments

habitación f. room, dwelling

habitante m. inhabitant

hábito m. habit (the attire of a military or religious order)

habla f. (but **el habla**) speech

hablador m. talker

hablar to speak, talk; **se habla** they speak; **oyen hablar de** hear them speaking of

hacer to do, make; **no hace más que leer** does nothing but read; **hago** I do; **hizo** did; **hará** will do; **hecho** done; **haz** do; **hice que abriesen** I had them open

hacia toward

hallar to find; **se halla** is

hambre f. (but **el hambre**) hunger; **tiene hambre** is hungry; **tengo mucha hambre** I am very hungry

hasta to, until; as far as; **hasta que** until

hay there is (are); **hay que** one must, it is necessary

haya, han see **haber**

hecho see **hacer**

herencia f. inheritance

herido –a wounded

hermano m. brother; **hermana** f. sister; **hermanos** brother(s) and sister(s)

hermoso –a beautiful; **hermosita** charming little beauty

hermosura f. beauty

hice, hizo, hicieron see **hacer**

hierba f. grass

hierro m. iron

hijo m. son; **hija** f. daughter;

hijos sons, son(s) and daughter(s); **hijitos** little children

historia f. story, history

hombre m. man; **hombre de bien** honest man; **hombrecillo** insignificant little man

hombro m. shoulder; **en hombros** on their shoulders

homicida m. murderer

honesto –a modest, chaste

honra f. honor

honrado –a honored

hora f. hour, time of day; **a qué hora** at what time; **¿qué hora es?** what time is it? **es hora de cenar** it is time to eat supper; **hace dos horas** two hours ago

hoy today; **hoy no** not today; **hoy mismo** this very day

hoyo m. dimple; hole

hube, hubo, hubiera see **haber**

hueso m. bone

huevo m. egg

huir to flee; **huye** flees; **huyeron** fled; **huyendo** fleeing

humildad f. humility

humilde humble

humillado –a humiliated, humbled

hurtar to steal, pilfer

hurto m. theft, stealing; **lo del hurto** that matter of the theft

huyeron see **huir**

iba see **ir**

ida f. departure; **idas y vueltas** comings and goings

idioma m. language

iglesia f. church

ignorar to be ignorant or unaware of

igual like, similar; **la sin igual** the unrivaled, the peerless; **igualmente** equally

igualar to equal, match

ilustre illustrious, celebrated

imbécil *m.* fool
imitar to imitate
impaciente impatient
impedir to prevent; impidió prevented
impetuoso –a impulsive
importar to matter; poco importa is of little importance
indicación *f.* sign, suggestion
indicar to indicate
infantil childish
infeliz unhappy
infiel unfaithful
infierno *m.* hell
infinidad: una infinidad de an endless number of
informar to inform, advise; informarse make inquiries
Inglaterra England
inglés –esa English
ingrato –a ungrateful
injuria *f.* insult, abuse
inmediatamente immediately
inmóvil motionless
interés *m.* interest
interesar to interest
interior inside, inner; en mi interior to *or* within myself
interrumpir to interrupt
inventar to invent
invierno *m.* winter
ir to go, travel; voy I am going; va goes; va delante goes ahead; iba was going; iba y volvía kept coming and going; ve go; vete go away; vaya go; váyase go away; fue went; se fue went away; vamos we are going, let us go; vamos todos a cenar let's all go and have supper; vayámonos let's go

jamás never, not . . . ever
jardín *m.* garden
jefe *m.* leader, chief

joven (*pl.* jóvenes) *m.*, & *f.* young man, young woman; *adj.* young
joya *f.* jewel
juega *see* jugar
juego *m.* game
jueves *m.* Thursday
juez *m.* judge
jugar to play (*a game*); juega plays; juegan al toro play bullfight
juicio *m.* judgment, wisdom; hombre de juicio sensible man
julio July
junio June
juntarse con to join
junto near, close; junto a beside; juntos together
juramento *m.* oath
jurar to swear, vow
justamente exactly, that's it
justicia *f.* justice, court of law

la *def. art.* the; *pron.* her, it; las the, them
labio *m.* lip
lado *m.* side; al lado de beside
ladrón *m.* robber
lágrima *f.* tear; os sacó las lágrimas de los ojos wrung tears from your eyes
lamentable deplorable
lamentar to mourn, grieve over
lanza *f.* lance, spear
largo –a long; largamente at great length; a lo largo de lengthwise of, the full length of
lástima *f.* pity
látigo *m.* whip, lash
lavar to wash; lavarse wash, bathe
le him, to him, to her, to you; les to them, to you

lección f. lesson; **lección de lectura** reading lesson
lector m. reader (*person*)
lectura f. reading
leche f. milk
leer to read; **leyó** read, did read
lejos far, far away; **lejos uno(s) de otro(s)** far from one another; **a lo lejos** in the distance
lengua f. language; tongue
leña f. firewood
letra f. handwriting; **tiene mala letra** writes a poor hand
levantar to lift, raise; **levantarse** get up; **se levanta** gets up
ley f. law
leyó see **leer**
libertador m. liberator
librar to free, deliver
libre free
libro m. book
liebre f. rabbit, hare
limosna f. alms; **pedía limosna** begged
limpio –a clean
lindo –a pretty, dainty
linterna f. lantern
lista f. list; **pasar lista** to call the roll
listo –a ready
lo it, him, you; the
loco –a crazy; **se volvió loco** lost his head
lograr to accomplish, succeed in
Londres London
lucha f. struggle
luego then, soon, a moment later; **desde luego** right away; **luego que** as soon as
lugar m. place, spot, space; **ocupa tanto lugar** takes up so much room; **tuvo lugar** took place
luna f. moon

luz (*pl.* luces) light, lamp; **luces menores** lesser lights; **saliese a luz** might come to light

llamar to call, knock; **llamar la atención** attract the attention; **llamarse** be called; **cómo se llama** what is his name; **me llamo** my name is
llegar to arrive, reach; **llegué** I arrived; **llegó a ser** became
llenar to fill
lleno –a full; **lleno de** filled with
llevar to carry, take away; wear (*clothing*); **el auto lleva buenas luces** the car has good lights
llorar to cry, weep

madera f. wood; **de madera** wooden
madre f. mother
maestro m. teacher; **maestra** f. teacher
magnífico –a splendid, wonderful
majestad f. majesty
majestuosamente majestically
mal adv. badly; see **malo**
mal m. harm, injury, damage
maldito –a cursed, confounded
maleta f. suitcase
mal(o) –a bad, poor, wretched; **los malos** the wicked
Mancha: La Mancha region *southeast of Madrid, home of Don Quijote*
mandar to send, order; **mandé hacer otro** I ordered another one prepared; **¿qué manda usted?** what do you wish?
manera f. manner, way; **de manera que** so that
manía f. whim, mania

mano *f.* hand; **en la mano** in their hands; **se dan la mano** they shake hands with one another; **dar la mano a** to shake hands with; **dándoles la mano** shaking hands with

mañana *f.* morning; **hasta mañana** see you tomorrow; **pasado mañana** day after tomorrow; *adv.* tomorrow

mar *m.* sea; **viajes de mar** sea voyages

maravilla *f.* marvel, wonder; **a las mil maravillas** perfectly

maravillado –a astonished

maravilloso –a wonderful

marcha: en marcha go, be off; **se puso en marcha** set out

marcharse to go away

marchitar to fade, wither

marido *m.* husband

mas but

más more

matador *m.* killer, slayer

matar to kill; **matara** would kill

Mata-Siete Seven-Killer

mayo May

mayor elder, greater

me me, to me, myself

medianoche *f.* midnight

médico *m.* doctor, physician

medio *m.* middle; **medios** means; *adj.* half; **las cuatro y media** four-thirty

mediodía *m.* noon

mejor better; **lo mejor** the best (thing); **en lo mejor de su edad** in the prime of his life

mejorar to improve

menester: es menester it is necessary

menor younger; smaller

menos less; except; **al menos** at least; **no pudo menos de** could not help but

mentira *f.* lie, falsehood

mentiroso *m.* liar; *adj.* deceitful, lying

menudo: a menudo often

merced *f.* grace; **vuestra merced** Your Honor

merecer to deserve, merit

mes *m.* month

mesa *f.* table; **poner la mesa** to set the table

meter to put in(to), insert; **meterse** get into; **nos metimos en el bosque** we plunged into the forest

mi my; **mí** me, myself

miedo *m.* fear; **tengo miedo** I am afraid; **tuvo miedo** he got frightened

miembro *m.* member

mientras (que) while

mil one thousand

milagro *m.* miracle

ministro *m.* minister; **primer ministro** prime minister

mío –a my; **el mío** mine

mirada *f.* look, glance

mirar to look, look at

miserable *m.* wretch; **miserable de mí** wretch that I am; *adj.* wretched

miseria *f.* pittance; poverty

misericordia *f.* mercy, pity

mismo –a same; self; **eso mismo** that very thing; **hoy mismo** this very day; **aquí mismo** right here

misterio *m.* mystery

misterioso –a mysterious

mitad *f.* half

modales *m. pl.* manners

modo *m.* way, manner; **a su modo** in their own way; **de modo que** so that

moneda *f.* coin

montaña *f.* mountain

montar to mount *or* ride (a horse); **montado en** riding monte *m.* woodland, forest

moreno *m.* brunette; *adj.* dark, swarthy

morir to die; me muero I am dying; murió died; ha muerto has died; el muerto the dead man; los muertos the dead; que muera la inocente let the poor thing die

moro −a Moor

mosca *f.* fly

mostrar to show

mover to move; moverse stir; mueve moves

movimiento *m.* movement

mozo *m.* lad, servant

muchacho *m.* boy; muchacha *f.* girl, muchachos boys, boy(s) and girl(s)

mucho -a much, a great deal; muchísimo very much

mudar to change; mudar de ropa change clothing

muebles *m. pl.* furniture

muero, muere, muerto *see* morir

muerte *f.* death; le dieron muerte they slew him

mujer *f.* woman, wife

mundo *m.* world; todo el mundo everybody

Murcia *a province in southeastern Spain*

murió *see* morir

mutuo −a mutual

muy very

nabo *m.* turnip

nacer to be born; nací I was born

nacimiento *m.* birth

nada nothing; not . . . anything

nadar to swim

nadie no one, nobody

nariz *f.* nose

necesidad *f.* need, necessity

necesitar to need

necio, −a senseless, foolish

negar to deny; niega, niegue denies

negocio *m.* business deal; negocios business

negro, −a black; lo más negro the most distressing feature

Nerón Nero

nervioso −a nervous

ni nor; ni . . . ni neither . . . nor

niega, niegue *see* negar

nieto *m.* grandson; nieta *f.* granddaughter

ningún, ninguno −a no, none, no one

niño, niña child

no no, not

nobleza *f.* nobility

noche *f.* night; esta noche tonight; de noche at night; en toda la noche all night long; es de noche it is after dark; buenas noches good night; se hace noche it is getting dark

nombre *m.* name

norte north

nos us, ourselves

nosotros, −as we; (para) nosotros (for) us

noticia *f.* news

novedad *f.* piece of news; ¿hay novedad? has anything happened?

novio *m.* groom, sweetheart; novia *f.* bride, sweetheart

nuestro −a our; el nuestro ours; de los nuestros of our men

nueva *f.* piece of news, tidings

nuevo −a new; de nuevo again; el nuevo the new man; nuevamente anew, again

nunca never

o or
obedecer to obey
objeto m. object
obligar to oblige, compel; me vi obligado I was obliged
obra f. work, deed; obras suyas works of his
observar to observe; se observan are noticed
ocasión f. occasion, opportunity; huir de las ocasiones to flee from temptation
octavo –a eighth
ocultar to hide, conceal
ocupar to occupy; ocuparse de be busy with; ocupado busy
ocurrir to occur
ocho eight
oficio m. trade, occupation
ofrecer to offer
oído(s) ear(s), knowledge; dijo al oído whispered
oír to hear; oye hears; se oye is heard; oiga listen; oyendo hearing; oyó heard
ojalá God grant that, would to God that
ojo m. eye; mirar con buenos ojos to look upon with favor
olvidar to forget; olvidarse de forget
oponer to oppose; oponerse a be opposed to
orden f. order, command; m. order, system
oreja f. ear
orgullo m. pride
orgulloso –a proud
oro m. gold; de oro golden
os (used only as familiar object plural) you
oscuro –a (also obscuro) dark
otro –a other, another
oye, oyó, oyendo see oír
oyente m. hearer, listener

paciente m. patient
padre m. father; padres parents; pero su padre sí but his father does
pagar to pay, pay for; pagarle a usted el viaje pay your expenses
página f. page
país m. country, nation
palabra f. word; tomó la palabra took the floor
pálido –a pale
palo m. stock, club
pan m. bread
paño m. cloth
pañuelo m. handkerchief
papa m. pope; papá papa
papel m. paper; hice mi papel I played my part
para for, in order to; para que in order that; para con él toward him (said of a state of mind)
paraguas m. unbrella
parar(se) to stop
parecer to seem, appear; se parece resembles; parezcan they appear
pariente m. relative
parte f. part; en todas partes everywhere; de mi parte in my name; otra parte elsewhere; en ninguna parte nowhere
particular private
partida f. departure
partir to leave, depart
pasar to pass, spend (time); go in; happen; pase usted go in; ¿qué te pasa? what is the matter with you? pasarán they will spend; ¿qué puede pasar? what can happen? pasaba por was considered as
Pascua de Flores Easter Sunday

pasearse to stroll about, walk around

paseo *m.* walk, ride; un paseo a pie a walk; dar un paseo to take a walk

paso *m.* step, pace; dando dos pasos taking two steps

patada *f.* stamp of the foot, kick

patio *m.* patio, open inner court

patrona *f.* patroness

paz *f.* peace

pecado *m.* sin

pecho *m.* breast, chest; heart

pedagogo *m.* schoolmaster

pedazo *m.* piece, bit

pedir to ask, ask for; pide asks; pidió asked; se pide prestado one borrows

pelear to fight

peligro *m.* danger

peligroso −a dangerous

pensamiento *m.* thought

pensar to think; intend; pensamos ir we intend to go; pensaba salir intended to leave; piensa thinks

peor worse; el peor the worst; lo peor de todo the worst part of it all

pequeño −a small, little

perder to lose; pierde loses; te perderías you would go astray

pérdida *f.* loss

perdón *m.* pardon

perdonar to pardon, forgive

pereza *f.* laziness; grandísima pereza unwonted laziness

perezoso −a lazy, idle

perfectamente perfectly, quite all right

perfumar to perfume

periódico *m.* newspaper

perla *f.* pearl

pero but

perro *m.* dog

perseguir to pursue, persecute

personaje *m.* personage, character

pertenecer to belong

pesado −a heavy, burdensome

pesar to grieve; a pesar de in spite of; cuanto me pesa how much it grieves me

peseta *f. a Spanish coin worth at par about five cents*

peso *m.* weight, burden

pido, pidió, pidiese *see* pedir

pie *m.* foot; de pie standing; a pie on foot; andar a pie to walk; volvió pies atrás retraced his steps; al pie de la letra to the letter

piedad *f.* pity, mercy

piedra *f.* stone

piensa *see* pensar

pierna *f.* leg; cambiar de piernas to get a new pair of legs

pieza *f.* piece; room

pintar to paint

pintor *m.* painter

pintura *f.* painting, picture

pirámide *f.* pyramid

piso *m.* story, floor

pizarra *f.* blackboard

placer *m.* pleasure

plata *f.* silver

playa *f.* beach

plaza *f.* plaza, public square

pluma *f.* feather; pen

pobre poor; el pobre the poor man; los pobres the poor

pobreza *f.* poverty

poco −a little; pocos few; un poco de a little; poco a poco little by little; poquito little bit

poder to be able, can, may; puede can; no pude I could

not; **no pudiendo** not being able; **podrás** you will be able; **no he podido menos** I could not help; **hasta más no poder** to the utmost

pollo *m.* chicken

poner to put, place; **pongo** I put; **puso** put, did put; **pondrá** will put; **se ha puesto** has become; **se pusieron de buen humor** they grew lively; **se puso de pie** stood up; **cada cual se pone** each one puts on

poquito *see* **poco**

por through, by; on account of; **por eso** for that reason; **¿por qué?** why?

porque because

portamonedas *m.* purse, pocketbook

portero *m.* gatekeeper, doorman

posada *f.* inn

poseer to possess; **poseído de a** prey to, possessed of

práctico –a practical

preferir to prefer; **prefiere** prefers

pregunta *f.* question; **me hacían mil preguntas** they asked me endless questions

preguntar to question, ask

prenda: en prenda as a pledge

prender to arrest; **me hizo prender** had me arrested; **preso** caught

presentar to present, introduce

preso –a caught, captured

primavera *f.* spring (*season*)

primer(o) -a first

principio *m.* beginning; **al principio** at first

prisa *f.* hurry; **tengo prisa** I am in a hurry; **a toda prisa** as fast

as possible; **se dieron mucha prisa** they made great haste

privación *f.* want, privation

probar to prove, try, test

procurar to try, endeavor

profundo –a deep; **profundamente** soundly

promesa *f.* promise

prometedor –ora given to making promises

prometer to promise

prontitud *f.* promptness

pronto soon, quickly; **de pronto** suddenly; **prontamente** promptly

propio –a own

proponer to propose; **propusieron** they proposed; **propuso** decreed

próspero –a auspicious, favorable, promising

provecho *m.* benefit, profit; **buen provecho le haga** may it profit you, may you relish it

provisto de supplied with

próximo –a next, following

proyecto *m.* plan, project

prueba *f.* proof, test, evidence

publicar to publish

pueblo *m.* town; people

puede, pudo *see* **poder**

puerta *f.* door

puerto *m.* port

pues well, then; for

puesto (*from* **poner**) put; **puesto que** since

punta *f.* point, tip

punto *m.* point; **en punto** on the dot; **al punto** immediately; **estuvo a punto de** was about to

puso, pusiera *see* **poner**

que as, than; who, that, which, whom; **en los que** in which;

lo que what; ¿qué? what, which

quedar to remain, be left; quedarse remain; yo me quedo aquí descansando I'll stay here and rest; quedándome con keeping

quejarse to complain

quemar to burn

querer to want, wish, love; quiere wants; quiso wanted; quisiera I should like

quien who, whom, he who quién who?

quince fifteen

quitar to take off; se quitan el sombrero they take off their hats

rancho m. Gypsy camp; levantaron el rancho broke camp

rápido see aprisa

rato m. while, moment; al poco rato in a little while; gran rato long while; de alli a poco rato within a short time

raya f. line; wrinkle

razón f. reason; tiene razón is right

razonable reasonable

real m. a Spanish coin worth at par about two cents; adj. royal

receta f. prescription

recibir to receive

recíprocamente reciprocally

recoger to collect, gather

recompensar to compensate

reconocer to recognize

recordar to recall; recuerdo I recall

recuerdo m. remembrance

regalar to give (as a gift)

regalo m. gift, present

registrar to search, examine

regla f. rule, procedure; en regla in due form, accepted

reír(se) to laugh; se rie laughs; se rió laughed; riéndose de mí laughing at me

reja f. grating, railing

religioso m. monk, religious

reloj m. watch

remedio m. remedy; no hay remedio it cannot be helped.

rendido –a overcome, captivated

renovar to renew, resume

renunciar to renounce, give up

reparar to repair

repartir to distribute, divide

repente: de repente suddenly

repetir to repeat; repite repeats

replicar to reply

requiebro m. compliment, flattering remark

resolución f. determination

resolver to solve, decide

respeto m. respect

respetuosamente respectfully

respirar to breathe

resplandecer to shine, glitter

responder to answer, reply

respuesta f. answer, reply

resucitar to revive, resurrect

resultado m. result, outcome

resultar to result, turn out

retirarse to withdraw, go away

retrato m. picture, portrait

reunión f. assembly, gathering

reunir to gather, collect; reunirse meet together; reunido assembled

revelar to reveal

reverencia f. bow

rey m. king

rico –a rich, sumptuous; el rico the rich man; ricamente richly

rincón m. corner, nook

ríe, rió *see* reír
río *m*. river
riqueza *f*. riches
risa *f*. laughter
risueño –a smiling
robar to rob, steal
robo *m*. robbery
rodear to surround; **rodeado de** surrounded by
rodilla *f*. knee; **poniéndose de rodillas** kneeling
rogar to request, beg; **os ruego** I beg of you
rojo –a red
romance *m*. ballad
romper to break, crash; **rompió el secreto** the secret leaked out
ropa *f*. clothing, garments
rostro *m*. face
rubio –a blond, fair
rueda *f*. wheel
ruego *m*. pleading
ruido *m*. noise
rumor *m*. noise, murmur

sábado *m*. Saturday; **los sábados** on Saturday; **todos los sábados** every Saturday
saber to know, know how; **sé** I know; **supo** found out; **sepa** know(s); **sabrá** will know; **se supo** became known
sabiduría *f*. wisdom
sabio *m*. scholar, sage, wise man
sacar to take out; **saqué** I took out
sacerdote *m*. priest
salida *f*. departure, leaving
salir to go out, leave; **salen de la escuela** they get out of school; **salgo** I leave; **saldrás** you will leave; **antes de salir el sol** before sunrise
salón *m*. reception room, hall

salud *f*. health; **bien de salud** in good health; **¿cómo están de salud?** how is their health?
saludar to greet, speak to
saludo *m*. greeting
salvar to save
sangre *f*. blood
Santiago Saint James; **caballero del hábito de Santiago** knight of the order of Saint James
satisfecho –a satisfied
se himself, herself, yourself, themselves, each other, one another
sé *see* saber
sea *see* ser
seco –a dry, thin
sed *f*. thirst; **tengo sed** I am thirsty
seguida: **en seguida** immediately
seguir to follow; **siguió** followed; **sigamos leyendo** let's keep on reading; **siguiese** should follow
según according to
segundo –a second
seguridad *f*. surety, safety
seguro –a sure, certain
seis six
sello *m*. stamp; **sellos de correo** postage stamps
semana *f*. week
semejante similar, like; **otro semejante** another like it
sencillo –a simple
sentado –a seated, sitting down
sentar to seat; **sentarse** sit down; **se sientan** they sit down; **vamos a sentarnos aquí** let's sit down here
sentido *m*. sense; **sin sentido** unconscious; **perder el sentido** to lose consciousness
sentimiento *m*. sentiment, feeling, grief, sorrow

sentir to regret; **sentirse** feel; **me siento** I feel; **sintió** regretted, felt
seña *f.* sign; **señas** description
señal *f.* sign, mark, indication
señalar to point out; **el señalar la cruz** mark the cross
señor Mr., sir; **señora** Mrs., madam; **señorita** Miss, young lady
sepa *see* **saber**
separar to separate
sepultura *f.* grave
ser to be; **soy** I am; **es** is; **eres** you are; **son** they are; **era** was; **fue** was; **sea** be, is; **que fuese luego** that it should be soon; **¿qué será de nosotros?** what will become of us? **soy yo** it is I; **éste era** once upon a time there was; **así sea** so be it
servir to serve; **sirven** they serve; **sirvió** served
si if, whether; **sí** yes, indeed; **para sí** to himself
siempre always
sientan *see* **sentar**
siesta *f.* afternoon nap; **duerme la siesta** takes an afternoon nap
siete seven
siglo *m.* century
significar to mean
signo *m.* sign, motion
sigo, siguió *see* **seguir**
siguiente following
sílaba *f.* syllable
silencioso –a silent
silla *f.* chair
simple *m.* simpleton
sin without; **sin que** without
sintió *see* **sentir**
siquiera even, at least
sirve, sirvió *see* **servir**
sitio *m.* spot, place, site

sobre over, on, upon; **sobre todo** especially
sobrino *m.* nephew
sol *m.* sun, sunshine; **de mucho sol** very sunny; **donde no hay sol** where it is shady; **tomar el sol** to get out into the sunshine; **con sol** sunshiny
solamente only
soldado *m.* soldier
soler to be accustomed to; **suelen** are accustomed
solo –a alone; **sólo** only; **tan solo** merely; **a solas** all alone
soltar to let go, release
sombra *f.* shade, shadow
sombrero *m.* hat; **sombrerillo** little hat
sombrío –a gloomy
somos, son *see* **ser**
sonar to ring, sound; **suena** sounds
sonreír to smile; **sonrió** smiled
sonrisa *f.* smile
soñar to dream; **ya no soñaba** she was no longer dreaming
sopa *f.* soup
sorpresa *f.* surprise
sorprender to surprise
sospecha *f.* suspicion
sospechar to suspect
su his, her, your, their
suave soft, gentle; **suavemente** softly
subir to go up; come up; get into; get into and out of
subterráneo *m.* underground cave; *adj.* underground
suceder to happen
sucio –a dirty
suele *see* **soler**
suelo *m.* ground, floor
suena *see* **sonar**
sueño *m.* sleep, dream; **todos tienen sueño** all are sleepy
suerte *f.* luck, fortune, fate

suficiente enough
sufrir to suffer
sujeto −a subject
sumo −a great, supreme
supo, supiera *see* **saber**
supuesto: por supuesto of course
surco *m.* furrow
suspirar to sigh
susto *m.* fright, scare
suyo his, her(s), your(s), their(s); **a los suyos** to his men

tal such; **con tal que** provided; **¿qué tal?** how goes it? **el tal** the said
talle *m.* figure, form, build
también also
tampoco neither
tan so, as
tanto −a so much, as much; **en tanto que** while
tardar en to delay, be late in; **no tardó en volver** was not long in returning
tarde *f.* afternoon; **buenas tardes** good afternoon; *adv.* late; **ya es tarde** it is already late; **más tarde** later
te (*used only as object of a verb in familiar style*) you, yourself
teatro *m.* theater, show
temblar to tremble
temer to fear; **temía ser descubierto** he feared he would be discovered
temor *m.* fear
templo *m.* shrine, church
temprano early; **temprano y con sol** bright and early
tendido −a stretched out, reclining
tener to have; **tener que** have to; **tengo** I have; **tiene** has;

tuvo had; **tendrá** will have; **ten** (*or* **tenga**) **cuidado** be careful; **aquí tiene usted** here is; **¿qué tienen ustedes?** what is the matter with you? **la tenía por** took her for
teniente *m.* lieutenant; **la señora teniente** the lieutenant's wife
tercer(o) −a third
terminar to end, terminate
término: sin término endlessly
Terranova Newfoundland
tesoro *m.* treasure
tiempo *m.* time, weather; **muy a tiempo** well on time
tierno −a tender, youthful
tierra *f.* earth; land; region; **bajo tierra** under ground
tío *m.* uncle; **tía** *f.* aunt
tocar to touch; play; **se tocaba la camisa** kept touching his shirt
todavía yet, still
todo −a all, everything; **todo lo que** all that; **sobre todo** especially; **de todo un poco** a little of everything
tomar to take, eat; **toman café** they drink coffee; **se lo tomó a** took it away from him
tono *m.* tone
tonto −a dull, stupid, foolish; **un tonto** a fool
tormento *m.* torture
toro *m.* bull; **jugar al toro** to play bullfight
tortilla *f.* omelette
trabajar to work
trabajo *m.* work; **trabajito** little piece of work
traer to bring, lead; **traigo** I bring; **trajo** brought; **trayendo** bringing
traición *f.* treachery
traidor *m.* traitor

traje *m.* suit; **mudar de traje** to change clothes
trajo *see* **traer**
trampa *f.* trap, trapdoor
tranquilamente   peacefully, calmly
tras (de) behind
tratar to treat, consider; **tratar de** try to
trato *m.* deal, trade
trece thirteen
tres three
triste sad; scant
tristeza *f.* sadness
tropa *f.* troop
trucha *f.* trout
tú (*used only as subject in familiar discourse*) you; **tu** your
turista *m.* tourist
tuyo (*familiar*) your, yours; **soy de los tuyos** I am one of you

uf ugh (*sign of repugnance*)
último -a last, final; **por último** finally
un, una a, an
único –a only; **lo único** the only thing
unir to unite, join; **unido** united, joined
universidad *f.* university
uno, una one
uña *f.* fingernail, claw; **vivir por sus uñas** live by her wits
usted you
útil useful
utilidad *f.* profit, utility

va *see* **ir**
vacío –a empty, emptyhanded
vagón *m.* coach (*of a train*)
valer to be worth; **lo que valga** what it may be worth
valiente brave, daring

valor *m.* worth; courage
valle *m.* valley
vamos vámonos *see* **ir**
vanidad *f.* vanity
variado –a varied
varios –as various
vaso *m.* glass (*for drinking*)
vaya, váyase *see* **ir**
ve, vete *see* **ir**
vecino *m.* neighbor
vejez *f.* old age
vender to sell; **no se vende** is not for sale
venganza *f.* vengeance
venida *f.* arrival
venir to come: **vengo** I come; **vengan** let them come; **vino, vinieron** came; **vendrá** will come; **ven, vente** come
ventana *f.* window; **ventanilla** little window
ver to see; **lo vería** I would look at it; **veo** I see; **visto** seen; **a ver** let's see
verano *m.* summer
verdad *f.* truth; **no es verdad** it is not true
verdadero –a real, true; truthful
verde green
verdugo *m.* hangman, executioner
vergüenza *f.* shame
vestido *m.* dress; *adj.* dressed
vestir to dress; **visten de** are dressed in; **vistiendo** dressing; **vistió** dressed; **vistiéndome** dressing (myself)
vete *see* **ir**
vez (*pl.* **veces**) time; **otra vez** again; **alguna vez** ever; **algunas veces** sometimes; **de vez en cuando** from time to time; **repetidas veces** repeatedly; **en vez de** instead of
viajar to travel
viaje *m.* trip, journey; **de viaje**

traveling; **lo del viaje** that matter of the trip

vicario *m.* vicar; **haré que el vicario lo dé** I'll have the vicar give it

vida *f.* life; **por vida de quien soy** by all that I hold dear; **¡qué vida nos damos!** what a life we'll have together! **se contaron las vidas** they told each other their life history

viejo –a old; **el viejo** the old man; **un viejo** an old man

viene *see* **venir**

viento *m.* wind

viernes *m.* Friday

vine, vino, vinieron *see* **venir**

vino *m.* wine; **algo de vino** a little wine

virtud *f.* virtue, good quality

visita *f.* visit; **hacer una visita** to pay a visit

viste, vistiendo *see* **vestir**

visto *see* **ver**

viuda *f.* widow

vivir to live; **¡viva!** hurrah

vivo –a alive; **un vivo** a living person

vocación *f.* vocation, calling

vocecita *see* **voz**

voluntad *f.* will, desire

volver to return; **vuelve** returns; **no volverás a ver** you will not see again; **se ha vuelto loco** has gone crazy; **volvió en sí** came to herself

vos *antiquated pron.* you, ye

voy *see* **ir**

voz *f.* voice; **vocecita** little voice; **en voz baja** in a low voice, softly; **en voz alta** aloud, out loud

vuelta *f.* turn, return; **dar vueltas** to walk about, turn around and around; **voy de vuelta** I am on my way back

vuestro –a (*familiar pl.*) your; **vuestra majestad** your majesty

y and

ya already, now; **ya no** no longer

yerno *m.* son-in-law

yo I

zapatero *m.* shoemaker; **zapatera** shoemaker's wife

zapato *m.* shoe; **se quitó los zapatos** took off his shoes